LA COMMANDERIE

DE

SAINT-ÉTIENNE-DE-RENNEVILLE

(EURE)

Fondée par RICHARD D'HARCOURT

PAR

M. L'ABBÉ C. GUÉRY,

AUMÔNIER DU LYCÉE D'ÉVREUX

ÉVREUX

IMPRIMERIE DE L'EURE

—

1896

LA COMMANDERIE

DE

SAINT-ÉTIENNE-DE-RENNEVILLE (EURE)

CHÂTEAU DE LA COMMANDERIE sous PHILIPPE DE MAILLY (1491-1514)
Démoli en 1847. — Repro dessin de M. Laumônier.

LA COMMANDERIE

DE

SAINT-ÉTIENNE-DE-RENNEVILLE

(EURE)

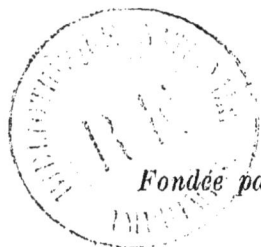

Fondée par RICHARD D'HARCOURT

PAR

M. l'abbé C. GUÉRY,

AUMÔNIER DU LYCÉE D'ÉVREUX

ÉVREUX

IMPRIMERIE DE L'EURE

—

1896

A LA FAMILLE D'HARCOURT

Je dédie cette histoire de la Commanderie

fondée par Richard I d'Harcourt

le valeureux croisé,

le fidèle ami de Richard Cœur de Lion.

———

HISTOIRE DES COMMANDERIES

DANS LE DÉPARTEMENT DE L'EURE

INTRODUCTION

Au moment de la prise de Jérusalem par les croisés et de la fondation de ce royaume par Godefroy de Bouillon, deux nouveaux ordres religieux se formèrent dans la Ville Sainte. L'un des Hospitaliers de Saint-Jean, l'autre des chevaliers du Temple de Salomon, ayant pour but, le premier de soigner les pèlerins venant visiter le Saint Sépulcre et le second de les protéger contre les dangers qu'ils couraient souvent, depuis le lieu de leur débarquement jusqu'à Jérusalem, et de la Cité Sainte à la mer pour leur retour. Gérard Tunc (1) est regardé comme le fondateur des Hospitaliers, ordre confirmé par une bulle du Pape Pascal II en 1113 (2) : Hugues de Payens et Geoffroy de Saint-Aldémar comme auteurs de celui des Templiers vers 1118 (3). Saint Bernard, abbé

---

(1) Il mourut après avoir saintement gouverné son ordre pendant 18 ou 19 ans à compter du jour de la profession régulière, ce qui fait remonter la fondation vers 1099 ou 1100. (N. Naberat).

(2) Le 15 février et confirmé par le Pape Calixte II, le 8 janvier 1123. (Privilèges de l'ordre, p. 7, par Naberat).

(3) Eodem anno (1118) nobiles viri de equestri ordine, Deo devoti, religiosi et timentes Deum, in manu Patriarchæ, Christi servitio se mancipantes, more canonicorum regularium in castitate et obedientia et sine proprio, velle perpetuo vivere professi sunt... (Guill. de Tyr, l. 12, p. 7).

Latrunculi quidam et raptores et viarum publicarum prædatores, incautis peregrinis insidiantes, multos ex ipsis spoliabant, quosdam autem trucidabant.

de Clairvaux leur donna une règle, approuvée par le Pape Honoré II, au concile de Troyes en Champagne.

Les seigneurs venus à la croisade, édifiés de la charité et du courage des nouveaux chevaliers, leur firent de grands dons non seulement en argent mais encore en propriétés, et l'ordre du Temple surtout, acquit rapidement en Europe d'immenses richesses. De ces biens, le Supérieur ou Grand Maître de chaque couvent, fonda des hôpitaux dans les principales provinces de l'Occident, et ces maisons, qui étaient comme des filles de celles de Jérusalem, servaient à recueillir les pèlerins se dévouant pour le voyage de la Terre Sainte. Telle fut l'origine des premières commanderies que Pascal II prit depuis sous la protection spéciale du Saint-Siège, et que ses successeurs, ainsi que les Rois, honorèrent de grands privilèges.

L'ordre des Hospitaliers se divisait en trois classes. La première renfermait ceux qui, d'extraction noble parfaitement prouvée, se destinaient au métier des armes : la deuxième comprenait les prêtres et les chapelains qui, outre leurs fonctions à l'église, servaient encore d'aumôniers en temps de guerre : la troisième enfin se composait de ceux qui n'étaient ni nobles ni ecclésiastiques : ils portent dans l'histoire le nom de *frères servants*.

Mais ces chevaliers se trouvant fort nombreux et de différents pays il fallut les séparer suivant leur nation, c'est pourquoi on les divisa en sept langues (1) ou régions, savoir : Provence, Auvergne, France, Italie, Aragon, Allemagne et Angleterre *(plus tard au moment du schisme d'Henri VIII. cette dernière fut remplacée par celle de Castille)*. Cette division subsista jusqu'à la Révolution, à cette seule différence, que les dignités primitivement communes à toutes les langues furent réservées dans la suite à chaque nation particulière, en sorte qu'un chevalier de la langue de France ne pouvait obtenir une dignité dans celle d'Italie et réciproquement.

Quidam autem Deo amabiles et devoti milites, mundo renunciantes... in manu Patriarchæ Hierosolymitani, professione et voto solemni sese astrinxerunt, ut a prædictis latronibus et viris sanguinum defenderent peregrinos et stratas publicas custodirent... (Jacques de Vitri, ch. 65).

(1) Les Templiers divisés non en langues mais en Provinces, en comptaient neuf : France, Portugal, Castille et Léon, Aragon, Majorque, Allemagne, Italie, Pouille et Sicile, Angleterre et Irlande.

Les principaux grades étaient : le Grand Maître, le Grand Hospitalier *(toujours pris dans la langue de France)* le Grand Amiral, le Grand Bailli, le Grand Chancelier, les Grands Prieurs de chaque langue, les sept baillis conventuels, les Grands Croix et les Commandeurs.

Ces derniers prirent leur nom d'un mot latin inscrit dans leurs lettres de pouvoir « *commendamus* » nous vous recommandons ces biens, etc. » ce qui fit donner à l'administration de chaque hôpital le nom de *commendataria*, d'où est venu *commanderie* et *commandeur*. Ce titre n'était pas à vie et fut substitué vers le milieu du XIIIᵉ siècle à celui de *précepteur* précédemment employé.

On réduisit ces commanderies sous différents prieurés ; c'est ainsi que celui de France en comprenait 45, celui de Champagne 24 et celui d'Aquitaine 65. Le Grand Prieur faisait la visite et se chargeait d'envoyer en Terre Sainte, à Rhodes ou à Malte selon les temps, des troupes et de l'argent pris sur le revenu de chaque maison, impôt appelé *responsions*. En sorte que, chaque commandeur, après avoir prélevé le nécessaire pour sa subsistance et celle des siens, envoyait l'excédent au Chef d'Ordre et au Trésor commun. Mais afin d'exciter le zèle des commandeurs, la règle donnait droit à ceux qui dans l'espace de cinq ans prouvaient par certificat du prieur une excellente administration, soit dans l'entretien et la réédification des églises et des bâtiments, soit dans la fidélité à verser les responsions, à faire le papier-terrier des propriétés, à soulager les pauvres, etc., de requérir une commanderie plus importante, selon le tour d'ancienneté, en cas de vacance. C'est ainsi que nous verrons dans le cours de cette histoire plusieurs commandeurs de Saint-Etienne de Renneville, de Chanu, etc., devenir Grands Prieurs, Grands Hospitaliers, Généraux des Galères et l'un d'eux même, Claude de la Sangle, GRAND MAITRE. La religion chargeait souvent le commandeur de l'éducation de quelques jeunes chevaliers novices, et il y avait toujours dans cette petite communauté un frère chapelain pour les services religieux.

Enfin, outre les responsions, le trésor commun s'alimentait encore par les prises sur les navires des infidèles, par le *mortuaire* et le *vacant*. On nomme *mortuaire*, les effets d'un chevalier mort, et, s'il est commandeur, le revenu du reste de l'année, depuis son décès jusqu'au premier mai suivant. Le *vacant* s'ouvre au profit de l'ordre et dure une année.

Ces différentes remarques sur la division, les dignités et l'administration de l'ordre de Saint-Jean de Jérusalem, peuvent en grande partie s'appliquer également aux Templiers qui dans les commencements virent affluer dans leurs rangs les chevaliers les plus distingués de la noblesse. C'est ce qui explique pourquoi les trois commanderies de l'Eure, Saint-Etienne de Renneville, Bourgoult et Chanu appartinrent d'abord à ces religieux jusqu'à l'époque de leur célèbre procès et de leur suppression par le Pape Clément V en 1307.

Dans l'histoire de chaque commanderie nous aurons l'occasion de constater le courage et la charité de ces valeureux chevaliers, qui se nommèrent suivant les circonstances : chevaliers du Temple de Salomon, de Saint-Jean de Jérusalem, de Rhodes ou de Malte. La foi fut non seulement la source de leurs glorieuses victoires contre les ennemis de la Croix de Jésus-Christ, mais encore de leur humilité dans leurs hôpitaux, en sorte qu'on a pu dire d'eux qu'ils étaient plus admirables près de leurs malades que sur les champs de bataille.

SOURCES. — Vertot, *Histoire des Chevaliers Hospitaliers de Saint-Jean de Jérusalem,* 7 vol. in-12, 1761. — F. A. de Naberat, *Histoire des Chevaliers de Saint-Jean de Jérusalem,* enrichie d'un grand nombre de figures, in folio, 1659. — Delaville le Roux, *Les Archives, la Bibliothèque et le Trésor de l'Ordre de Jérusalem.* — E. Mannier, *Les commanderies du grand prieuré de France* (1872). — Lechaudé d'Anisy, *Doc. hist. touchant les Hospitaliers et les Templiers en Normandie* (Antiq. de Norm. t. XIV). — De Curzon, *Règle de l'Ordre du Temple* (1886). — Delaville le Roux, *Doc. concernant les Templiers.* — Michelet, *Procès des Templiers,* 2 vol. in-4°. — Pierre du Puy, *Ordre militaire des Templiers,* 1751. — Raynouard, *Monuments historiques relatifs à la condamnation des Templiers,* 1813. — Cte H. de la Tour du Pin, *Derniers jours de l'Ordre de Malte.* — Lovocat, *Procès des Frères et de l'Ordre du Temple,* 1888. — Baron Olivier de Lavigerie, *Ordre de Malte,* 1889. — Vice-Amiral de la Gravière, *Les Chevaliers de Malte et la marine de Philippe II* (2 vol. in-8) 1887. — Elizé de Montagnac, *Hist. des Chevaliers Hospitaliers de Saint-Jean de Jérusalem,* continuation de Vertot — le même, *Hist. des Chevaliers Templiers.* — Victor Lefèvre, avocat, a continué Vertot en ajoutant, en 1832, un VIIIe volume, — etc.

COMMANDERIE

DE SAINT-ETIENNE DE RENNEVILLE

FONDÉE PAR RICHARD D'HARCOURT — VERS 1140

CHAPITRE I

FONDATION DE LA COMMANDERIE

L'abbé Vertot, en écrivant son histoire des Chevaliers de **Malte**, se plaignait du peu de documents laissés par les premiers religieux, et ne savait s'il devait attribuer ce dénuement à la négligence des historiens, ou à l'éloignement des temps. On conçoit facilement, que si le célèbre écrivain rencontra une telle difficulté pour déterminer la succession des Grands Maîtres de Saint-Jean de Jérusalem, la nôtre sera incomparablement plus grande pour donner le nom des commandeurs de Saint-Etienne, alors que les quelques pièces qui nous restent sont pour l'ordinaire muettes à ce sujet. Ce n'est qu'en parcourant les actes de donations, de ventes, de procédures, que nous pourrons de temps en temps saisir un nom jusqu'à ce que nous soyons arrivés aux Hospitaliers de Saint-Jean, qui nous fourniront la série complète des commandeurs de Renneville, depuis 1320 jusqu'à la Révolution Française.

Quoiqu'il en soit, il est hors de doute que la commanderie de Saint-Etienne eut pour fondateur vers 1140, Richard, deuxième fils de Robert I, baron d'Harcourt et de Colette d'Argouges.

Les frères de Richard étaient : Guillaume, partisan du roi Henri Ier d'Angleterre alors maître de la Normandie et Philippe Eugène, évêque de Bayeux. A la mort de son père, Richard ayant eu en partage la seigneurie de Renneville, sise à Sainte-Colombe-la-Campagne, au diocèse d'Evreux, y fit construire une chapelle de Saint-Etienne qu'il donna avec le fief aux chevaliers du Temple de Salomon, sans compter de nombreux immeubles et le patronage de Saint-Pierre-d'Epréville près le Neubourg.

A l'appui de cette assertion, voici des extraits tirés de l'Histoire d'Harcourt par la Roque (tome IV, p. 1293-1294).

« Environ l'an 1150, dit Jean le Féron (1), Richard de Harcourt frère puisné de Guillaume de Harcourt fils de Robert comme cy dessus avons parlé, eut pour sa part et portion la seigneurie de Ranneville et autres terres, meu de dévotion à l'honneur de Dieu, se rendit luy et ses biens à l'ordre des Templiers dits et appellés les frères chevaliers de Sainte-Marie du Temple de Salomon en Hiérusalem, auquel ordre étaient religieux prestres qui faisoient le service divin et les dits chevaliers militoient et batailloient à l'encontre des infidelles pour le soutenement de la foy chrestienne, différens seullement de l'habit que de présent on void porter aux Frères Hospitaliers de Saint-Jean de Hiérusalem autrement dits Chevaliers de Rhodes, entant que iceux portoient la croix rouge et les dits chevaliers de Rhodes portoient la croix blanche : pourquoy ayant iceluy Richard construit et édifié une très belle chapelle à l'honneur de Dieu et de Saint-Etienne, y ordonna prestres et religieux dudit ordre pour illec faire et célébrer le service divin, laquelle fondation ainsi par iceluy faite et autres dons et aumosnes furent confirmés par le seigneur de Harcourt nommé Robert fils de Guillaume, fils de Robert I de Harcourt. Ainsi le dit Robert leur donna avecques plusieurs autres dons et aumosnes l'hommage, teneures et toutes redevances, sans en rien retenir et confirme tous les dons faits par ses prédécesseurs lesquels en avoient tousiours retenu l'hommage et teneures de terre pour eux et leurs successeurs. Le dit frère Richard de Harcourt fut homme magnanime et vertueux et fit plusieurs beaux faits d'armes à l'encontre des infidelles et sarrasins; il fut aussi homme plein de dévotion, fréquentant l'Eglise et par chacun iour assistant au divin service à la dite chapelle célébré, jusques à ce que iatandant en

(1) Jean le Féron, avocat au parlement de Paris vivait dans le XVIe siècle sous le règne des rois Henri II, François II et Charles IX. Le public lui est obligé de la recherche des maisons nobles, des armes et de l'histoire. Ce fut lui qui publia, en 1555, le catalogue des connétables de France, etc. (Moreri, Dict. hist., tome III, p. 599).

antiquité prins de malladie rendit son esprit et fut inhumé au dit lieu de Saint-Estienne, auquel lieu estoit une tombe portant icelle fondation à laquelle est escrit :

Cy gist frère Richard de Harcourt chevalier dès le commencement de la Chevalerie du Temple fondée de la maïson de Saint Etienne,

lequel ordre du depuis a esté destruit par Philippe le Bel, Roy de France et le Pape Clément cinquiesme, les biens d'iceux donnés aux dits chevaliers de Rhodes. »

Le P. Mathieu de Goussencourt, religieux de l'ordre des Célestins, dit dans son martyrologe des chevaliers de Saint-Jean (1) : « Saint-Estienne de Rayneville au diocèse d'Evreux, commanderie fondée par frère Richard de Harcourt chevallier de Saint-Jean de Hiérusalem fils de Robert de Harcourt, etc., environ l'an 1140. Il portait de gueules à deux fasces d'or aux lambeaux d'argent. »

« Richard de Harcourt, ajoute Gabriel du Moulin, curé de Menneval (2), religieux au couvent des Templiers fonda l'église de Saint-Estienne de Renneville en 1140. »

On trouve dans un manuscrit de la bibliothèque de M. Bigot : « Richard d'Harcourt fut Chevalier Templier et signa une charte de donation de Richard son neveu, seigneur d'Harcourt où il prend qualité de clerc, il fonda la commanderie de Saint-Estienne où il gist avec cet épitaphe :

Ci gist frère Richard de Harcourt, chevallier del commandement de la chevallerie du Temple, fondateur de la Mansion de Saint-Estienne (3). »

« Richard de Harcourt, dit un manuscrit du sieur Plankane,

---

(1) Le P. Mathieu naquit à Paris, au mois d'avril 1583, d'une noble et ancienne famille distinguée dans la robe, il se consacra à Dieu le 28 mai 1606 et mourut le 2 décembre 1660. Il avait une grande connaissance des généalogies des familles nobles de France.

(2) La Société libre d'agriculture de l'Eure (section de Bernay) a érigé une plaque commémorative en l'honneur de Gabriel du Moulin dans l'Eglise de Menneval.

(3) M. Bigot naquit à Rouen, en 1626, et ne s'occupa que d'enrichir la magnifique bibliothèque laissée par son père et qu'il mit à la disposition de tous les savants de son temps qu'il aidait grâce à ses connaissances étendues. Il mourut d'apoplexie à Rouen, le 18 décembre 1689. Sa bibliothèque était de plus de 40.000 volumes et malgré son testament fut vendue en détail l'an 1706. La plus grande partie cependant se trouve à la Bibliothèque nationale.

fonda la commanderie de Saint-Etienne de Ranneville, fit de
beaux faicts d'armes contre les infidelles, fut inhumé audit lieu
de Saint-Estienne dont voici l'épitaphe :

Ci gist frère Richard de Harcourt, chevalier.

Il a une emprainte d'un cachet de la Maison de Harcourt, en ce
même manuscrit on void l'escu de Harcourt. »

Voici encore un extrait des mémoires manuscrits de M. d'Alge
Mareste, conseiller du Roi et avocat général en sa cour de Normandie : « Derrière le chœur de l'église et commanderie de
Saint-Estienne, il y a une tombe qui semble y avoir esté transférée
d'ailleurs, sur laquelle est couchée de son long l'effigie de Richard
de Harcourt chevalier du Temple et fondateur de Saint-Estienne
de Renneville dont il était seigneur : la dite effigie couchée de
son long avec une cotte de maille, son espée et bouclier aux armes
de Harcourt et dans la nef à l'entrée du chœur il y a une tombe
sur laquelle sont les armes de Harcourt ainsi et autour en lettres
gotyques fort anciennes est escrit :

*Cy gist frère Richard de Harcourt chevalier del commandement de
la Chevalerie del Temple fondateur de la messon de Saint-
Estienne.* »

Enfin Jacques d'Auzoles, sieur de la Peyre (1), écrit dans sa
généalogie de la maison d'Harcourt : « Richard frère puisné de
Guillaume et fils de Robert fut religieux de Saint-Jean de Hiérusalem et fondateur de la commanderie de Saint-Estienne de Ranneville en la compaignie du Neubourg : il fut aussi Grand Prieur de
France, il fut inhumé en la dite commanderie. »

On peut donc affirmer sans crainte que la fondation de la commanderie de Saint-Etienne de Renneville eut lieu de 1140 à 1150.
Elle se composait d'une chapelle, d'un château dont nous donnons
une vue, d'un moulin et d'autres bâtiments tels que, grange,
pressoir, colombier, etc. On y voyait encore : un puits couvert
d'essente et entouré de pierre, un immense vivier d'une contenance

(1) Il mourut d'apoplexie, le 19 mai 1642. Le P. Petau, dit Moreri, et d'autres
l'ont maltraité dans leurs écrits. A la vérité, ajoute-t-il, le bon homme avait
souvent des sentiments extraordinaires. Dans le cas présent il commet une
petite erreur en rangeant Richard d'Harcourt parmi les Hospitaliers de Saint-
Jean, puisqu'il est bien avéré qu'il était Templier et une seconde en le faisant
Grand Prieur de France, dignité qui n'existait pas encore.

Ernest et pierre de Blaguy aux Allumonts.

EFFIGIE EN PIERRE DE RICHARD D'HARCOURT, FONDATEUR DE [MEANDERIE], (XIIe SIÈCLE), ACTUELLEMENT CHEZ LE Dr AUZOUX,
A SAINT-AUBIN-[D]OSVILLE (EURE).

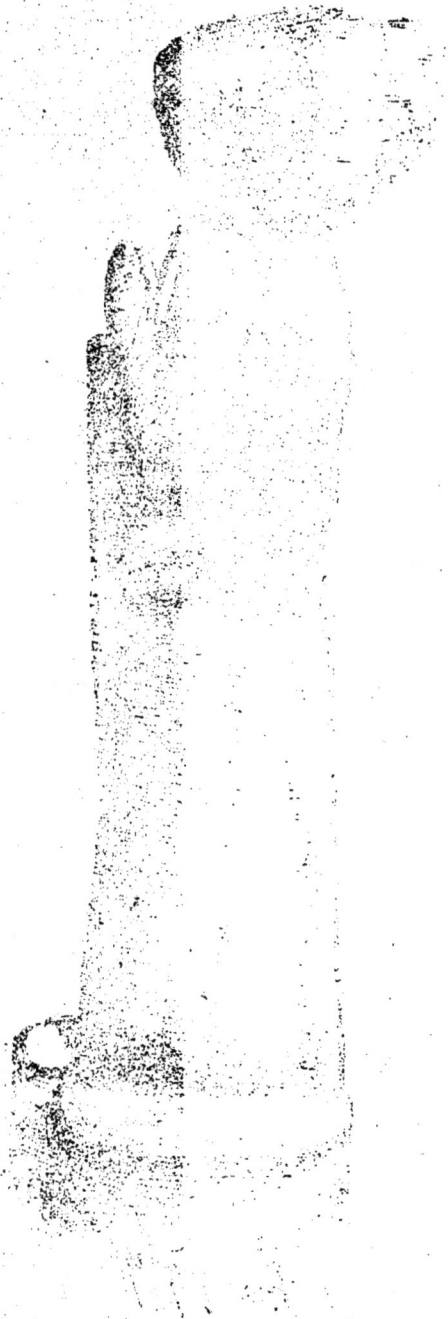

THE MONOLITHIC SCULPTURED CHALICE FROM DR. MENDEZ.

de 18 acres 10 perches, etc. De toutes ces constructions il ne reste que la grange aux armes du commandeur de Mailly et la demeure du fermier, dont nous donnerons plus tard la description. Quant à la chapelle, qualifiée de très belle par Jean le Féron, voici quelques détails trouvés dans un inventaire de 1779 (1) :

« La chapelle est dédiée à Saint-Estienne. La table d'autel portant à vide sur trois poteaux sculptés et peints en faux marbre ainsi que le mur auquel il est appuyé faisant division par une sacristie. Sur le dit mur la Sainte Vierge, saint Etienne et saint Jean Baptiste sont peints à fresque faisant contretable. Aux deux côtés, les portes de la sacristie, au dessus les statues de la Sainte Vierge, de saint Etienne et de saint Blaise. Au bas de l'autel un premier gradin où sont trois tombes avec figures d'anciens commandeurs, plus bas deux autres degrés après lesquels sont trois stalles lambrissées de chaque coté. La chapelle est vaste et voûtée en arcades, éclairée de 17 croisées à vitrages peints remis à neuf par M. le Commandeur actuel (2) qui y a dépensé 1,000 écus. Elle est carrelée, couverte en tuiles, le clocher en ardoises et essentes où sont deux cloches bien sonnantes. »

Un autre inventaire de 1784 dit : « L'autel est à la romaine en pierre peinte avec devant d'autel en tapisserie et baldaquin, aux quatre coins des colonnes de cuivre, sur un gradin de bois 4 chandeliers en cuivre, deux grands et deux petits. Le chœur est divisé de la nef par une grille de fer surmonté d'une poutre sur laquelle est un crucifix, les deux disciples en bois. — L'autel est sur une petite plate forme élevée de 6 pouces en pavés carreaux et la tombe d'un ancien chevalier, ensuite en descendant deux marches est le chœur carrelé avec 3 stalles de chaque côté en menuiserie et sculpture antique. — La chapelle est très grande, construite en pierre de taille à colonnes et voûtée en dedans, à piliers battant en dehors, éclairée de 17 grandes croisées à vitres peints en grande partie. — Les visiteurs ordonnent d'enlever des ornements antiques qui ne font que gâter les autres et de fermer les fenêtres à mesure que les plombs manquent. — Chapelain Thomas Goujat. » — (Arch. Nat. S. 5,770).

(1) Inventaire de la commanderie de Saint-Estienne fait en 1779 par Gabriel Louis Texier d'Hautefeuille, chevalier profès de l'ordre, commandeur de Laon (Arch⁴ nation. S. 4998ᴮ).
(2) C'était Jean-Charles-Louis de Mesgrigny de Villebertin.

Un manoir, une ferme avec toutes ses dépendances, grange, étables, écuries, bergeries, etc., et un moulin situé à 600 pas environ, formèrent bientôt l'importante commanderie dont nous nous occupons. Plus tard, sous les Hospitaliers, le manoir fera place à un château flanqué de deux tourelles en pierre, surmontées de clochetons. Aussi les bons vieux grands pères redisent-ils à leurs petits enfants, avec le fin sourire normand, qu'autrefois il y avait à la Commanderie : *trois clochers et deux cents cloches* (deux sans cloches). Je laisse de côté d'autres récits moins inoffensifs, faisant supposer que les accusations portées contre les Templiers avaient laissé, même à l'égard de leurs successeurs, une profonde impression dans l'esprit des habitants. Plusieurs m'ont affirmé avoir vu, avant la démolition du manoir (mai 1847), certaine peinture murale difficile à décrire, même à notre époque de naturalisme outré, disons mieux de pornographie, surtout impossible à justifier. Je m'explique avec peine son existence. Car les visiteurs ont dû nécessairement en avoir connaissance, et par là même en ordonner l'entière destruction. Mais l'imagination aidée d'anciens souvenirs n'a-t-elle pas augmenté beaucoup l'importance de cette peinture, prétendue non seulement licencieuse mais de plus sacrilège? C'est mon avis. Du reste, voici à ce sujet quelques lignes du bulletin monumental 1848 : « Nous avons trouvé toute une scène, de la grandeur d'un tableau de chevalet où deux cavaliers coiffés de chapeaux à plumes, jouaient du luth en compagnie d'une dame. Le fond représente un paysage, *c'est le seul sujet profane que nous ayons retrouvé*. Il nous a paru du commencement du XVIIe siècle. » Nous sommes loin de cette peinture soi-disant scandaleuse et sacrilège! Quant aux autres qui auraient pu donner lieu à cette sévère critique, voici ce que les même touristes en disent : « Les peintures murales, lavées par la pluie avaient repris de la vivacité et nous avons pu en retrouver l'ensemble sur les grandes pierres qui jonchent le sol. D'abord la partie supérieure d'un *Ecce Homo*, la tête d'un Christ flagellé, etc., nous ont fait voir que les scènes de la Passion décoraient une salle. Elle était peinte à fresque sur la pierre et le Christ avait partout une auréole rouge couverte de rayons dorés. Toutes les autres peintures, faites à l'huile, s'écaillaient plus ou moins. Un crucifiement, où le Christ a les bras très élevés, suivant le symbole janséniste, attestait qu'une autre Passion de proportions plus petites avait encore été exécutée à une époque postérieure. » Une Madeleine au pied de la croix, dans un costume peut-être par trop primitif, aura seule causé ces racontars, et ouvert un vaste champ aux hypothèses les plus étonnantes.

En pénétrant dans le château, le visiteur se trouvait de suite en face d'une immense cheminée, recouverte de peintures murales, masquées par un badigeon écaillé. Deux pierres, provenant du manteau de cette grande cheminée, retrouvées dans les décombres, représentaient la partie inférieure de trois vastes écussons, soutenus par des griffons aux serres redoutables, puis les trois casques, ombragés de lambrequins exorbitants et fermés de grilles dorées, qui surmontaient ces blasons.

Pourquoi faut-il que la pioche des démolisseurs soit venue renverser ce curieux manoir, alors qu'il avait pu, plus heureux que tant d'autres, échapper à la tourmente révolutionnaire? On comprend les ruines produites par le temps, ce grand destructeur des travaux humains : on comprend les ruines amoncelées par un instant d'égarement populaire, mais on ne comprend pas des ruines causées par un froid calcul d'intérêt. Les pierres éparses des tous côtés, ici servent de seuils aux maisons, là remplissant le rôle de bornes montrent aux yeux étonnés du touriste des inscriptions gothiques incomplètes, des fûts de colonnes cannelées, de magnifiques clefs de voûte, etc. A l'endroit même du château, un vert gazon recouvre les fondations et les caves voûtées que la pioche n'a pu entamer. Quant au vivier, il n'existe presque plus et on cherche en vain l'emplacement de la chapelle. Seule, une grange immense montre au loin sa haute toiture, tandis qu'à l'intérieur où les voitures toutes chargées pénètrent par deux grandes portes latérales on peut admirer la charpente en chataignier, absolument semblable à celle de nos églises, avec ses nefs et ses bas-côtés. Un blason placé au dessus de la porte du midi présente : d'or à 3 maillets de sinople, 2 en chef et un en pointe. Ces armes qui sont celles de Philippe de Mailly 10ᵉ commandeur de Saint-Etienne (1492-1512) fixent l'époque de ce bâtiment. Après avoir mentionné la maison du régisseur, demeure actuelle du fermier, et le cimetière enseveli sous les ronces et les épines, nous aurons fourni la nomenclature exacte de ce qui fut, la plus riche commanderie du pays normand.

Après avoir donné ses soins à ces diverses constructions, enrichi la commanderie de concert avec la belle et vertueuse Marguerite de Warwich, veuve d'Henri de Beaumont comte de Warwich (1), Richard partit pour la Terre Sainte.

Nous n'entrerons pas dans le détail des évènements de la Palestine, ce qui nous entraînerait trop loin. On les trouvera du reste dans toutes les histoires générales ou particulières sur les croisades. Disons seulement qu'à la fin de ce siècle, les deux ordres possédaient d'immenses richesses en tous pays, de telle sorte qu'ils étaient aussi puissants que les rois. Selon Jacques de Vitry (2), alors évêque d'Acre et depuis cardinal, historien contemporain, ils avaient en Asie et en Europe, des principautés, des villes, des bourgs et des villages. Dans les provinces éloignées de la Maison Chef d'Ordre, des religieux sous le titre de précepteurs, faisaient valoir ces biens et envoyaient le revenu au Trésor Commun. — Mathieu Paris, autre historien de l'époque, affirme que les Templiers avaient 9,000 manoirs, et les Hospitaliers jusqu'à 19,000 (3).

Richard d'Harcourt assista au siège de Saint-Jean d'Acre et fut retenu prisonnier avec le roi d'Angleterre en 1192, ainsi que le témoignent des lettres patentes expédiées à Spire le 5ᵉ jour de janvier, par lesquelles le roi Richard confirme au Grand Maître toutes les aumônes, immunités, franchises, coutumes qui leur avaient été octroyées en ses états, etc. Parmi les témoins on trouve Richard d'Harcourt (La Roque, tome I, p. 311 et 312).

En ce qui concerne la commanderie de Saint-Etienne de Renneville, il est certain que le généreux exemple de Richard d'Harcourt

(1) De leur mariage naquirent huit enfants, dont l'un d'eux Robert, eut en 1115 le Neubourg et prit le titre de Robert du Neubourg. Un de ses frères Rotrou, devint Evêque d'Evreux et c'est problablement à lui que le Neubourg dut la gloire d'être un des archidiaconés du diocèse.

(2) Amplis autem possessionibus tam citra mare quam ultra, ditati sunt in immensum, villas, civitates et oppida, exemplum fratrum Hospitalis Sancti-Joannis possidentes ex quibus certam pecuniæ summam pro defensione terræ sanctæ, summo eorum magistro, cujus sedes principalis erat in Jerusalem, mittunt annuatim, pari modo, summo et principali magistro hospitalis Sancti-Johannis procuratores domorum, quos præceptores nominant, certam pecuniæ summam singulis annis transmittunt. (Jac. de Vitriaco, Hist. Hier , p. 1084).

(3) Habent insuper templarii in christianitate novem millia maneriorum : hospitalarii vero novem decem præter emolumenta et varios proventus ex fraternitatibus provenientes et prædicationibus et per privilegia sua accrescentes. (Math. Paris ad ann. 1244, in Henrico III, l. 2, p. 625).

et de Marguerite de Warwich, trouva bientôt de nombreux imita-
teurs, en sorte que les Templiers possédaient de grandes propriétés,
divisées en 60 membres, dont voici les noms (1) : Acquigny,
Allenou, Amfreville-sur-Iton, Angerville, Bailly, Barquet, Beau-
lieu, Beaumont-le-Roger, Beaumontel, Bérengeville, Bernay,
Bosc-Hubert, Bosc-Roger, Bray, Breteuil, Brettemare, Brosville,
Buisson-Duret, Cahagnes, Caillouet, Chantereine, Chapelle-Martel,
Chapelle N.-D. de Liesse, Chapelle Sainte-Suzanne, Claville,
Conches, Coudray-en-Auge, Courbépine, Cresches, Dieu-l'Acroisse,
Emanville, Epréville près le Neubourg, Evreux, Ferrières, Feugue-
rolles, Folleville, (Ormes), Framboisier (le), Glisolles, Gouberge
(la), Griserie (la), Groslay, Herpinière (la), Hunière (la), Iville,
Longueville, Marbeuf, Malassis, Manthelon, Mesnil-Broquet, Mesnil-
Fouquoin, Mesnil-Froid, Mesnil-Gilbert, Moulineaux, Neubourg,
Neuf-Moulins, Neuville, Orgeval, Ormes, Plessis-Mahiet, Poudrier,
Pommeret, Puthenaye (la), Quittebeuf, Rublemont, Roncheville,
Sacquenville, Saint-Aquilin, Sainte-Colombe-la-Campagne, Saint-
Etienne de Renneville *chef-lieu.* St-Léger-l'Hospitalier, St-Meslain-
du-Bosc, Saint-Ouen, Salle-Coquerel, Sémerville, Thibouville,
Thuit-Signol, Tilleul-Lambert, Tourneville, Tremblay-Osmonville,
Tourville-la-Campagne, Vacherie (la). Verneuil et Villez sur le
Neubourg.

Parmi les bienfaiteurs de Saint-Etienne au xIIe siècle, nous
trouvons en premier lieu, après Richard d'Harcourt, inhumé
dans le chœur de la chapelle et dont le tombeau se voyait encore
avant la Révolution, Marguerite comtesse de Warwich qui, du
consentement d'Henri du Neubourg son fils, donne en 1156 à l'église
de Sainte-Marie des chevaliers du Temple, la ville de Lammadoc.
« Notum sit omnibus etc quod ego Margareta comitissa Warwic,
assensu Henrici filii mei de Novoburgo dedi... Deo et S. Mariæ
et fratribus militiæ Templi Salomonis, pro salute animæ meæ et
patris mei et matris meæ et pro animabus antecessorum et successorum meorum terram meam de Lammadoc habendam et tenen-
dam libere et quiete et in perpetuam elemosimam, etc. Hiis
testibus : Roberto de Novoburgo filio meo, Radulfo filio Ricardi

---

(1) Archives de l'Eure, Inventaire de Renneville en deux volumes renfermant
le résumé de toutes les donations, ventes, échanges, baux, procès, depuis la
fondation de la commanderie et les différents plans terriers. (G. H. 1693-1694).

et aliis. » Celte charte fut confirmée en même temps, de cette façon : « Omnibus, etc. Villelmus de Breous, Dominus honoris de Brembre et Gouher salutem in Domino. Cartas Domine Margaretæ quondam comitissæ Warwici inspeximus in hæc verba : Margareta comitissa, etc., ut supra villam de Lammadoc, cum omnibus pertinentiis, in bosco et in plano et in aquis et in via et extra viam, per assensum Henrici filii mei, qui hujus terræ hæres est : solutam et quietam et liberam de omni consuetudine et omni seculari servicio. Testibus : Rotrodo Ebroicensi Episcopo, Philippo Baiocensi Episcopo, Guillerano comite de Mellent, Roberto de Novoburgo filio meo, Gaufrido filio meo, Rogero Capellano. Datum MCLVI anno ab Incarnatione Domini apud capitulum Sancti Stephani in Normannia iuxta Novumburgum. » — (La Roque, tome IV, p. 2210).

Deux ans auparavant, l'inventaire de Renneville signale une charte de Geoffroy Vac, « portant don par lui fait, du consentement de Hugues son fils, de toute la terre qu'il avait au-dessous du ruisseau de Masculey et d'Angerville, ou il y eut autrefois des bâtiments, plus du bois et de telle coutume que ses hommes avaient au dit lieu. » Viennent ensuite, Gilbert Duval, Agnès d'Osmonville (Tremblay) et Lucas des Essarts qui leur donnent des terres à Epréville près le Neubourg, Guillaume d'Angerville qui cède la dîme du moulin de Brosville et de celui de l'Ecluse d'Hulne (1180), Robert de Caudecôte qui leur offre le tiers d'un fief à Sémerville en prenant leur habit (1198), Guillaume de Saint-Georges de Cesseville, qui leur vend la moitié d'une acre de terre en cette commune, pour 9 livres tournois, etc., etc.

Toutes ces donations cependant furent souvent l'occasion de difficultés, soit avec les seigneurs soit même avec les évêques. C'est pour en diminuer le nombre que les Souverains Pontifes, Innocent II, Célestin II, Lucius II, Eugène III, Anastase IV, Adrien IV et Alexandre III, envoyèrent des bulles pour les exempter de toutes dîmes et de toute juridiction épiscopale, les prenant eux et leurs biens sous la protection spéciale du Saint-Siège. Les Rois de France et d'Angleterre confirmèrent souvent par des lettres leurs différents privilèges.

La première difficulté dont nous ayons connaissance est celle qui s'éleva entre les abbé et couvent du Bec et les frères de la Chevalerie du Temple, au sujet des dîmes des paroisses de Marbeuf et de Saint-Pierre d'Epréville. C'est pourquoi, en présence et de l'avis d'Henri *precentor* (1) de l'église de Bayeux, et d'Henri sous-chantre, les parties convinrent de ce qui suit : 1° Les abbés et couvent du Bec auront et posséderont à perpétuité les dîmes aux-quelles les Templiers pouvaient prétendre, en la paroisse de Mar-beuf. 2° Les Chevaliers auront toutes celles d'Epréville, à la condition cependant de donner aux moines chaque année à la Saint-Luc, deux muids (2) et demi d'avoine à la mesure du Neu-bourg, livrables à la grange qu'ils avaient sur cette paroisse. Cet accord eut lieu en 1199, entre Robert Petit, précepteur des Maisons du Temple en Normandie et Guillaume II abbé du Bec.

(1) Le précenteur ou préchantre était celui que nous nommons aujourd'hui grand chantre et qui porte aux fêtes le bâton cantoral.

(2) Le muid était de 36 boisseaux et formait donc une rente de 90 boisseaux. Cependant nous verrons plus tard les chevaliers de Saint-Jean payer à l'abbaye 200 boisseaux d'avoine par an.

CHAPITRE II

« L'ignorance dans laquelle on élevait la noblesse en ce temps
là, dit Vertot, nous a privés de la connaissance d'un grand
nombre de faits qui auraient enrichi cette histoire : mais dans les
premiers siècles de l'ordre, les chevaliers faisaient plus d'usage
de leur épée que de leur plume : je ne sais même si la plupart
savaient lire. Enfin ce qui est vrai, soit défaut de capacité, soit
modestie, pendant plus de 40 ans il ne s'est trouvé aucun chevalier
qui ait daigné nous instruire de tant d'évènements mémorables
dont on trouve à peine quelques traces dans les histoires nationales ou dans les recueils de traités et d'actes publics. » (Vertot,
l. II, p. 275.)

Mais par contre, les actes de donations, de ventes, de procédures, d'échanges, etc., sont si nombreux que l'on ne peut certes
pas faire le même reproche aux officiers publics de l'époque.
Parmi ce volumineux dossier du treizième siècle nous serons
obligés de nous restreindre, et de renvoyer dans un cartulaire spé-
cial la nomenclature complète et le texte de ces pièces, d'un si
grand intérêt pour l'histoire locale.

Le plus ancien membre de la commanderie est sans contredit
ANGERVILLE (1), puisque nous trouvons dès 1154 une charte de
Godefroy Vac qui, du consentement d'Hugues son fils, donne ce
domaine aux Templiers. Mais il n'existait plus au XIVe siècle, car
le *Livre Vert* n'en parle pas. En 1205, Emeline d'Angerville, selon
les termes du temps, donne à Dieu et aux frères de la milice du
temple de Salomon toute la terre et le fief que Richard, fils de
Seré, tenait d'elle, tant à Tournedos qu'au moulin de Baali, en
présence de Richard de Fornals, Godefroy de Barquet, Simon de
Cresches, chevaliers, etc. — Henri de Terri offre dans les mêmes

_____

(1) Invent. tome II, p. 24 à 38, XIe membre. Dans l'énumération de ces
membres, afin de faciliter les recherches, je suivrai l'ordre alphabétique.

conditions une pièce de terre, située le long du chemin par lequel on va d'Angerville au Poiriée. M. Λ. le Prévost dit de Glisolles à la Croisille et la charte porte en effet « juxta cheminum per quod itur de Glisoliis apud la Croisille, » mais il s'agit d'une autre pièce de terre, puisque dans la charte suivante on trouve « unam peciam terre site de lungo quemini per quod itur de Angerville ad Pirum, etc. » (Cart. nᵒ 248 et 249). Un autre bienfaiteur de la commanderie en ce pays, fut le chevalier Robert Neel offrant aux templiers deux pièces de terre près de l'orme de Glisolles, une autre bornée par le chemin de Glisolles à Angerville, une quatrième dans la paroisse d'Angerville « inter viam per quam itur de Angiervill ad Pirum, » et une dernière au même endroit. (Cart. 243, 44, 45, 46 et 247).

Les bienfaiteurs de la commanderie à Claville sont si nombreux et leurs aumônes si importantes, que les précepteurs se voient obligés d'avoir à BEAULIEU comme une succursale où résidait sans cesse un chevalier. Cette demeure comprenait : une chapelle fondée en l'honneur de Dieu et de sainte Suzanne, un manoir seigneurial avec écurie, grange, etc., trente trois pièces de terre d'une contenance de 150 acres, à charge de payer au seigneur de Glisolles vingt boisseaux de blé et la dîme sur tout ce qui s'étendait du côté de Pitienville. — Quant à la chapelle, voici ce que nous trouvons dans l'inventaire de 1779 déjà cité (1) : « L'autel est en pierre, au dessus on voit la statue de la Sainte Vierge et de Sainte Suzanne, au bas un gradin. Elle est pavée, carrelée, la charpente voûtée en planches au-dessus de l'autel, éclairée de deux croisées, construite en maçonnerie, couverte en tuiles, sans clocher ni cloches. » Il mentionne comme mobilier : « un calice et sa patène d'argent, burettes d'étain, missel, coussins, crucifix (bois), deux chandeliers de cuivre, trois chasubles de toutes couleurs, deux aubes, quatre amicts, deux corporaux, quatre purificatoires et trois lavabo. » Enfin le commandeur, outre le droit de présentation à la dite chapelle, avait encore celui de basse et moyenne justice, plaids et gage pleige, etc. (2).

(1) Archives Nation., S. 4998ᴮ.
(2) Ce droit était une juridiction domestique et de famille, destinée à faire observer l'ordre et la discipline dans le fief. Les audiences portaient le nom de plaids et se tenaient de 15 jours en 15 jours dans le manoir seigneurial. Il y avait de plus une audience spéciale, à laquelle on donnait le nom de *Gage-*

Parmi les donateurs, nous citerons en 1205 Richard fils d'Osmond de la Forêt et Gilbert son frère qui concèdent 3 acres de terre à la commanderie de Saint-Etienne de Renneville dans un champ nommé *des chemins*, pour en jouir à perpétuité ; Richard fils de Raoul de Caux qui leur accorde une égale portion au même endroit. Mais Guillaume Bourgonel, châtelain d'Evreux, prétendit avoir certains droits sur les terrains acquis par les Templiers, en sa qualité de Seigneur. C'est pourquoi, afin d'éviter tout conteste, ils promirent de lui payer chaque année dix sous de rente à la Saint-Rémy (juin 1216). Une autre difficulté surgit, entre les chevaliers et Simon le Boucher du Mesnil Fouquoin, au sujet d'une pièce de terre, appelée le *Champ de Gorfaut* qui leur avait été aumônée par Raoul Bernais son oncle, et qu'il redemandait. Cependant Simon Colas, du consentement de sa femme, lui ayant donné en échange une acre de terre — 3 vergées dans le champ du Val et une au champ de la Buchalle — il abandonna par ses lettres du mois de novembre 1225 le champ de Gorfaut à la commanderie. Vers la même époque Richard Boullanger, fils de Roger du Mesnil Fouquoin, donne tout le terrain qui lui appartient aux fosses Acard ; Simon de la Forêt quatre acres faisant partie de son fief *au champ du Breuil ;* Hugues de Risenberge un champ entier *à la fosse des Payens* (1230) ; Guillaume Bourgonel un autre au hameau de la Forêt (1252). En octobre 1257, le même Seigneur « confirme en présence de toute la paroisse la vente que Guillaume des Perois leur avait fait de trois pièces de terre, l'une au Bosclin, l'autre au Fond du Val et la troisième au Champ Gifart. Sur le sceau de la charte on voit un écu chargé d'une fasce, *accompagné de 9 losanges, 3 en chef et 6 en pointe.* Autour on lit la fin de son nom .....RGVINEL MILITI : il ratifie plus tard (septembre 1268) un échange de Michel Pépin avec les chevaliers au sujet de 3 vergées, entre le chemin de Burfaut et la terre de la commanderie, contre la même quantité près la forêt. Enfin parmi les bienfaiteurs de l'ordre à Claville, Mesnil Fouquoin et Beaulieu,

pleige. Elle avait lieu le 15 juillet de chaque année, après une proclamation faite un dimanche, à l'issue de la messe paroissiale, par le prévost de la seigneurie. C'est à cette même audience, que devaient se présenter les vassaux, dont la résidence se trouvait hors le fief. Ils étaient tenus de se faire accompagner d'une personne qui se portait garante de l'exécution de leurs obligations, ce qui avait fait donner à cette audience le nom de *gage-pleige.*

formant le 10ᵉ membre, citons encore Nicolas Pepin pour une vente près le chemin *de bello loco ad Fay* (1271), Sellon le Boucher, Guillaume des Landes chevalier, Jean et Durand Pelletier, Guillaume Brémart et Alis sa femme (1278) pour un bail fait à frère Robert Gardin, religieux du Temple demeurant à Beaulieu, Jean des Landes (1294), Simon et Robert Pelletier (1), etc., etc.

Roger dit Osouf, de BERNIENVILLE, se désiste, en faveur des Templiers, d'une portion de terrain près du champ de l'Evêque d'Evreux nommé les *longues acres*, et du chemin par lequel on va dans Evreux *super Keminum eundi et redeundi apud Ebroicas.* C'était au mois d'avril 1281 jour de la fête de saint Georges, martyr. (Cart. n° 94).

BRAY (xxxᵉ membre) ne nous fournit que deux chartes : l'une de 1212, de Robert Lebret, par laquelle il donne 3 acres et demie de terre dans ses bois, et l'autre de 1216 par laquelle il augmente sa première aumône. Elles sont scellées en cire verte avec cette inscription : † S'ROBER... RET. L'écu paraît d'argent à deux fasces de gueules (2).

BRETTEMARE, au XIIIᵉ siècle, était une commanderie distincte de celle de Renneville. Nous en avons pour preuve les chartes de cette époque en vertu desquelles les bienfaiteurs donnent aux templiers, demeurant en leur maison de Brettemare (3), et non aux frères résidants à Saint-Etienne de Renneville. Elle comprenait : une maison encore existante de nos jours et 146 acres de terre d'un seul tenant, situées le long du chemin qui conduisait de Brettemare à Pithienville. En 1578 ce membre rapportait 560 boisseaux de blé et 200 l. en argent, en 1757, 2,100 livres. — L'inventaire de 1779 nous donne les renseignements suivants sur ce fief de Sacquenville : « Porte charretière surmontée d'un linteau couvert en tuiles, cour fermée de murs, bâtiments. Le logement

---

(1) Dans mon cartulaire les chartes de Claville commencent au numéro 202 pour finir au 234. Voir aussi l'Inventaire, tome II, p. 1 à 24, G.

(2) Invent. tome II, p. 340 à 348 avec Pennedepie, Beuzeville, la Coudray-en-Auge, etc.

(3) Voir dans le cartulaire nᵒˢ 92-93, 104, 105, 120, 121, 122, 169, 177 et 213. — C'est l'opinion de Mannier que nous suivons ici, mais on pourrait soutenir également qu'il en était de Brettemare comme de Beaulieu ou de Rublemont, c'est-à-dire qu'un ou plusieurs chevaliers de Renneville résidaient dans ces maisons à cause de leur importance territoriale.

du fermier comprend une cuisine pavée, une chambre, une laiterie carrelée. Un escalier de six marches conduit à une autre chambre carrelée et à trois cabinets ; il y a une écurie pour huit chevaux. Quant aux terres, cette ferme possède 147 arpents, la dîme de Sacquenville sur mille acres, non compris les masures et les bois de M. de Sacquenville, ni ceux de Rublemont : une demi-acre de prairie à Tourneville et une rente de dix boisseaux de blé et deux poules. Le fermier qui louait le tout 1,200 livres était tenu de fournir 300 gerbées de paille à la commanderie, de payer à Saint-Taurin 96 boisseaux de blé, autant d'avoine, et au chapitre d'Evreux une rente de cinq livres tournois. » — Nous n'avons trouvé qu'une charte de Richard, dit le Prévost de Neuville, en date du mois de mai 1266 par laquelle il vend une pièce de terre aux frères de la milice du Temple demeurant en leur maison de Brettemare (1).

Nous avons vu dans le Chapitre I, que Guillaume d'Angerville avait cédé aux Templiers la dîme des moulins de Brosville (2) et de l'écluse d'Hulne. Ils en restèrent paisibles possesseurs jusqu'à ce que Jean du Bosc eut donné à Luc, évêque d'Evreux, et à ses successeurs (1211), en présence de Jean de Martigny, abbé de Saint-Taurin, le revenu (3) de 3 sols dus annuellement à la Saint-Jean-Baptiste et tout le droit qu'il avait sur le fief que les frères de Saint-Etienne tenaient de lui, aux Roches de Brosville. Cette somme devait servir à l'achat de cierges pour le service de la chapelle de l'Evêque, au jour de la fête de Saint Pierre et Saint Paul, en la dite paroisse. (Il avait reçu en récompense 45 sols tournois). Mais afin d'éviter des ennuis frère Richard précepteur des maisons du Temple en Normandie avec l'approbation de frère André de Coleors, précepteur du Temple en France — on dira plus tard Grand Prieur — arrêta, de concert avec Luc, évêque d'Evreux, les dispositions suivantes : 1° l'évêque d'Evreux et ses successeurs auront et possèderont à perpétuité le moulin des Roches que tenaient les Templiers avec la maison et le jardin, à charge par

---

(1) Invent. tome I, III⁰ membre. Brettemare se trouve sur la commune de Sacquenville, arrond. d'Evreux.

(2) Invent. tome II, p. 24, XI⁰ membre avec Angerville, la Griserie, Bailly et Glisolles.

(3) Archives de l'Eure G 6, n° 24, fol. 12.

eux d'acquitter la somme de 4 livres 3 sols tournois que les chevaliers étaient obligés de payer. — 2° Le dit évêque et ses successeurs fourniront à la commanderie une rente annuelle de 30 livres tournois en trois termes, savoir : Pâques, l'Assomption de la B. V. M. et l'Epiphanie. Cette rente sera fondée sur les églises de la *Mère du Seigneur* et de la bienheureuse Marie Magdeleine de Verneuil, et payée par les curés de ces deux paroisses, sous peine de 5 sols d'amende par chaque jour de retard. De plus, les Templiers et leurs hommes ne pourront en aucune façon être forcés de porter leur blé au susdit moulin. — 3° Les chevaliers mèneront leurs troupeaux, non au dessus mais au dessous de la ville de Brosville, pour les laver. Cependant l'évêque d'Evreux et ses successeurs accorderont, au temps propice, un passage par leur bois et un chemin suffisamment large pour que deux brebis puissent marcher de front vers la rivière, près de laquelle une acre de terre leur sera destinée. Ensuite le passage et le terrain resteront la propriété de l'évêque. — 4° Quant aux procurations, les commandeurs seront obligés de recevoir l'évêque d'Evreux et ses successeurs, une fois l'an, à Saint-Etienne, et de verser 30 sols tournois pour la commanderie de Chanu. — 5° Enfin, relativement aux vassaux du Temple, sur lesquels l'évêque avait décrété des amendes pécuniaires, il les tient quittes pour le passé, et quant à l'avenir, il se conduira envers eux comme les autres évêques de la province, guidé en cela tant par le droit commun que par les privilèges de l'ordre (janvier 1212). — Malgré cet accord, le moulin garda toujours le nom des Frères. On trouve en effet (1) une vente faite par Barthélémy de Perron à Raoul III Grosparmi, évêque d'Evreux, pour 22 s. 6 d. tournois qu'il avait coutume de percevoir sur un moulin de l'Evêque aux Roches de Brosville, nommé le moulin des Frères, *molendinum fratrum*.

La *Chapelle Martel* (2) sur la paroisse de Bosc-Roger était à la présentation du précepteur de Saint-Etienne. « Il y avait autrefois, dit Mannier, un grand enclos où se trouvait une maison et une chapelle desservie du temps des Templiers par un frère et sous les Hospitaliers par un chapelain séculier à la nomination du com-

---

(1) Arch. de l'Eure G 6 n° 66, fol. 23.

(2) Invent. tome II, p. 185 à 190, XIX° membre, Bosc-Roger, Thuit-Signol, Chapelle-Martel.

mandeur. En 1757 elle n'existait plus, il ne restait que la chapelle où le curé de Thuit-Signol venait dire la messe tous les dimanches. Il y avait 14 acres qui avec des droits de dîmes à Bosc-Roger et à Thuit-Signol donnaient 400 l. de revenu. » — « L'église est dédiée à saint Vincent, dit l'inventaire, autel en bois, plafonnée, pavée, construite en pierres, couverte en tuiles, avec une cloche bien sonnante dans un petit clocher. » Elle avait un droit de 18 boisseaux de blé et autant d'avoine sur les dîmes de Thuit-Agron et du hameau de Freneuse et possédait 14 pièces de terre formant environ 30 acres. — « Les chanoines de la Saussaye devaient payer à Renneville trois setiers et demi de blé et un demi d'avoine mesure de Bourgtheroulde, à cause de la Chapelle Martel qui relevait de la Commanderie (1). »

Saint-Etienne possédait à COURBÉPINE (2) un fief dit de Renneville, situé sur cette paroisse et sur celle de N.-D. de la Couture. L'origine de cette propriété remonte au commencement du XIIIᵉ siècle. L'an 1203, Robert, fils du comte Jean d'Alençon, avec le consentement de Guillaume, son frère, fit don à Robert des Erables de cinq fiefs tenus moyennant certaines redevances par Raoul de Vastines, Herbert du Buisson, Gilbert Dumoutier, Robert Chastupolein et Guillaume, fils d'Oger, afin d'en jouir à perpétuité avec exemption de tous services, sauf cependant une paire d'éperons dorés à Pâques. L'année suivante il lui permit par une seconde charte de vendre, d'engager et même de donner en pure aumône les fiefs ci-dessus désignés, à la réserve de la paire d'éperons. C'est en vertu de cette licence que nous voyons en 1205 toutes ces terres passer aux mains des Templiers par une charte de Robert des Erables, en présence de Roger Harenc, Richard de Fornals, Godefroy de Barquet, Richard clerc de Brettemare, Richard de Tournedos, etc., à condition toutefois que les frères rendraient à Robert, fils du comte Jean et à ses héritiers, une paire d'éperons dorés chaque année à Pâques. Les terres de ces différents fiefs étaient situées au triège des Buttes, paroisse de

---

(1) Dict. de l'Eure, p. 442. — Le *setier* à la mesure de Paris valait 12 boisseaux ainsi qu'à celle du Neubourg. Le boisseau était de 18 pots et le pot de 2 litres 35 centilitres. — Le muid comptait 36 boisseaux et la *somme* ou le sac, quatre boisseaux.

(2) XXVᵉ membre, tome II, p. 256 à 286.

N.-D. de la Couture, près du chemin du Malharquier-aux-Chesnests, à la Vastine, à la Pillette, aux Planches, à la Fossette, à la Haye-Guérie, etc. Le lecteur me pardonnera de saluer en passant, peut-être quelques-uns de mes ancêtres, et de lui dire que Messire Germain (1) Guérie, prêtre, tant en son nom qu'au nom de Jean Guérie, prêtre, et de Gabriel et Pierre Guérie, ses frères, reconnut en 1748, tenir des chevaliers de Malte, résidants à Renneville, plusieurs pièces de terre dans les trièges que nous venons d'indiquer. — Malheureusement ces donations suscitèrent certaines difficultés comme le prouve une transaction intervenue le 26 mars 1559 entre frère Christophe de Mont-Gauldry, 15e commandeur de Saint-Etienne, et les hommes de la Seigneurie de Courbépine, dite de Renneville. Cet accord était devenu absolument nécessaire, car les tenanciers du fief voulaient tout abandonner, mécontents de ce que l'aînesse Godefroy — elle comprenait 7 acres 30 perches — ne payait que cinq boisseaux de blé par acre, tandis qu'on en exigeait six de leurs terres. Pour mettre fin au conflit le commandeur maintint les conditions précédentes, mais en donnant la faculté de payer 5 deniers tournois par chaque boisseau. Comme dernière preuve de l'existence de ce fief, nous avons un aveu fourni au roi par frère Gédéon de Joigny-Bellebrune le 16 avril 1612. Ce commandeur déclare tenir du Roi, à titre de foi et hommage, en la vicomté de Montreuil et de Bernay, une pure aînesse amortie de fief de haubert, nommée le fief de Renneville, assise en la paroisse de N.-D. de la Couture et aux environs. Sa contenance est de 5 acres à cause desquelles il paye au Roi, en sa recette de la vicomté de Bernay, un éperon doré de rente à Pâques, apprécié 20 sols tournois. Outre ces terres, la commanderie possédait encore sur les particuliers un grand nombre de rentes dont le total, d'après un inventaire de 1732 (Arch. Nation. S. 5548), s'élevait à la somme de 150 livres, sur lesquelles elle payait 10 l. au domaine de Bernay.

Le IIe membre, *Dieu l'Accroisse*, était situé sur la paroisse du Tilleul-Lambert; il se trouve actuellement à l'intersection des

(1) Il était curé de Carentonne près Bernay, paroisse de 82 âmes, d'une valeur de 1400 livres. Au moment de la Révolution il avait 65 ans et était titulaire de cette cure depuis 35 ans. (Arch. municip. de Bernay, liasse P). — Le 9 janvier 1707 on trouve un Guérie, curé à Saint-Aubin-le-Vertueux. — E. Veuclin, *Cléricalisme*, p. 158).

routes de Conches au Neubourg et de Beaumont à Evreux. Cette ferme avec sa belle porte charretière avait une grande importance, tant à cause de ses 200 acres de terre, que des deux tiers de la grosse dîme du Tilleul-Lambert et du moulin d'Epréville. Au mois de novembre 1625 Robert d'Harcourt, seigneur de Beaumesnil, vendit aux chevaliers une pièce de terre à *Dex la creisse* pour 25 livres tournois.

Nous avons vu que Richard d'Harcourt, en fondant la commanderie de Saint-Etienne, lui avait donné le patronage de Saint-Pierre d'EPRÉVILLE près le Neubourg (1). Cette paroisse était donc une cure régulière à laquelle on nommait toujours un prêtre de l'ordre qui devait porter sur lui la croix, comme les chevaliers. Le manoir presbytéral avec un gros pavillon était entouré d'une cour et d'un jardin, contenant une demi-acre, 10 perches. Le revenu de la cure se composait de 86 boisseaux de blé, 48 d'avoine, des vertes dîmes et de deux pièces de terre. La grosse dîme était évaluée, année commune, à 5,000 livres (2). Sur cette somme le commandeur payait à l'abbaye du Bec 90 boisseaux d'avoine, en vertu de l'accord rapporté plus haut. L'inventaire de 1779 dit : « Nous avons été reçus au son de toutes les cloches par Me Augustin Dubois qui a présenté l'eau bénite et l'encens. Après la bénédiction du Saint Sacrement, nous avons visité les ornements et les vases sacrés, savoir : un calice, un soleil, un ciboire, fioles en argent, croix argentée, encensoir, bénitier, lampe, 10 chandeliers de cuivre : 5 aubes, 3 cordons, 18 amicts, 18 corporaux, 18 purificatoires, 5 lavabo, 12 nappes, 6 chasubles et 6 chapes. — Revenu 600 livres. — L'Eglise est dédiée à Saint-Pierre, autel en bois, colonnes formant la contretable avec écussons de chaque côté, statues de la Sainte Vierge et de Sainte Anne, en pierre : elle est couverte en tuiles, voûtée en bois, carrelée, clocher couvert en essente avec deux cloches bien sonnantes. » — Le visiteur ordonne de redorer le calice et le croissant du soleil.

Parmi les bienfaiteurs nous trouvons en premier lieu Cécile, dame du Mesnil Pipart, qui fait connaître par sa charte du mois

(1) Invent., tome I, VIIe membre.
(2) Nous parlons ici d'après l'inventaire de 1779, car un état des biens des Templiers rédigé en 1310 dit que la dîme d'Epréville était louée 240 l., en outre le patronage de l'Eglise était mentionné au dixième, 20 l., ce qui suppose qne la cure valait 200 l. de revenu. — (Dict. hist., tome II, p. 44).

d'avril 1225 qu'elle a choisi sa sépulture dans l'église de Saint-Etienne et donne en conséquence 100 sols tournois, pour venir au secours de la Terre Sainte. En outre elle accorde une rente de 5 sols tournois sur une pièce de terre qu'elle possédait à Epréville. L'année suivante au mois de décembre, Thibaut, archevêque de Rouen, atteste, en présence de Mᵉ le Breton, son official, que Guillaume de Tourville chevalier a donné à la Commanderie une rente de 4 setiers d'avoine qu'il avait droit de prendre tous les ans sur Geoffroy Safrey et ses héritiers, plus le tènement possédé par le dit Safrey avec ses dépendances, et une rente de 16 boisseaux d'avoine à la Saint-Rémy sur le fief de Raoul Duval. Au moyen âge, nous dit l'histoire, les serfs sans être esclaves, étaient attachés au domaine qu'ils cultivaient moyennant redevance et étaient vendus avec lui. Nous en avons un exemple dans la personne d'Agnès d'Osmonville qui, du consentement de Laurent son époux, aumône à Dieu et aux frères de la milice du Temple Pierre fils de Touroude avec son ménage et son jardin, en présence de Roger de Thibouville, Robert le Sage, Adam d'Ormes, etc. : exemple suivi par Touroude des Ormeaux qui leur donne Adam des Ormeaux, devant Laurent de Salus, Roger de Thibouville, etc., et par Lucas des Essarts qui livre Guillaume des Essarts avec son tènement, prenant comme témoins Raoul et Etienne de Saint-Léger, Guillaume du Val, Robert prêtre de la Neuville, etc. — Robert du Bosc ou Dubois donna en 1239 aux chevaliers un droit qu'il avait sur un fief que Roger Leroy tenait de lui, consistant en une paire d'éperons en fer, d'une valeur de 18 sols tournois. La commanderie acheta ensuite, dans cette paroisse, plusieurs rentes consistant en mines de froment et reçut en 1282 de Robert du Pont, curé d'Epréville, pour la célébration de son anniversaire, une rente de 5 sols destinée à augmenter ce jour là la pitance des chevaliers. Ce pasteur si charitable mourut en 1294 et fut remplacé par Robert de la Borne le lundi avant la Saint-Clément, sur la présentation de frère Philippe commandeur (1).

La Commanderie possédait à Évreux (2), une maison située devant l'Hôtel-Dieu, paroisse Saint-Pierre, et tenue vers le

(1) Dans le cartulaire les chartes d'Epréville commencent au n° 150 et vont jusqu'au n° 168.

(2) Invent. de Renneville, xxixᵉ membre, tome II, p. 330 à 348.

xiii° siècle par Richard Beaudoin, bourgeois de cette ville (Arch⁵
Nation. S. 4998 " n° 37). — « La maison, dit Mannier, était près
de la halle de la grande rue et tenait par derrière à la rivière. En
1501 elle était tenue à cens ou arrentée pour 50 s. que payait
Noël François. Il avait mis une enseigne, représentant les 4 fils
Aymon. En 1788, elle rapportait 200 livres. Tous les hommes de
la commanderie, avaient le droit de vendre et d'acheter, sans
payer la coutume, mais ils devaient porter sur leur manche ou
basque, une petite croix rouge. »

FEUGUEROLLES (1) formait le vi° membre de la Commanderie.
« Ce membre, dit Mannier, avec sa chapelle et le domaine, formait un fief parfois nommé par les Hospitaliers : le fief de Malassis.
Les guerres du xv° siècle ruinèrent le temple de Feuguerolles et en
détruisirent la maison et la chapelle. Il ne reste que les terres qui
en 1757 valaient 550 l. de revenu. » — La ferme se trouvait à
Mallassis avec bois, bruyères, enclos d'une contenance de 25 acres
nommé *enclos de la chapelle* ou du *vieux temple*. Comme on a
découvert sur cette commune divers objets gallo-romains, haches
d'armes, statuettes, médailles, etc., il est probable qu'il y avait
eu autrefois à cet endroit même un temple païen, auquel avait
succédé une chapelle construite en l'honneur de Notre-Dame
« *dont on voit encore*, dit un inventaire, *les vieilles murailles.* »
Quant à l'existence de cette dernière, il ne peut y avoir aucun
doute, puisque l'an 1209 Jean de Feuguerolles donne à Saint-
Etienne de Renneville la pièce de terre dite des Noyers, près la
chapelle de Notre-Dame *juxta capellam Sanctæ Mariæ apud Ful-
cherolium*, puis 3 acres dans le champ Martinet, 8 à la mare Bohé,
le commun de la paroisse avec la commune pâture de toute sa
terre, etc. Cette charité fut imitée par Sanson, prêtre de Feuguerolles qui, du consentement d'Etienne son frère et son héritier,
leur accorde son serviteur Estout, fils d'Odon, avec la moitié de
son fief situé vers la rue, compris les édifices, maisons, etc. La
charte est scellée en cire verte avec deux sceaux pendants, sur
l'un desquels on lit : S'SANSONIS SACERDOTIS DE FEUGEROLIIS. Les
Templiers reçoivent ensuite : sept vergées dans le champ « *Tere-
ceneuse* » de Geoffroy le Filâtre et Geoffroy Pinel (1210); cinq
vergées 28 perches dans la Vallée, de Richard Harenc (1210);

_____

(1) Invent., tome I, p. 235 à 251 et plan terrier.

deux acres une vergée de Geoffroy le Petit (1211); toute la terre que Roger Harenc, seigneur de Gauville, possédait sur le fief de Sacquenville à Sainte-Colombe et pour laquelle il rendait annuellement à Pâques une paire d'éperons dorés (1212); dix huit acres dans la culture « FAVARIZ » de Joscelin Roussel qui les tenait de Robert de Feuguerolles, moyennant une paire d'éperons dorés (1215); le champ de la « Haye-Tercelin » et celui de « DULCETH » ou Doucet de Robert, neveu de Mathieu, curé de Feuguerolles; le fief de Jean de l'Ile comprenant la culture du Bohet sous le mont Gohet, les Perreis devant la chapelle Notre-Dame et la terre de la fosse de « FARNAN » près Platemare, d'Avice de l'Ile veuve et fille de Jean de l'Ile (1220), don confirmé en 1222 par Sibille du Buisson, femme de Richard de Houetteville; cinq acres de Raoul Poulain, etc., etc. (1). Toutes ces aumônes sont confirmées par la charte d'Amaury de Meulan en 1222. Mais quelques années après le curé de Feuguerolles voulut percevoir les dîmes des fruits sur ces terres, malgré les réclamations des chevaliers, qui invoquaient les privilèges accordés à l'ordre du Temple par les Souverains Pontifes. Pour terminer ce débat frère Robert Paiart, commandeur de Saint-Etienne, fit l'accord suivant avec Me Nicolas, prêtre de Feuguerolles : 1º le curé donne, autant qu'il est en son pouvoir, 3 pièces de terre dont 2 au fond du Val près le bois des Templiers, et une à la mare Sauseuse; 2º Mais il percevra la dîme de ces pièces et de toutes celles que les frères ont dans la paroisse. — Cette transaction ne devait avoir son effet que pendant la vie du curé, et fut signée le samedi veille de la Saint-Martin d'hiver 1257.

A deux lieues de la Commanderie se trouve la GOUBERGE (2) actuellement réunie aux paroisses d'Ormes et d'Emanville. C'était autrefois un noble fief avec manoir seigneurial, clos et ferme, maison, grange, écurie, bergerie, cour de 5 vergées 4 perches et 12 pièces de terre, formant environ 80 acres. Le précepteur de Saint-Etienne à qui appartenait ce membre de haubert, en vertu de l'acquisition faite en 1287 au prix de 440 livres 10 sols tournois payés à Robert des Essarts, de la paroisse d'Epréville, présentait à la cure, droit qu'il conserva jusqu'à la Révolution. Philippe fils

---

(1) Les chartes de Feuguerolles commencent au nº 125 et vont jusqu'au nº 150.
(2) Invent., tome II, XIe membre.

aîné de Robert, comte d'Artois, sire de Conches et de Nonancourt,
amortit en 1293 en faveur des Templiers le fief qu'ils venaient
d'acheter et reçut de ce fait 200 livres parisis payées par le frère
Jean de Tour, trésorier de l'ordre à Paris, suivant quittances déli-
vrées par Jean Florence, receveur de Philippe d'Artois. — Voici
ce que nous lisons dans l'inventaire de 1779 au sujet de ce membre :
« Nous avons été reçus au son de toutes les cloches par M. Etienne
du Bois qui a présenté l'eau bénite et l'encens, et après la bénédiction du Saint Sacrement nous avons visité les ornements et les
vases sacrés, savoir : un soleil, un ciboire, calice, phioles en
argent, burettes de verre, missel, pupitre, croix bénitier, encensoir, 6 chandeliers, lampe en cuivre, 5 aubes, 2 cordons, 10 amicts,
5 corporaux, 20 purificatoires, 6 lavabo, 20 nappes d'autel,
10 chasubles, dais. Revenu 500 l. L'église est dédiée à la Sainte
Vierge, autel et tabernacle en bois, dans le contretable Conception
de la Sainte Vierge, aux deux côtés statues de la Sainte Vierge et
de S. Gourgon, voûtée en planches, carrelée, couverte en tuiles,
clocher avec deux cloches bien sonnantes. » — Les terres s'éten-
daient sur Ormes, Emanville, Saint-Léger-l'Hospitalier, Cresches
et Folleville. — Dès 1211 Richard de la Gouberge cède par échange
aux Templiers six acres une vergée et 16 perches, dans la partie
qui *relevait de la paroisse d'Ormes*, ce qui ferait supposer que
l'église n'existait pas encore. Pour avoir une idée des transactions
de cette époque relevons en 1297 une vente faite aux frères par
Peronnelle de la Gouberge, au sujet de 24 sols tournois de rente,
4 chapons *et une poule avec 41 œufs*, moyennant 50 s. tournois
comptant.

Les chevaliers se trouvant auprès du *Neubourg* (1) il est probable qu'ils obtinrent dès le début, dans cette ville, de nombreuses
aumônes. Si les pièces manquent pour l'assurer complètement,
un accord du mois d'août 1217 le laisse supposer. Ils eurent en
effet à cette époque une difficulté avec Guillaume de Jallie et
Guillaume de la Rivière qui voulaient leur enlever certains avan-
tages qu'il possédaient depuis longtemps. Car Amaury de Tyr leur
avait octroyé, outre la vigne de la Croix et la terre des Eteneilles,
des places pour y mettre des *étaux*. La sentence rendue par les
prieurs de Sainte-Geneviève et de Saint-Eloi de Paris décide que

(1) Invent., tome II, p. 286 à 303.

les Templiers garderont : 1º les dites places pour rester *à deux étages,* mais sans pouvoir en augmenter le nombre : 2º la vigne de la croix et la terre des Eteneilles que tenait Arnould le Dève du Seigneur de Tyr, à raison de 13 deniers de cens, sans pouvoir cependant en aucun temps y établir des *étagers ;* 3º deux *rochies* (caves) avec les places situées devant, appartenant à Raoul d'Alumac ; 4º la place d'Alumac à Ranecie avec défense de créer plus d'un *étager* dans ces derniers endroits ; 5º enfin, les maisons de Breuil qu'ils tenaient de Jean de la Bruere, parent de Guillaume de Jallie, sises au Vieux Marché de la dite ville. — L'année suivante Robert du Neubourg confirma et amortit en leur faveur 3 acres à Puppeville données par Raoul d'Emanville, et dans l'octave de la Saint-Martin d'hiver (1219), Emeline fille de Gauthier du Neubourg vendit aux frères et à Raoul de Renneville une place qu'elle tenait d'eux, moyennant 6 livres tournois. — Les archives nationales possèdent une charte de Gilbert du Plessis (1) chevalier, (1220) en vertu de laquelle il accorde deux acres de terre au bout de la ville, en dehors des murs vers les Essarts entre deux croix, l'une la croix Sibille et l'autre la croix Fichet : et une seconde d'Hugues seigneur du Neubourg (2) qui leur aumône, du consentement de sa femme Isabelle, six livres de rente sur la prévôté de cette ville, dont 60 sols à Noël et 60 à la Saint Jean-Baptiste, avec une maison devant sa porte et un hêtre à Noël dans sa forêt du Neubourg (1225). — L'inventaire de 1779 mentionne tout simplement sur la grande place un hôtel dépendant de la commanderie, loué 200 livres, ayant en 1567 une couronne pour enseigne (3).

(1) (S. 4998ᴮ).

(2) On trouve la signature d'Hugues du Neubourg dans la charte d'Henri II roi d'Angleterre en faveur des bourgeois de Rouen vers 1175. (Antiq. de Normandie, 26ᵉ vol. p. 184).

(3) Ceci paraît en contradiction avec une pièce de la charité du Neubourg, en date de 1554, où il est dit que l'échevin donne à rente et à fieffe au sieur Leprévost, bourgeois et boucher du Neubourg « une portion de masure où pendait pour enseigne une couronne, borné le total d'icelle masure la masure qui fut Guillaume Barbé ou soulloit prendre pour enseigne, le mouton ; d'autre coté la masure et maison dépendante de la commanderie de Saint-Etienne de Renneville, d'un bout la grande rue et pavement du Neubourg et d'autre bout les ruelles dudit lieu. » Il faut donc lire : un hôtel loué 200 l. *près* d'une maison ayant en 1567 une couronne pour enseigne. La ruelle de la charité n'était pas encore ouverte. Ce fut sans doute après la suppression de l'auberge

« Les frères avaient droit de faire tenir tous les 15 jours, dit Mannier, leur justice qu'on appelait le *Franc Astrier*. Cette justice se tenait au xv⁰ siècle dans une maison située devant la porte du château. Mais le Seigneur l'ayant fait démolir pendant les troubles civils pour établir là une place d'armes, le commandeur transporta le siège de sa justice dans une autre maison, rue de Conches, qui portait pour enseigne une croix verte. Parmi les privilèges de l'ordre, il pouvait vendre ou acheter toutes sortes de denrées sans payer de droits. » — Un plan terrier du 29 mai 1748 signale la maison de la rue de Conches comme tenue par Jean Bucaille, aubergiste *à la croix verte* et celle de la Grande Rue à côté de la maison de la *Charité* par Nicolas Dulong, avocat et procureur fiscal du Marquisat du Neubourg (1). Aux foires de la Saint-Jean et de Noël, le commandeur avait enfin le droit de prendre six livres sur la coutume de la ville, à titre de rente (2).

Après avoir signalé en passant onze acres de prairies à Beaumontel, d'une valeur de 200 livres *aumônées* en 1280 par Guillaume Guiard : une masure à Rouge-Perriers, près le grand chemin du Neubourg à la Rivière-Thibouville, produisant 25 livres ; enfin la dîme de Tiron sur la Hunière (3) avec une pièce de terre au chemin Perray d'un rapport de 24 l., le tout donné à Saint-Etienne par Foulque dit Paquier, seigneur de Hanbuie et dame Agnès, son épouse (1277) et quelques rentes seigneuriales à Thibouville, j'arrive au xviii⁰ membre, Romilly-la-Puthenaye (4).

Ce membre composait l'important fief et seigneurie du POMMERET, situé sur les paroisses de la Puthenaye, Groslay, Conchez, Châtel-la Lune, la Vacherie, Barquet et le Poudrier hameau de Collandres. Le commandeur à cause de ce fief noble, d'une contenance de 80 acres en 1312 — dont plus de 30 en 14 pièces à la Puthenaye et 22 à la Vacherie — avait droit de basse et moyenne justice, plaids et gage-pleige. Quant au manoir seigneurial, construit le long

de la *Couronne*, que sa voisine qui lui a survécu jusqu'à nos jours, prit le nom de *Mouton couronné*, entendant réunir le nom et la clientèle de celle qui était supprimée. — Note de feu M⁰ Ozanne, ancien notaire du Neubourg, extraite de son histoire manuscrite sur cette ville).

(1) Archives Nation. S 5,407, tome ii.
(2) Invent., ix⁰ membre, p. 295 à 306.
(3) Invent., xvii⁰ membre, p. 162 à 168.
(4) Invent., xiii⁰ membre, tome ii, p. 81 à 93.

du chemin de Conches à Beaumont, surnommé le *Temple* selon la coutume de l'ordre, il comprenait un enclos de cinq acres avec plusieurs bâtiments. Mais vers la fin du XVIIᵉ siècle la maison menaçait ruine, et d'après un bail de 1673 ne consistait plus qu'en masure, terres, cens, droits seigneuriaux, le tout évalué 250 l., puis en 1757 à 340 l., enfin deux ans avant la Révolution à 422 livres.

Au nombre des bienfaiteurs nous trouvons en première ligne : Goubert de la Puthenaye (1) qui en se faisant templier donne à Saint-Etienne de Renneville quatre acres de terre, 6 sols 9 deniers tournois à la Saint-Remy, 3 sols 9 deniers à lui dus par son honorée sœur, un demi chapon à Noël, 10 œufs à Pâques (2), enfin 3 sols tournois et un chapon également à la Nativité de Notre Seigneur Jésus-Christ. Cependant pour faire face aux dépenses nécessaires et surtout *ad emendam vestituram*, il dut emprunter 10 livres tournois aux chevaliers. Comme garantie il leur livra deux acres de terre, jusqu'à ce que les fruits perçus sur ce fonds aient égalé sa dette (1217). — Viennent ensuite Robert Lecomte et Roger l'Artisan son neveu qui, du consentement de Simon de la Vacherie, offrent à la commanderie tout le champ Galéran (1223). — Lorsque les frères ne peuvent s'agrandir par des donations, ils le font par des achats. Ainsi Roger et Guilbert de la Rue vendent la moitié du champ des Chanenières, situé au bout de la Puthenaye, entre la terre de Martin le Prévost et le chemin qui conduit à la mare, plus 3 acres près des terres au chevalier Mathieu de Portes, le tout vendu 20 l. tournois (1234). Etienne des Hayes leur abandonne deux acres du fief de la Vacherie, au chemin de la Ferrière, pour 10 l. tournois (mars 1234) : Gauthier Malviel une pièce à la Puthenaye dans le champ des trois mares, moyennant 9 l. tournois (juillet 1234) : Simon le Galois, seigneur de la Vacherie, chevalier, pour le salut de son âme et l'anniversaire d'Eulalie son épouse, leur cède en pure aumône une acre de terre du fief de Robert Chopin (nov. 1234) : Gauthier de Goupillières vend la moitié d'une masure avec le terrain pour 100 sols tournois, et, l'année suivante : deux acres et demie pour 9 l. tournois (avril 1235). A la même date nous trou-

(1) Les chartes de ce 13ᵉ membre sont au nombre de 45, nᵒ 256 à 301.
(2) Biblioth. Nation. mss, fond latin 9,035, nᵒ 9 et 10 du registre et nᵒ 15.

vons encore une vente faite par Roger du Chesne et son épouse Pétronille au sujet de 11 acres et d'une demi vergée, près du chemin conduisant au moulin de la Vacherie, estimées 21 l. tournois (avril 1235). — Jean du Monastère, bourgeois de Beaumont, avec le consentement du doyen *de Vilariis* et de ses neveux, cède aux Templiers pour 10 l. tournois une pièce de terre sise au Pommeret (janvier 1236). Les seigneurs eux-mêmes suivent cet entraînement extraordinaire qui porte leurs vassaux à se mettre sous la protection des abbayes comme des ordres militaires. — Richard de la Puthenaye, avant de prendre l'habit de la sainte milice du Temple, donne aux chevaliers deux pièces de terre, l'une à la fosse Cophin, l'autre près le chemin de Conches à Beaumont (juillet 1237) : Bochard seigneur de Barquet, chevalier, leur abandonne 7 acres et demie 6 perches, dans la terre des Sablonnières, près du chemin des Authieux à la Puthenaye et de celui de Conches à Beaumont, en échange d'un champ jadis donné par Godefroy de Barquet (Juin 1239). Chaque année les frères de St-Etienne achètent de nouveaux terrains. En 1240, ils acquièrent 3 pièces de terre sises à la Puthenaye, payées 40 s. t. à Godefroy Roussel ; — un herbage borné par la rue du bois et par le sentier des Authieux à la Ferrière ; une autre pièce, dite de Lérable ; une rente de 6 deniers et un chapon due par Philippe, fille de Gondoin ; une autre de 12 deniers et un chapon, par Raoul Hermeneut ; le tout acheté de Gauthier Malviel (mars 1241). — Enfin ils payèrent à la veuve Hays de la Cossette, 10 l. t., pour une acre de terre.

Toutes ces transactions cependant n'avaient de valeur qu'à la condition d'être ratifiées par le Seigneur principal (1). C'est pourquoi, le dimanche des Rameaux 1246, Pierre de Courtenay, che-

(1) La féodalité pour empêcher l'Eglise d'acquérir avait soumis l'acquisition des terres à des conditions qui la rendaient difficile et onéreuse. Dans certaines contrées même on aliénait la terre à la condition *sine qua non* qu'elle ne serait donnée ni à clerc, ni à moine, ni à chevalier du Temple ou de l'Hôpital. Au xiie et au xiiie siècle, la plupart des actes d'amortissement ne sont octroyés que moyennant finance. Les suzerains vendent aux églises, le plus cher possible, le droit d'acquérir des terres dans leur fief. Il n'en était pas ainsi à l'origine. Au xie siècle, époque où les donations commencent à se multiplier, les seigneurs amortissent par esprit de piété et pour assurer le salut de leur âme. Dans les siècles suivants, ils ne sont plus aussi prodigues de leur droit, parce qu'ils commencent à s'en faire un revenu, qui devient de plus en plus lucratif. — (Manuel des Instit Franç., par Ach. Lucaire).

valier, seigneur de Conches, confirma ce que les Templiers avaient,
ou reçu ou acheté, dans ses fiefs de la Vacherie et du Pommeret,
situés à la Puthenaye.

Tranquilles de ce côté, les frères s'appliquent avec plus d'entrain
encore à s'agrandir. Les chartes succèdent aux chartes. Thomas
dit Boule et Martin l'Artisan de la Puthenaye vendent chacun une
mine de froment, mesure de la Ferrière, livrable annuellement à
la Saint-Rémy, pour 4 l. t. (septembre 1258-novembre 1259);
Guillaume Desperrois, un quartier de blé pour 45 s. t. (mars 1259);
Guillaume Leroy et Robert Paroie, 22 s. t. de rente sur plusieurs
particuliers, pour 10 l. t. (mars 1260); Martin l'Artisan, une acre
de terre (2 mars 1262); Guillaume Desperrois, une autre pièce sise
devant la porte du Temple au Pommeret, pour 15 s. t. (11 nov.
1263); Roger Gondoin une mine de froment (11 nov. 1263);
Thomas du Poudrier une maison et une place au Poudrier hameau
de Collandres, pour 4 l. t., en présence des chapelains Thomas et
Etienne, de Robert Basset clerc, de Guillaume Harenc, etc. (mars
1269). — On voit dans ces différentes transactions revenir souvent
les mêmes noms. Ainsi nous retrouvons encore au mois d'octobre
1273, Guillaume Gondoin vendant une pièce de terre; Chrétien
Desperrois recevant 100 s. t. pour 10 s. t. de rente (1282); puis
au mois de janvier 1283, 50 s. t. pour une pièce de terre sise près
du sentier de la Puthenaye aux Authieux; enfin 59 s. t., le
dimanche après la Saint-Urbain 1285, pour une vergée 7 perches
situées à la Longue-Lyre; Roger Desperrois, frère du précédent,
livre aux Templiers en novembre 1285 une demi acre à la mare
Garin, moyennant 100 s. t. et le dimanche avant la fête de la
Toussaint, en présence de Roger recteur de l'église du Tilleul-
Lambert, de Laurent Poignant prêtre, etc., deux autres pièces de
terre, l'une à la Marnière blanche et l'autre à la Gastine, pour
60 s. t., argent comptant. Terminons enfin cette longue énumération par les chartes de Simon Butel et de sa femme, au sujet
d'une pièce de terre (1276) — de Gervais Butel, rente de 6 s. t.
(septembre 1281) — de Thomas Letailleur, Robert et Raoul
Legendre, également pour une rente de 6 s. t., sur leur fond situé
à Conchez, paroisse de Groslay (avril 1282) — de Raoul dit Joane,
rente de 4 s. t. (décembre 1282) — de Roger dit Gondoin pour
une pièce de terre, au champ du Theil (octobre 1283) — de
Guillaume de la Mare, rente de 5 s. t. sur son fief (janvier 1286)

— de Raoul le Marchand, 5 s. t. de rente, de Robert le **Prévost** et sa femme, une vergée (1299), etc., etc.

Inutile d'insister pour faire comprendre l'importance de ce membre de la Commanderie de Saint-Etienne de **Renneville**. Toutes les chartes indiquées se trouvent dans notre cartulaire *manuscrit*.

RUBLEMONT (1), au commencement du XIIIᵉ siècle, était selon Mannier, une maison distincte de Brettemare, bâtie dans un clos de 13 acres, longeant le chemin des Roches. Le manoir se trouvait donc sur la paroisse de Bacquepuis, puisque dans une charte de Richard de Sacquenville en faveur des Templiers (1294), il signale un chemin entre les deux pays *queminum qui ducit de Bacquepuiz apud Rublemont.* A ce IVᵉ membre, se rattachait *Tourneville*, paroisse du diocèse d'Evreux, actuellement réunie pour le culte à Brosville. C'est là que vécut M. l'abbé Chemin, auteur de plusieurs travaux d'histoire locale, dont les manuscrits sont précieusement conservés aux Archives de l'Eure et au Grand Séminaire (2). — Nous aurons bientôt l'occasion de parler de ce laborieux curé.

Rublemont se composait de bois, pâtures, prairies, vignes, terres labourables, avec maison et manoir en bonnes murailles et en bon état, dit un inventaire. Au nombre des pâturages, il y avait *la Foutelée*, sise entre le chemin de Rublemont à Sacquenville et celui de Rublemont à Bacquepuis, cause d'un fameux procès dont nous aurons quelques mots à dire plus tard. L'inventaire de 1630 compte 96 acres de terre arable, d'un revenu de 250 livres. Mais vers la fin du XVIIᵉ siècle, la maison ayant été détruite, les terres affermées à diverses personnes produisirent en 1757 dix neuf cents livres ; puis en 1783, réunies à Brettemare donnèrent un revenu de 7,500 livres.

Aujourd'hui on ne retrouve plus trace de ce manoir et le nom même paraît complètement tombé dans l'oubli, tandis que Brettemare est resté à peu près ce qu'il était sous les commandeurs.

On comprend facilement que là encore, le XIIIᵉ siècle dut se

(1) Inventaire IVᵉ membre, p. 200 à 210.

(2) Voir la notice que nous lui avons consacrée dans la publication de son manuscrit sur Claude de Sainctes, Evêque d'Evreux. Le Grand Séminaire a son histoire manuscrite des Evêques d'Evreux complète depuis Claude de Sainctes jusqu'à l'époque où il vivait, plus la vie de saint Taurin, de saint Etern, de saint Aquilin, et une notice sur le doyenné de la Croix-Saint-Leufroy.

montrer prodigue à l'égard des Templiers (1). En effet, Hugues le
Vavasseur de Brosville, à l'instar de tant d'autres, donne aux chevaliers, pour le salut de son âme et celui de ses ancêtres une pièce
de terre voisine de leur herbage de Rublemont (1220); Raoul le
Bouteillier, 12 d. de rente, monnaie courante, sur une terre près
de leur vigne d'un côté, et de l'autre près le chemin descendant
de Rublemont aux Roches (1222) : Geoffroy et Gauthier Morel,
deux acres; Mathieu du Moulin Heulin, une acre (1233); Raoul le
Bouteillier, 10 acres 1/2; don généreux confirmé par Simon de
Belmontel, dont le sceau en cire verte représente un chevreuil
passant (1235); Thomas Dubois, 2 acres 25 perches aux Vallées,
donation confirmée par son neveu, Eudes Dubois, en présence de
Gauthier d'Espagne, Guillaume de Saint-Martin, Robert, maître
de l'Hôtel-Dieu d'Evreux, etc. L'année suivante, Eudes Dubois
leur abandonne lui-même tout un champ, d'une contenance de
5 acres 1/2, près du bois Maurice, à la réserve cependant du droit
de mouture dû au seigneur de Sacquenville et de 12 deniers de
rente à ses héritiers; les témoins furent Jean, évêque d'Evreux,
Richard de Tournedos, Raoul le Bouteillier, etc. (1237).

Comme toujours, la commanderie après avoir pris pied dans ce
pays, grâce à des aumônes, cherche aussitôt à s'agrandir par des
acquisitions. Aussi nul ne sera surpris de la voir acheter à Guillaume de la Haye et consorts (mai 1288) une acre et demie de
prairie, dans la paroisse de Tourneville, entre la terre du Seigneur
de Normanville et l'Iton, achat bientôt confirmé par Guillaume
de Tourneville, seigneur *capital* du fief. Dans la charte d'Hugues
du Moulin Huelin — vente d'une acre et demie de prairie à Tourneville — il mentionne expressément qu'il la cède aux Templiers
demeurant dans la maison de Brettemare, ce qui est aussitôt
confirmé par Jean de Vilers, seigneur principal, et ratifié devant
l'official d'Evreux. Cette petite commanderie était donc bien distincte de celle de Renneville. — Geoffroy Dubois délaisse aux
frères, en novembre 1253, une pièce de terre à Rublemont, près
le chemin du mont Gauthier, pour 8 s. t. avec charge de 12 s. de
rente, à la Saint-Rémy.

(1) Les chartes de Tourneville et Rublemont vont du n° 95 au n° 114. Toutes
les donations ou ventes y sont faites aux frères demeurant à Sainte-Colombe-
la-Campagne, excepté deux en faveur des frères demeurant à Brettemare,
n° 104 et 105.

En 1258 les Templiers firent un achat important, celui du bois Josselin et de toute la terre circonvoisine. Pour cette magnifique acquisition ils versèrent 25 l. t. à Richard Dubois-Josselin et à Thomas son frère. Deux ans après, Hugues chevalier, seigneur de Bacquepuis, afin d'assurer le salut de son âme donne en pure aumône à Dieu, à la B. V. M. et aux frères de Saint-Etienne, une pièce de terre d'une contenance de 10 acres, située au Mont-Gauthier : Simon, chevalier, seigneur d'Amfreville, son fils aîné et son héritier, mû par le même motif, ratifie le bienfait de son père, et Guillaume de Sacquenville, grand ami des Templiers, leur donne franchise de son droit de mouture sur cette terre et de tous ses autres droits seigneuriaux (avril 1260).

On conçoit avec quelle gratitude les frères reçurent ces faveurs, et avec quel plaisir ils se virent affranchis de ces droits qui grevaient alors les terres ! Aussi, quand ils ne pouvaient en avoir remise, comme dans le cas présent, ils n'hésitaient pas à s'en exempter à prix d'argent. Nous les verrons en effet la même année donner 20 s. t. à Richard Dubois Josselin, afin de se délivrer d'une rente de 2 s. t. sur une terre sise aux Vallées de Rublemont, et souvent ils appliqueront cet excellent principe. La dernière charte venue jusqu'à nous est celle de Thomas le Callouor de Sacquenville, portant vente d'une pièce de terre près du chemin de Rublemont à Bérengeville, et d'une mine de méteil que les frères lui devaient à la Saint-Rémy (mars 1261) au prix de 14 l. 12 s. t. — Guillaume de Sacquenville confirma cet achat en 1263.

Le commandeur de Saint-Etienne de Renneville en sa qualité de patron et gros décimateur de SACQUENVILLE (1) avait droit de présentation à la cure. Cependant ce n'était point une cure régulière de l'ordre, et l'abbé Chemin, peu favorable aux chevaliers probablement en sa qualité de pasteur, fait la remarque suivante avec un certain plaisir : « Sacquenville est une cure remplie par un prêtre séculier que le commandeur ne peut forcer de prendre la croix de Jérusalem (2). » Puis, il raconte avec assez de détails les oppositions différentes faites, par les seigneurs de Sacquenville, au droit des Hospitaliers, et malgré une sentence

(1) Invent., vᵉ membre, p. 210 à 235. Dans le cartulaire nº 114 à 125.
(2) Arch. de l'Eure, G 20.

rendue en leur faveur (12 août 1503) il ajoute : « mais cette affaire ne finit point par cette sentence, etc. »

Quoiqu'il en soit, nous verrons bientôt que le droit de la Commanderie était indiscutable, d'après les chartes et les autres titres de propriété. Commençons par l'inventaire de 1779 (1). — Il s'exprime en ces termes : Nous avons été reçus au son de toutes les cloches par Me Beaumesnil, *nommé par M. le Commandeur Bailly de Saint-Simon,* qui a présenté l'eau bénite et l'encens, et après la bénédiction du Saint Sacrement, nous avons visité les ornements et les vases sacrés. — Un saint-ciboire, un calice et sa patène, donnés par M. le Commandeur, pour remplacer *ceux qui avaient été volés,* et qui lui ont coûté 900 l., *sans y être obligé :* un soleil, des phioles pour les Saintes-Huiles, le tout d'argent. Burettes et plat d'étain, missel, pupitre et cartes d'autel, une croix, un encensoir, une lampe, 8 chandeliers de cuivre, 3 aubes, 3 cordons, 9 amicts, 10 purificatoires, 8 corporaux, 12 lavabo et 10 nappes, une chasuble blanche, une rouge, une verte, une violette de soie, une noire, une blanche, une verte, une violette, une rouge en velours, une noire en laine, deux chapes blanches en soie, deux noires et une violette en laine, une violette et une rouge ; un dais, deux bannières, fonts baptismaux, comptes de la fabrique dont le revenu est de 500 livres. — L'autel est en menuiserie, au milieu de la contretable, un tableau de la Nativité de la Sainte Vierge, deux statues la Sainte Vierge et saint Jean-Baptiste. Trois stalles de chaque côté, et le banc du Seigneur séculier, dans le chœur ; dans la nef plusieurs bancs. — L'église est dédiée à Saint Sébastien dont le tableau est dans le contretable, bâtie et voûtée en pierres et carrelée, le chœur voûté en bois et pavé en pierres : couverture en tuiles, clocher en ardoises avec 2 cloches bien sonnantes. — Le visiteur ordonne d'enlever une mauvaise inscription mise par les peintres à la muraille, auprès de saint Gourgon. »

Dès le XIIe siècle, les Templiers avaient dû recevoir des aumônes, et notamment la perception des dîmes de Sacquenville. Car nous voyons une contestation s'élever, au commencement du XIIIe, entre la Commanderie et le chapitre d'Evreux. Eudes du Bosc en effet avait donné aux chanoines la dîme de son fief, situé dans les limites de cette paroisse. Les frères attaquèrent cette donation,

(1) Archives Nation., S. 4998B.

comme contraire à leurs droits de gros décimateurs. Une telle
difficulté, entre deux parties aussi intelligentes et aussi riches,
allait faire de ce malentendu un de ces procès séculaires, comme
nous aurons trop souvent l'occasion d'en rencontrer. Fort heureusement on eut l'excellente idée de recourir à Rome. Le Souverain Pontife Innocent III (1198-1216), nomma pour arbitres :
Guillaume de Raffieri, évêque de Lisieux, Guillaume II, abbé du
Bec et Jean, abbé de Bernay. Ces hommes sages et prudents
s'arrêtèrent à la transaction suivante : les Templiers percevront à
perpétuité les dîmes du fief d'Eudes du Bosc et ils paieront à la
Saint-Rémy, au chapitre d'Evreux, un demi marc d'argent en
deniers sterlings. Cet accord (1200 à 1211), accepté du chapitre
par un de ses chanoines, et de la Commanderie par un de ses
frères, fut bientôt confirmé par Guillaume, précepteur des maisons
du Temple en Normandie (1).

Cette grosse question des dîmes revint encore quelques années
après, mais, comme il s'agissait d'un simple particulier, Geoffroy
Pellevilain, il dut bon gré mal gré reconnaître bientôt que les
droits des frères étaient parfaitement fondés, et les siens d'aucune
valeur (1253 et novembre 1255). — Les chevaliers cependant
n'étaient pas les seuls à percevoir les dîmes. Sans doute ils avaient
bien fait un accord avec le chapitre d'Evreux, mais l'abbaye de
Saint-Taurin en possédait encore un plus grand nombre. Pour
éviter tout conflit, Richard, abbé de ce monastère, fit un abandon
complet de ses droits à frère Robert Payart, précepteur des
maisons du Temple en Normandie, dans une longue charte où se
trouvent énumérées les différentes dîmes dues à l'abbaye. En
retour, la commanderie de Saint-Etienne s'engagea de son côté à
transporter à ses frais dans la grange des moines 18 setiers ainsi
repartis : 6 du meilleur froment pris dans les terres de Brettemare,
6 de méteil et 6 d'avoine, à la mesure d'Evreux. Le tout devait
être livré pour la Purification de la B. V. M., sous peine de 20 s. t.
d'amende, par chaque quinzaine de retard. — La même année
1265, Amaury de la Roche, précepteur des maisons du Temple en
France, ratifia cet accord si avantageux aux Templiers. Ils se
trouvèrent ainsi seuls maîtres à Sacquenville.

De plus en 1211, Osof leur avait abandonné la moitié d'une

(1) Arch. de l'Eure, cart. du chap. nº 143 et 144, fol. 32 vº, série G.

acre, près de leur culture du Froid-Essart : Guillaume III en 1248 tout son fief de Sacquenville, situé dans les paroisses de Sainte-Colombe et de Semerville. — Ensuite au mois d'octobre 1274, ce généreux seigneur confirma tout ce qu'ils avaient reçu ou acheté dans son fief, herbages, terres arables ou non, rentes, bois, etc., à l'exception cependant du droit de mouture de sa terre sous le bois Josselin et du Mesnil-Fouquoin.

Mais souvent la prospérité est suivie de près par l'adversité. Au moment où les chevaliers se croyaient absolument exempts d'inquiétude, tant sur leurs possessions que sur leurs droits, surgit tout à coup une nouvelle tempête. La vacance de la cure s'étant produite, la commanderie présenta un nouveau titulaire. Aussitôt Robert de Sacquenville prétendit avoir seul droit de présentation, en sa qualité de Seigneur. Il serait impossible de peindre l'étonnement, je dirais avec plus de raison la stupeur des frères, à cette accablante nouvelle ! Avoir tout fait pour être entièrement maître d'un pays et voir subitement se dresser un pareil obstacle, c'était dur pour des guerriers ! — Cependant il ne se laissèrent point abattre. Suivant l'exemple de leurs devanciers ils eurent recours à la justice et firent tant, que Robert de Sacquenville, fut bientôt obligé devant le Bailly de Gisors, siégeant aux Andelys le mercredi après *Reminiscere*, de se désister de sa prétention, non seulement en son nom, mais au nom de ses héritiers. Redoutant pour l'avenir de nouvelles difficultés, la Commanderie fit ratifier cette sentence par Nicolas d'Auteuil, alors évèque d'Evreux (1288). — Voilà certes un titre bien authentique, pour se dire en toute vérité, patron de l'Eglise et prouver son droit de présentateur. Aussi cette pièce sera-t-elle d'une grande utilité plus tard.

Repoussé de ce côté, ce jeune Seigneur voulut quelques années après mettre en culture une terre du nom de *Foutelée*, dont j'ai parlé plus haut. Mais les frères, attentifs à ses entreprises, s'y opposèrent énergiquement parce que selon eux, elle était destinée à la pâture commune. — Sur le conseil d'hommes prudents, et mû par un sentiment de charité, Robert abandonna cette pièce aux Templiers pour servir de pâturage commun, et confirma dans cette charte, à l'instar de son père, toutes leurs possessions à Sacquenville, même le patronage de l'église, à la réserve cependant du droit de mouture de sa terre sous le bois Josselin et de son fief du Mesnil-Fouquoin, le mardi après l'octave de l'Epiphanie 1294.

On comprend facilement que l'histoire de Sainte-Colombe-la-Campagne se trouve intimement liée à celle de la Commanderie, qui se trouvait sur son territoire. C'est pourquoi il est nécessaire de dire ici quelques mots de cette commune. Du reste les documents, en dehors de ceux de Saint-Etienne-de-Renneville, sont peu nombreux. M. A^{te} le Prévost dans ses notes et le Dictionnaire de l'Eure, citent simplement le nom de Robert de Sainte-Colombe trouvé dans une charte du Neubourg, en faveur de l'abbaye de Préaux (1070).

La paroisse disent-ils ensuite, outre la Commanderie, avait un autre fief, nommé le *Mesnil-Froid* (1/4 de haubert), situé actuellement près la route de Conches au Neubourg. Nous voyons en effet Robert du Mesnil pris comme témoin dans une charte de Roger de Tosny, relative à l'abbaye de la Noë (1160), et, 40 ans plus tard, Guillaume, Philippe et Hugues du Mesnil, en signer plusieurs autres pour l'abbaye du Bec, sans compter celles des Templiers.

La famille d'Harcourt, fière de ses nombreuses possessions à Sainte-Colombe, s'attribua, au commencement du xiiie siècle, le patronage de l'Eglise. Mais le chapitre d'Évreux, déjà fort mécontent de ces seigneurs, au sujet d'un de ses chanoines *occis en pleine cathédrale*, selon lui, par Richard d'Harcourt, sieur d'Avrilly (1), et son père, vit avec la plus grande peine cette nouvelle prétention, et s'y opposa énergiquement. D'abord, à cause du meurtre perpétré dans un lieu saint, l'excomunication fut lancée contre les prétendus coupables, et, l'affaire du patronage déférée en cour de Rome. Le Pape Innocent III, alors régnant, en attribua la connaissance à trois chanoines de Chartres (2). Ceux-ci, prenant fait et cause pour leurs collègues d'Évreux, citent à leur tribunal les accusés, afin de se justifier de cette action criminelle. Richard,

_____

(1) Voir le fief d'Avrilly et ses seigneurs par L. Chanoine Davranches, p. 72.

(2) Aux archives de l'Eure G iii, on trouve une charte d'Innocent III, par laquelle il statue sur l'appel qui lui avait été adressé par le chapitre d'Évreux d'une sentence de suspens prononcée contre lui par R... chanoine de Chartres, maintenant chambrier de Chartres, et les autres juges précédemment désignés par le Saint-Siège pour régler le différend survenu entre le chapitre d'Évreux et Richard d'Harcourt, au sujet du droit de patronage de l'Eglise de Sainte-Colombe, délègue de nouveaux commissaires pour procéder à une enquête supplémentaire et examiner la procédure suivie dans cette affaire. — (S. Pierre de Rome, 23 mai 1214).

.soit dédain, soit crainte, ne comparut point, et fut de nouveau excommunié. Cependant, au mois d'octobre 1211, les arbitres lui donnèrent l'absolution et attribuèrent le patronage au chapitre *in crastina Sancti Luce apud Carnotum.*

Ce n'était pas une solution de nature à satisfaire un seigneur aussi puissant. C'est pourquoi, Luc évêque d'Évreux, se chargea de concilier lui-même toute cette affaire. Comprenant que le meilleur moyen était un accord donnant satisfaction aux deux parties, il offrit la transaction suivante : 1º l'Église d'Évreux percevra deux muids de froment, deux de méteil et deux d'avoine, sur l'église Saint-Agnan de Calleville, dont les seigneurs d'Harcourt sont patrons. 2º Ces seigneurs auront droit de patronage sur Sainte-Colombe-la-Campagne et de présentation du vicaire, avec cette réserve, que deux gerbes de blé et 50 s. de rente seront payés tous les ans au chapitre d'Évreux et au chanoine prébendé, suivant l'usage *sicut fuit ab initio.* — 3º Le vicaire, alors maître Richard d'Esmaleville (1), résignera sa cure, purement et sans condition, entre les mains de l'Évêque, pour être aussitôt présenté de nouveau, comme vicaire de Sainte-Colombe, par le Seigneur d'Harcourt. — 4º Il ne sera plus question du prétendu meurtre, attribué à Richard d'Harcourt (2). — 5º Une grange commune au chapitre, au chanoine prébendé et au vicaire, sera construite dans le cimetière de Sainte-Colombe, pour y entasser les blés, et, dans ce même cimetière, le vicaire se construira une maison de ses propres deniers. — 6º Enfin, les clercs de la terre d'Harcourt paieront au chapitre d'Évreux les 50 s. de rente, aux calendes de septembre, pour faire l'anniversaire du père de Richard. — Cette sage décision mit fin au litige, et chacun s'efforça de réaliser les désirs de l'évêque *et sciendum est quod rancores animorum hinc inde remittentur,* (Mars 1216, Cart. du Chap. G 69, Arch. de l'Eure, nº 137, fol. 31, vº). Cet accord fut confirmé à la même date par Robert Poullain, archevêque de Rouen.

D'après cette charte, la prébende canoniale de Sainte-Colombe est donc d'une haute antiquité, puisque l'Évêque dit à son sujet

(1) Voilà le premier curé de Sainte-Colombe dont nous ayons trouvé le nom (Mars 1216).

(2) Jean le Féron traite en effet cette accusation de calomnie, ajoutant, non sans raison, qu'il n'en aurait pas été quitte à si bon compte. — (La Roque, tome III, p. 186.)

sicut fuit ab initio. Roger Harenc, l'augmenta en 1221 par un don, et, à cette occasion Raoul de Cierrey, rappele la charte de son prédécesseur *bone memorie Luce Ebroicensis episcopi* et la confirme de nouveau (1).

Quelques années après les généreux seigneurs d'Harcourt, ne pensant pas avoir encore assez fait pour la religion, fondèrent près de leur château le célèbre prieuré du Parc, auquel ils donnèrent le patronage et le droit de présentation à la cure de Sainte-Colombe-la-Campagne (1225). C'était un prieuré couventuel, composé de 15 chanoines de l'ordre de Saint-Augustin, qui devaient prier pour leurs bienfaiteurs inhumés dans l'église. — « Cette église fut dotée dès l'origine, par Jean d'Harcourt, d'une sonnerie des plus remarquables..... Au moment de la suppression du prieuré, les trois bourdons existaient encore et formaient une tierce mineure en Ré, Do, Si, d'après le jugement de plusieurs experts. Les deux gros, transportés à Evreux, se balancent encore dans la tour Nord de la Cathédrale (2). Cette imposante sonnerie, devait être empreinte d'une profonde mélancolie, car le demi ton était placé entre la tierce et la seconde majeure. Lorsque ces voix formidables, soutenues et propagées par les échos, se faisaient entendre le soir, à travers les grands arbres de la forêt, l'âme chrétienne était saisie d'une frayeur inexprimable, et rappelée soudain, à la pensée de ses destinées suprêmes *Vox Domini in virtute* (3). » Douze statues du Parc, étaient encore en 1854, dans l'église d'Epréville, près le Neubourg. Celle de Goupillières, en possède les boiseries ainsi que le trône abbatial. — Que de réflexions pénibles suggèrent de telles ruines! le prieuré du Parc, et, quelques pas plus loin l'abbaye du Bec! *Transierunt!!!*

Quand nous aurons dit que l'abbaye de Saint-Sauveur d'Évreux avait certaines rentes à Sainte-Colombe, acquises au XIIIᵉ siècle,

(1) « Et pro pace reformata inter vos et dominum Ricardum de Harecuria super eadem ecclesia Sancte-Colombe, sex modios bladi in ecclesia Sancti-Aniani de Karlevilla vobis annuatim sine difficultate percipiendos, sicut in autentico bone memorie Luce Ebroicensis episcopi et predicti Ricardi de Harecuria plenius continetur, pontificali auctoritate vobis concedimus et confirmamus. »
Voir, appendice I, les noms des prébendés de Sainte-Colombe.

(2) Le 1ᵉʳ dont le diamètre est de 1ᵐ 94, pèse 10.000 livres et le 2ᵉ d'un diamètre de 1ᵐ 73, pèse 7.000 livres. — (*Annuaire Normand*, 1865, p. 51.)

(3) Raymond Bordeaux, Neubourg, Harcourt.

.nous aurons cité tout ce qui peut intéresser cette commune, en dehors de la Commanderie (1).

Après cette petite digression, qu'on nous pardonnera, car elle a bien son utilité et son intérêt, revenons à nos Templiers et à leurs bienfaiteurs (2). En disant que les chartes relatives à Sainte-Colombe, sont au nombre de 90, on comprendra facilement que les chevaliers étaient en ce pays de gros propriétaires. Il serait fastidieux de les énumérer toutes : les plus intéressantes au point de vue des mœurs de l'époque suffiront.

Citons d'abord en 1212, celle de Roger Harenc, par laquelle il donne, pour l'amour de Dieu et le salut de son âme, toute la terre qu'il tenait du fief de Sacquenville à Sainte-Colombe, mais avec les charges dues aux seigneurs principaux, notamment une rente de deux éperons dorés à Pâques. Mu par un motif un peu plus intéressé, Robert le Sage du Mesnil-Froid, leur abandonne une acre de terre en ce pays et reçoit d'eux, comme gratification 100 s. t. afin de le tirer des mains des Juifs, *ad redemptionem et liberationem meam de manibus iudeorum*. Il n'était probablement pas plus riche en 1230, car nous le voyons vendre encore 10 l. 1/2 t, une pièce de terre, entre celle d'Amaury, seigneur d'Harcourt et celle de Guillaume Thierry. Selon la coutume du temps, déjà signalée, Roger du Breuil donne à la commanderie deux hommes, Baudry fils de Bérenger et Osbert fils de Rohes, avec leurs masures et leurs terres (vers 1231). — Guillaume, seigneur du Mesnil-Pipart *pro salute anime sue,* celui de Cécile son épouse, de Gillebert son père et de Mathilde sa mère, de Robert son fils, autrefois chevalier, et de Richard, seigneur d'Harcourt, d'heureuse mémoire, accorde aux Templiers pour son anniversaire, le lendemain de la Saint Michel, toute la terre qu'il avait achetée de Guillaume le Mercenaire, fils de Gauquelin de Sainte-Colombe (18 des calendes de septembre 1246). — Au mois de juillet 1249, il leur cède à nouveau deux pièces de terre, l'une à la mare Ronde, l'autre à la mare Jaghiel. — Deux ans avant, Jean, seigneur d'Harcourt, sur une plainte de ses vassaux de Sainte-Colombe, Sémerville, Saint-Meslain, Tilleul-Lambert et Saint-Léger, avait, par son prévôt, mis opposition aux corvées qui leur étaient imposées par les

(1) Voyez les chartes, appendice ii.
(2) Invent. tome i. Premier membre et cartul, n° 1 à 91.

Templiers. Ceux-ci répondirent en montrant les lettres de ses ancêtres, en vertu desquelles ils exerçaient ces droits. Alors, sur le conseil d'hommes prudents, ce seigneur confirma les chartes précédentes — mai 1247 — et promit même d'en poursuivre l'accomplissement par son prévôt, toutes les fois que les frères le jugeraient opportun. — Citons la charte de Pierre de Guenets, dans laquelle il donne à Robert précepteur, et aux frères de Saint-Etienne, afin de participer, tant à leurs prières qu'à celles des autres maisons, *tam citra mare quam ultra mare*, 12 d. parisis de revenu, sa vie durant, à la fête de la Toussaint, et après sa mort, tous ses biens meubles *ubicumque existentium* (1293). Enfin terminons par un échange, entre les Templiers de Renneville, le doyen et chapitre d'Évreux, et le curé de Sainte-Colombe. Martin Leduc et Mathilde son épouse avaient vendu au susdit chapitre une pièce de terre, mouvante de la Commanderie. Afin d'éviter beaucoup d'ennuis, les chevaliers abandonnèrent cette tenure, du consentement de f° Hugues de Paraud *(alias de Pericard)*, précepteur des maisons du Temple en France; et les chanoines, de concert avec le curé, leurs prétentions dîmeresses sur 3 acres de terre, aux endroits indiqués dans la transaction. (Mardi, veille de la Saint Martin d'été 1296). — A la fin de ce siècle, toutes ces aumônes formaient un total de près de 200 acres — plus de 100 hectares — sans compter les rentes nombreuses sur les particuliers.

SAINT-LÉGER-LA-CAMPAGNE (1), (XXᵉ membre) actuellement réuni à la commune d'Emanville, nous fournit une charte de Guillaume de l'Epine, en vertu de laquelle il octroie aux frères un chemin d'une contenance de 3 perches, à raison de chacune 24 pieds. De plus, il confirme une donation de Bernard de Cantelou, et une autre de Roger de Falaise (1228). Deux ans après, Henri de Bosseville leur aumône une place et une pièce de terre : en 1246 Henri de Feuguerolles leur vend le revenu qu'il tirait de ses fermiers Bézein, Guillaume Bance et Thomas Gilos; puis à la même date il s'oblige à une rente d'un demi-muid d'avoine envers Guillaume de Sacquenville, qui la cède de suite aux Templiers. Au mois de septembre 1249, Roger Sébert, promet à la commanderie deux setiers de froment — mesure du Neubourg — et Martin son frère fait au mois d'octobre 1256 la même

(1) Invent. p. 190 à 205. Arch. de l'Eure.

promesse, pour 3 quartiers de froment. Enfin, Roger Sébert, en présence de toute la paroisse donne aux chevaliers onze pièces de terre en divers triages (1258). — Ces possessions, et la proximité de la commanderie, firent plus tard nommer cette paroisse : Saint-Léger-l'Hospitalier.

Quelques minutes avant d'arriver au Neubourg, par la ligne d'Évreux à Glos-Montfort, le voyageur aperçoit sur sa gauche un monument funèbre, isolé au milieu de la plaine. Ce tombeau, entouré d'une grille, occupe l'emplacement de l'ancienne église de la Salle Coquerel (XXIIIᵉ membre) (1). En 1225, Guérin, Geoffroy et Roger Martel, donnèrent chacun à la commanderie une pièce de terre, et au mois de mars 1255, Mathilde, fille de Davi, leur vendit un setier de froment. Plus tard, les frères prétendirent avoir droit de présentation à la cure, et à un demi-muid d'avoine de dîme. Mais Guillaume d'Harcourt refusa de reconnaître ce droit de patronage qui lui appartenait, et leur abandonna seulement le demi-muid d'avoine, source de nombreuses difficultés dans la suite avec les différents curés de Saint-Ouen de Coquerel.

A Sémerville (XXIᵉ membre) (2), ainsi qu'à Saint-Meslain (XVIIᵉ membre) aujourd'hui réuni à Graveron, la commanderie possédait 16 pièces de terre. Ces possessions remontent à Robert de Caudecôte qui, en se faisant templier, donna, vers 1198, le tiers de son fief aux chevaliers. Nous en avons comme preuve les chartes de ses neveux, Robert de Cautecôte et Robert du Bois-Rond, qui confirment en 1209 cette aumône et y ajoutent eux-mêmes les deux autres tiers.

Cette concession suscita pourtant, entre les frères et Richard de Bérengeville, au mois de décembre 1232, certaines difficultés. Mais en présence de Richard de Bellevue, évêque d'Évreux, il consentit à l'abandon complet de ce fief, hormis les droits seigneuriaux de service et de secours, selon les usages de la Normandie. De plus, pour éviter à l'avenir toute contestation, les frères relèveront le fief tous les 30 ans, envers le susdit seigneur et ses héritiers. Il est probable que les chevaliers, selon leur coutume, promirent de verser une certaine somme chaque année, afin de

_____

(1) Invent. de Renneville, p. 236 à 246. — Cartul. nᵒ 367 à 374.
(2) Invent. de Renneville, p. 205 à 233.

s'affranchir de cet ennui. Car nous voyons en 1260, Nicolas et Guillaume d'Alménèches, abandonner deux sols et demi de rente, dus par la commanderie sur le ténement de Robert de Caudecôte, moyennant une gratification de 26 sols tournois. Ainsi, les Templiers devinrent entièrement maîtres du fief de Sémerville. Signalons encore dans ce pays une vente d'Isabelle la Bertheline à Guillaume Buisson, d'une pièce de terre devant le monastère de Sémerville, chargée de 6 deniers envers la commanderie (1247). — Outre plusieurs rentes, Saint-Etienne-de-Renneville possédait de plus quatre acres de terre, aumônées par Robert de Maubuisson, vers 1227, dans la culture du bois de Graveron et affranchies de tous droits, par Robert, seigneur d'Harcourt. Enfin à Saint-Meslain, la commanderie avait 12 gerbes de dîme.

Le Tilleul-Lambert fut un des membres les plus importants de Saint-Etienne (1). Dès la fin du XIIe siècle, les chevaliers, grâce à la générosité d'Henri II, roi d'Angleterre, de Richard et de Guillaume d'Harcourt, y avaient déjà de nombreuses possessions. Une charte de Robert, fils de ce dernier surnommé le *Vaillant* et le *Fort*, en fait foi. Cette pièce des plus intéressantes, écrite l'an du Verbe Incarné 1200, en présence de Guérin de Cierrey, évêque d'Évreux, d'Egidius archidiacre de la même ville, de maître Raoul de Conches, de Richard d'Harcourt, de Raoul de Saint-Léger, de Jean de Bigards, de Simon des Ruffets, etc., donne aux Templiers l'église du Tilleul-Lambert, avec tous ses biens et dix acres de terre, confirmant en outre, toutes les acquisitions antérieures (2).

Saint-Martin-du-Tilleul devint ainsi une cure régulière de l'ordre à la présentation du commandeur de Renneville, qui avait droit de patronage et les deux tiers de la dîme, l'autre étant réservé au curé. Voici ce que nous lisons dans le registre des visites de 1779 : « Nous avons été reçus au son de toutes les cloches, par M. Charles Bidaut, qui a présenté l'eau bénite et l'encens, et après la bénédiction du Saint-Sacrement, nous avons visité les ornements et les vases sacrés. Un S^t ciboire, un calice et sa patène, custode,

---

(1) Invent. XVe membre, tome II, p. 100 à 137. — Cartulaire n° 301 à 342.

(2) A cause de son importance nous la donnons aux pièces justificatives appendice III. Elle se trouve inscrite en tête de tous les inventaires de Renneville, mais souvent avec bien des fautes. Heureusement que nous avons pu en retrouver l'original aux archives nationales et les corriger dans notre copie.

phioles en argent, encensoir, croix en cuivre argentée, bénitier et lampe en cuivre, burettes d'étain, 10 chandeliers de cuivre, missel, pupitre, 3 aubes, 6 amicts, 6 corporaux, 6 lavabo, 12 purificatoires, 6 nappes d'autel, 5 chasubles et 5 chapes. — Revenu 400 livres, patron Saint-Martin. L'autel en bois, la contretable en colonnade, au milieu tableau du baptême de N. S., aux deux côtés, statues de Saint-Martin et de Sainte-Julie. L'église est en pierres, voûtée en planches, couverte en tuiles, clocher en flèche avec deux cloches bien sonnantes. » — Les terres formaient un total de 93 acres, 3 vergées, 10 perches, d'un rapport de 940 livres, d'après l'inventaire de 1732.

Une grande partie des titres de propriété se trouve à Paris, où nous avons pu retrouver une quarantaine de chartes du XIIIe siècle. Parmi les plus intéressantes, citons celle de Guillaume des Queses, qui pour le salut de son âme et celui de ses ancêtres, afin de célébrer chaque année son anniversaire et celui de ses père et mère Raoul Bense et Albérède, son épouse, donne aux frères un quartier de froment (mai 1206) : celle de Waranger de la Mare qui en présence de Raoul, chapelain du Tilleul-Lambert, de Renault, chapelain de Coquerel, de Richard de Tournedos, etc., leur abandonne deux parcelles de terre en ce pays (1222). L'année suivante, Richard d'Harcourt, voulant assurer le service divin dans l'église de Saint-Martin — négligé probablement par les Templiers sous prétexte de pauvreté — leur octroie, du consentement de son épouse, pour le salut de son âme et celui de Jean d'Harcourt, son frère, d'heureuse mémoire, 10 acres de terre en 8 pièces, aux trièges indiqués dans la charte. La raison de cette aumône est exprimée en toutes lettres. C'est afin d'entretenir à perpétuité un prêtre, sans préjudice de celui que les chevaliers étaient tenus d'avoir, d'après leurs institutions *ad usum unius sacerdotis quem fratres templi… debent tenere in perpetuum cum illo sacerdote quem ex jure antique institutionis tenentur habere.* — Une de ces pièces de terre se trouvait près le chemin du Tilleul à Emanville, une autre sur la route du Tilleul à Évreux, une troisième à la mare des Periers, etc. Nous trouvons encore dans une charte de 1230, un exemple d'un serf livré avec sa terre, c'est celui de Pierre du Tilleul, qui abandonne aux frères Raoul Varanger son homme, avec toute sa masure et son clos, situé près de la maison de Guillaume Duret : les témoins sont Henri des Essarts, Simon de

Maison dite des Templiers, à Louvin

MAISON DITE DES TEMPLIERS, A LOUVIERS (EURE)
Rue de la Prison.

Cresches, chevaliers, Raoul, chapelain du Tilleul-Lambert, Robert de Morainville, Robert du Buisson, etc.

Non seulement les seigneurs et les roturiers se montraient généreux envers les deux ordres militaires, mais quelquefois aussi le clergé, au détriment duquel cependant, se faisaient toutes ces donations. Nous voyons en effet, Jean d'Harcourt, au mois de mars 1269, confirmer un septier de méteil, aumôné à la commanderie par Gauthier prêtre, recteur de l'église Saint-Paul et doyen du Neubourg. Quant à l'illustre famille d'Harcourt, elle prouvait à chaque instant sa grande bienveillance à l'égard des chevaliers. Robert, seigneur de Beaumesnil, ne voulant pas faire exception à cette charitable règle, reconnut en 1271, le droit que les frères avaient d'exercer leur justice sur la terre de Jean le Vilain et leur donna, au mois de janvier de la même année, une pièce de terre près le chemin du Buisson-Duret à Dieu-l'Accroisse.

Sur cette paroisse, se trouvait autrefois un fief, dont le nom est dû à la famille qui l'habitait et que nous retrouvons souvent dans les chartes de cette époque, c'est le *Buisson-Duret*. — En 1222, Guillaume Duret confirme une donation de 15 sols de rente faite par Richard Varanguier et deux parcelles de terre, abandonnées par Varanger de la Mare. Raoul Duret, cinq ans après, donne en pure aumône à la commanderie quatre pièces de terre, dont trois sises aux Sablonnières, et la quatrième à la Puthenaye. De plus, ce seigneur confirma en 1254, toutes les possessions, rentes, etc., que les frères avaient sur son fief, et leur vendit au mois de mai 1258, trois acres de terre, près de leur bois de Dieu-l'Accroisse. Mais la plus grande aumône faite aux Templiers en ce pays, est sans contredit celle d'Albérède du Buisson, veuve de Nicolas le Sage, qui leur donna tout son fief, meubles, immeubles, rentes, corvées, comme pilage des pommes *pilagia pomorum*, transport du blé au mois d'août, etc. (24 juin 1263). Jean d'Harcourt confirma ce don généreux, inspiré à la donatrice, par la pensée de venir au secours de la Terre-Sainte *in subsidium Sancte Terre Jerosolomitane*. — Le seigneur du Buisson-Duret, en 1270, était Roger, prêtre. D'après sa propre expérience, et de l'avis de personnes prudentes, il comprit que la protection des chevaliers du Temple serait plus efficace que celle des Seigneurs, et surtout moins onéreuse. C'est pourquoi il se mit, lui et ses hommes, ses édifices etc., en un mot tout son fief, sous leur patronage, leur donnant

4.

ses terres à ferme, tant qu'ils seraient fidèles à leurs promesses, sauf à les indemniser si les dépenses pour l'entretien des immeubles, surpassaient les revenus (septembre 1270). Ainsi il échappait, lui et ses hommes, non seulement aux charges du royaume, mais surtout à ces nombreux droits seigneuriaux qui grevaient les terres à cette époque, puisque les deux ordres militaires en étaient absolument exempts.

Plus tard nous aurons à constater, dans cette paroisse, l'existence d'une chapelle construite sous le vocable de N.-D. de Liesse, par Jacques le Pelletier, fils d'Edouard du Tilleul-Lambert, et qui suscita entre les seigneurs et la commanderie certaines prétentions relatives au patronage de la dite chapelle. Elle se trouvait entre le Tilleul et Renneville.

Les chartes concernant TOURNEDOS-BOIS-HUBERT (1), commencent par une donation de neuf acres, faite en ce pays, par Roger Harenc, en présence de Robert de Joye, évêque d'Évreux, Richard de Bois-Hubert, Richard de Tournedos, Richard de Graveron, etc. Le nom de l'évêque d'Évreux nous permet de fixer avec certitude l'époque de cette pièce non datée : elle est sans contredit de 1203, puisqu'il fut élu en 1201 et mourut deux ans après. Son successeur certifia, par sa charte de 1207, qu'Agnès, fille de Simon Harenc, avait donné aux Templiers treize acres de terre, en sa culture vers le Mesnil, et une autre terre que Gondoin tenait d'elle à Tournedos. — Guillaume et Roger Harenc, ses frères, confirment cette aumône devant Richard des Fourneaux, Godefroy de Barquet, Richard Pelet, Richard de Tournedos, etc. — Vers 1209, les chevaliers reçurent de Richard de Brettemare, clerc, fils de Gondouin, 15 acres de terre, relevant de Richard fils de Serée de Tournedos, qui confirma cette générosité et voulut bien les garder à ferme, promettant d'en payer 10 sols angevins de rente, à la Saint-Rémy. Frère Robert le Petit, était alors précepteur des maisons du Temple en Normandie. Il consentit à ce bail, signé par frère Guillaume, chapelain, frère Roger d'Angerville, frère Jean de Torcy, frère Roger Mollon, etc (2). En retour, les

(1) Invent. de Renneville, tome I, p. 306 à 316, Xᵉ membre. — Cartulaire, nᵒ 169 à 201.

(2) Ces noms sont ceux probablement des *frères servants* affiliés à l'ordre, car il y en avait dans toutes les commanderies, avec des *écuyers* et des *frères de métiers*, étrangers à l'ordre, et des domestiques laïques plus ou moins nombreux. (*Manuel des Inst. Franç.*, par Achille Luchaire, p. 43.)

chevaliers reçurent de Robert de Maubuisson, 4 acres de terre dans sa culture près le bois de Graveron. Les témoins de ces quartre chartes sont les mêmes : Richard d'Argences, Etienne de Dardez, Robert, son frère, Jean de Méré, Simon de la Croix, Gauthier d'Epaignes, etc. — Sur ces entrefaites, Gilbert, prieur de l'Hôtel-Dieu d'Évreux, de l'avis de Raoul de Cierrey — nouvellement élu évêque par le chapitre dont il était doyen — et de l'avis des bourgeois de la ville, donne aux frères de la chevalerie du Temple, demeurant à Brettemare, une acre de terre, que l'hospice possédait à Tournedos, à condition de recevoir annuellement un septier d'hivernage de rente, à la Saint-Rémy (février 1221). — L'argent était alors d'une excessive rareté. Aussi les particuliers, gênés dans leurs affaires, étaient-ils heureux de trouver les ordres religieux, pour leur offrir les terres et recevoir en échange ce dont ils avaient besoin. Cette remarque peut nous expliquer une partie de ces nombreuses transactions. Du reste, elle n'est pas illusoire, car ce motif est souvent exprimé dans la charte elle-même, comme dans celle de Robert de la Forêt Bernard, en vertu de laquelle il cède aux frères une acre de terre au Faveril, recevant en retour à cause de son indigence 50 s. t. *et quia indigebam pecunia ipsi dederunt mihi de caritate suâ quinquaginta solidos turonenses.* — Pierre le Roi, de Tournedos, poussé par la même raison *ad negotium suum succurrerunt,* leur vendit à diverses époques, plusieurs rentes qu'il possédait sur des particuliers (1246, 1247, 1251, 1253 et 1260), avec son droit de justice ; exemple suivi bientôt par Jean et Guillaume le Roi, Clément Louel, Raoul Margerie, Pierre Prigaut, Roger Guitel, Raoul Goncelin, Guillaume Joye, Jean de la Gonfrérie, écuyer, etc.

Les Templiers s'établirent à TOURVILLE-LA-CAMPAGNE (1), grâce à une donation de Jean I de Tournebu, faite au mois de juillet 1235. Elle consistait en trois muids de blé, livrables à ses moulins, entre le mois d'août et la Nativité de N. S. Insensiblement, ils étendirent leur influence dans cette paroisse, revendiquant tantôt un droit, tantôt un autre. Les choses allèrent même si loin, que le curé de Tourville et le chapelain de Saint-Meslain-du-Bosc se plaignirent hautement d'être dépouillés d'une partie de leurs

(1) Invent. de Renneville, XVIIIᵉ membre, tome ii, p. 168 à 183. — Cart., nº 183.

dîmes, et en appelèrent au Souverain Pontife. Le Saint-Siège nomma comme arbitre l'abbé d'Exaque, archidiacre de Coutances, qui établit le concordat suivant : 1º le curé et le chapelain auront toutes les dîmes; 2º les Templiers auront la troisième gerbe du fief Mangot, du fief Poncorié et d'un autre champ, enfin la deuxième gerbe du fief Galopin (1280.)

On connaîtrait peu l'esprit des ordres militaires, si on pensait que cet arrangement leur fut agréable. Sans doute, la commanderie se soumit, mais avec la volonté bien arrêtée d'y revenir plus tard. C'est ce qui eut lieu en effet, dix-huit ans après. Au mois de juillet 1298, les chevaliers firent un échange avec Jean II de Tournebu, seigneur du Bec-Thomas et Isabelle de Beaumont, son épouse. Ce seigneur leur abandonna, sur Saint-Ouen-de-Tourville, tous ses droits de présentation, de patronage, de dîmes, un jardin, cinq pièces de terre etc., à condition qu'ils renonceraient à la rente des trois muids de blé, aumônée par son père, et qu'ils lui verseraient 100 l. t. d'ARGENT SEC. On comprend avec quelle joie fut signée cette transaction qui faisait ainsi de Tourville, une cure de leur ordre, à leur entière dépendance. A partir de ce moment, la dîme, qui s'étendait sur 300 acres de terre, fut repartie de cette manière : un tiers à la commanderie, un autre au curé et le troisième aux religieux de Boscherville.

Voici sur cette paroisse, située à quatre lieues de Saint-Etienne, le passage d'un inventaire de 1663, complété par celui de 1732, déjà cité : « Nous avons été reçus au son de toutes les cloches, par M. Jean Hérambeu, prêtre vicaire pour le sieur curé, et Pierre Besnard, aussi prêtre clerc et tenant les escolles, qui nous ont présenté l'eau bénite et l'encens, et après la bénédiction du Saint-Sacrement, nous avons visité les ornements et vases sacrés. — Un calice en vermeil doré avec sa patène, donné par fᵉ le Bourgeois, curé, vicaire général de M. le Grand Prieur, un autre d'argent, un soleil vermeil doré cizelé, appartenant à la confrérie du Saint-Sacrement, un ciboire de cuivre doré, dans lequel il y a une boette d'argent en vermeil doré, donné par le sieur curé, une grande croix d'argent aux armes du sieur curé, 43 nappes — il n'y en avait plus que 12 en 1732 — 14 aubes — 8 seulement en 1732 — amicts et ceintures, une petite croix d'argent, représentant la Stᵉ Vierge, une chasuble de camelot violet, aux armes du sieur curé, une de satin bleu aux mêmes armes, un drap des morts de velours noir, avec une grande croix de satin blanc, au milieu duquel sont les armes de la religion, donné par le sieur curé, six chandeliers de cuivre, six de bois doré, fioles, burettes et plats d'étain etc. — Autel en bois, trois cloches dit l'inventaire de 1732, et il ajoute : on a volé à l'Eglise un calice et 40 livres en argent. Le visiteur ordonne de le remplacer en moins de 18 mois, de refaire la corniche autour du chœur et de la nef en lattes et en mortier. »

Le presbytère était magnifique et la cure ardemment désirée. Pendant plus de 300 ans, elle parait réservée aux curés d'Epréville, qui tous deviennent successivement curés de Saint-Ouen-de-Tourville. Il fallait qu'elle fut en effet d'un très grand rapport, puisque nous voyons en 1596 f° Mathieu Chevalier, curé d'Epréville, l'accepter avec promesse de faire à son prédécesseur, f° Louis Liard, une pension de 639 livres et cent ans après, M° Antoine Gratien, laisser la moitié du presbytère à f° Louis le Bourgeois, alors âgé de 86 ans, lui servant en outre une rente de 300 livres. L'inventaire de 1732 estime le tiers de la dîme à 500 livres et celui de 1787 à 770 livres. Elle était renfermée depuis le xiv° siècle dans une grange dimeresse, jadis nommée, parait-il, maison du Temple.

Près de Sainte-Colombe, se trouve le TREMBLAY-OSMONVILLE (1). Bien que voisins, ces deux pays sont loin d'avoir le même esprit, et, de tous temps, ils ont montré réciproquement une certaine fierté, frisant même quelquefois une antipathie à peine dissimulée. Ceci nous explique la réserve montrée par ses habitants, à l'égard des Templiers. Contrairement en effet aux autres paroisses circonvoisines, toutes très libérales envers les frères, le Tremblay — retenu probablement encore par les religieux de Sainte-Barbe-en-Auge qui en étaient décimateurs (2) — ne nous fournit qu'un seul exemple de générosité. C'est la concession du bois des Chesnets, faite en 1225, par Galéran d'Osmonville et Robert de Vées, confirmée par Robert de Joye, leur parent. Ce bosquet, 3 acres 60 perches, existe encore de nos jours, il se trouve entre Sainte-Colombe et le Tremblay-Osmonville, vulgairement nommé le Mouville.

(1) Invent. de Renneville, tome II, p. 205 à 223, XXI° membre. — Cart. n° 351 à 355.

(2) Voir ma notice sur cette paroisse.

Avant de terminer cet exposé, citons encore : à la Gastine,
« probablement à une lieue de Conches, une maison seigneuriale
composée en 1312 de 84 acres affermées à raison de 30 sols l'acre
et une quinzaine d'arpents de bois et de paturages (Arch. Nation.,
S. 4,995ᴮ, nᵒ 6). Mais en 1373, il n'y avait plus qu'une grange.
— Une seigneurie nommée *le Temple*, dans les enclaves de la
paroisse du Mesnil-Jourdain (à Caillouel), consistant en domaine
fieffé, c'est-à-dire en maisons, terres et héritages tenus à cens. —
Vingt-deux acres de terre à Manthelon (1), chargées d'une paire
d'éperons envers le seigneur, d'un rapport de 114 livres; sept acres
de terre à Quittebeuf, valant 88 livres de revenu; un petit fief à
Thuit-Signol, valeur 30 livres; les deux tiers de la dîme de *Villez
sur le Neubourg* prise sur 530 acres environ, valeur 900 à
1.000 livres; des rentes à *Longueville* (2), (aujourd'hui Saint-
Marcel, près Vernon), à Saint-Agnan, Saint-Aquilin près Pacy,
Vauville, Vernon, Virolet, etc.

Richard, roi d'Angleterre, leur accorda la 10ᵉ année de son
règne un droit de *panage* et *glandée* pour leurs porcs, dans ses
forêts de Beaumont, Breteuil, Conches, Evreux, etc (30 novembre 1194). Voici en effet ce que nous lisons dans un coutumier
des Forêts datant de 1400 à 1410, publié par la Risle : « Le seigneur et hospitaliers de Saint-Étienne de Raneville et ses hommes
et ômonées dudit hopital ont en toutes les forêts de Normandie
et d'Aquitaine..... franc pasnage pour tous leurs porcs, sans nombre et sans paier franchises : ilz sont tenuz faire et dire oraisons
et prières pour le Roy nostre sire, et en ont usé dans la dite forest
de Beaumont. » — (Arch. de la Seine-Inférieure.)

---

(1) Invent. de Renneville, IXᵉ, XXV et XXXIᵉ membre, p. 295 à 306, 93 à
100 et p. 348.

(2) « Nous ne rappelerons les droits d'usage des Templiers dans le bois de
Longueville, au temps de la Harelle, que pour donner à ce dernier mot une
signification plus précise que celle que nous avons empruntée à Du Cange. Il
faut y voir la réunion des habitants de la vallée, convoqués pour entendre la
publication des bans de vendange de la châtellenie. Les Templiers n'avaient
sans doute le droit d'usage, que pendant un temps limité, entre la date de
réunion des vignerons et la fin des vendanges.

(Hist. de Vernon, tome ii, p. 291).

« Dans l'ancienne garenne de Vernon, Richard de Vernon, selon Théroude,
avait fait bâtir une abbaye pour les Templiers. »

(Id. tome ii, p. 365).

Enfin la commanderie avait quelques rentes sur le domaine du Roy : sur celui de Conches 32 l. ; de Beaumont 113 l, plus 18 setiers de froment sur une masure; de Pont-Audemer 13 l., etc (Arch. Nation. S. 5,407, plan terrier de 1616.)

Un auteur, M. Lavocat, prétend qu'il y eut une commanderie à Pont-de-l'Arche « dont il ne reste plus trace, » dit-il, et qu'elle devint membre de Saint-Étienne de Renneville. Mannier lui-même paraît l'admettre. J'avoue en toute sincérité que je n'ai rien trouvé, soit dans les chartes soit dans les inventaires, qui puisse confirmer cette assertion et je crois prudent de réserver mon assentiment sur son existence et sur celle de la maison dite des Templiers à Louviers, jusqu'à ce que quelques preuves viennent corroborer ces affirmations (1.)

Quoiqu'il en soit, il est hors de doute que le XIIIe siècle a été une époque de foi et de générosité. Il semble que la propriété ait alors changé de mains, non point par une crise sanglante comme en 1793, mais par un élan spontané, chacun se dépouillant volontairement *pour assurer le salut de son âme et celui de ses ancêtres*. C'est en effet la formule consacrée que nous avons vue à chaque pas dans les nombreux titres analysés en ce chapitre.

Pour se rendre de plus en plus dignes de ces dons, les chevaliers redoublèrent de zèle et de courage afin de se maintenir en Palestine, cette terre arrosée depuis plus de cent ans du meilleur de leur sang.

---

(1) « On faisait voir encore, à la fin du siècle dernier, quelques bâtiments placés au milieu de la grande route, appelée le Pavé, vis-à-vis la maison des Templiers..... Sur la fin du règne de Philippe eut lieu l'arrestation des Templiers. Cet ordre puissant possédait au Vaudreuil une maison dont on voit quelques restes aujourd'hui : une grande salle à porte ogivale et une galerie en bois sculpté de la fin du XIIIe siècle. Chaque pilier, chargé naguère de sveltes fleurs de lis, est relié à l'autre par des arcades rappelant les constructions de l'Orient. Dans les panneaux, on distinguait en relief les armes de France, surmontées de la couronne fleurdelisée, ornements qui ont disparu à la fin du siècle dernier. A côté de ce manoir se trouvait le pont, flanqué de grosses tours et à la garde duquel les chevaliers étaient préposés... Ces Templiers étaient sans doute ceux de la commanderie de Renneville, qui avait à Tournedos un fief et plusieurs propriétés. — *(Recueil de la Société de l'Eure,* tome VII, p. 337, note 6 et 398-99 et n° 14.)

CHAPITRE III

Laissant aux histoires générales le soin de raconter les revers arrivés en Palestine ou ailleurs dans les différentes croisades entreprises alors, nous dirons seulement qu'après la prise de Ptolémaïs (Saint-Jean-d'Acre), les Templiers s'établirent à Limisso en Chypre. Ils avaient l'espoir, aussi bien que les Hospitaliers, de revenir un jour aux Lieux-Saints, espoir qui sembla se réaliser en 1299. Le fameux Cazan, roi des Tartares Mongols désirant s'emparer de ce pays proposa aux deux ordres militaires de leur rendre la Terre-Sainte, s'ils voulaient combattre avec lui leurs ennemis communs. On conçoit avec quel empressement cette offre fut acceptée et grâce à cette union on reprit Alep, Damas, Jérusalem. Malheureusement le Kan des Tartares obligé de retourner en Perse laissa les chevaliers seuls. N'ayant aucunes places fortes pour se retirer, ces derniers durent sortir de la Ville Sainte et reprendre le chemin de l'île de Chypre.

C'est alors que les Templiers, après une expédition en Grèce, vinrent s'établir en Occident et surtout en France : « Ils rapportaient, dit Michelet, au milieu du royaume épuisé, et sous les yeux d'un roi famélique (Philippe le Bel), un monstrueux trésor de 150,000 florins d'or, et en argent la charge de dix mulets. Qu'allaient-ils faire, en pleine paix, de tant de forces et de richesses? Ne seraient-ils pas tentés de se créer une souveraineté dans l'Occident, comme les chevaliers Teutoniques l'avaient fait en Prusse et les Hospitaliers dans les îles de la Méditerranée? Il n'était point d'État où ils n'eussent des places fortes : ils tenaient à toutes les familles nobles. Ils n'étaient guère en tout, il est vrai, plus de 15.000 chevaliers; mais c'étaient des hommes aguerris, au milieu d'un peuple qui ne l'était plus depuis la cessation des guerres des seigneurs. C'étaient d'admirables cavaliers, les rivaux des mameluks, aussi intelligents, lestes et rapides, que la pesante cavalerie féodale était lourde et inerte. On les voyait partout orgueilleusement chevaucher sur leurs admirables coursiers arabes, suivis chacun d'un écuyer, d'un page, d'un servant d'armes, sans compter les esclaves noirs. Ils ne pouvaient varier leurs vêtements; mais ils avaient de précieuses armes orientales, d'un acier d'une fine trempe, et démasquinés richement... (1) »

Ce luxe fut cause de leur perte en excitant contre eux la haine et la jalousie des hommes. Leur plus grand ennemi, le puissant, le plus dangereux était le roi de France, Philippe le Bel. « *Le roi Philippe*, dit Guillaume de Nogaret, *est religieux, fervent champion de la foi, vigoureux défenseur de sainte mère Église, bâtisseur de basiliques, comme ses ancêtres. Il est chaste, humble, modeste de visage et de langue. Jamais il ne se met en colère; plein de grâce, de charité, de piété, il n'a de haine pour personne. Très beau, il est agréable à tous, même à ses ennemis quand ils sont en sa puissance... Dieu fait aux malades des miracles évidens par ses mains.* » Que nul ne s'étonne de ce portrait tracé par celui qui est regardé comme le Thomas Cromwell de l'époque. Ceux qui connaissent la conduite de ce roi *si religieux, si agréable même à ses ennemis*, envers Boniface VIII comme envers les juifs peuvent se faire une idée de celle qu'il tint à l'égard des Templiers. Le 22 juillet 1306 en effet, éclate un coup de théâtre que Drumont serait heureux de voir se renouveler de nos jours : tous les juifs sont arrêtés en même temps et à l'improviste, d'un bout à l'autre du territoire. Il n'en échappa pas un seul. « *L'affaire avait été menée*, dit Ch. V. Langlois (2), *avec une prudence et une énergie consommées, bien faites pour inviter le roi et son ministre à de nouvelles et plus fructueuses spoliations. La confiscation des biens du Temple, en 1307, fut, au fond, de même nature que celle des biens des juifs en 1306 : l'une et l'autre eurent la même cause : la pénurie des finances royales.* »

Or chacun sait que le trésor royal se confondait dès le règne de Louis VII, avec celui de l'ordre du Temple. Sous Philippe Auguste, saint Louis, Philippe le Hardi, les fonds de l'État capétien ont été constamment déposés entre les mains des Templiers (3). « *Les établissements que les Templiers avaient fondés dans tous les pays de l'Europe et de l'Orient latin, les voyages que leurs compagnies, bien armées et solidement organisées, faisaient continuellement sur toutes les voies de terre et de mer, les mettaient dans d'excellentes conditions pour transporter au loin, avec la plus entière sécurité, de*

(1) *Histoire de France.*
(2) *Revue des Deux-Mondes,* 15 janvier 1891, p. 395.
(3) *Manuel des Instit. Franç.,* période des Capétiens directs, par Achille Luchaire, p. 588.

*grosses sommes d'argent, comme aussi pour effectuer des payements
sur les places étrangères, au moyen de correspondances et de jeux
d'écritures, sans avoir à déplacer les fonds.* » Aussi les Templiers
de Paris se chargèrent-ils pour le compte des rois de France, des
mêmes opérations de trésorerie qu'ils faisaient pour le compte des
papes et d'autres souverains. On sait que dans son testament
de 1190, Philippe Auguste, recommanda que tous ses revenus
fussent portés dans le trésor du Temple, après avoir été reçus par
une commission de bourgeois de Paris et par un des maréchaux.
Sous son règne, le trésorier du Temple, frère Aimard, semble
avoir joué le rôle d'un véritable ministre des finances. Les templiers Gilles et Hubert remplirent le même office sous saint
Louis (1). On possède encore un document curieux appartenant à
l'administration du trésorier Jean de Tours : le journal des
encaissements et payements faits, en 1295 et 1296, à l'un des
guichets du Temple. Des états de situation étaient dressés au
Temple et faisaient connaître dans quelle porportion le Temple
était créancier ou débiteur du roi à chacun des trois termes de
l'année. C'était donc au Temple que se formait et se conservait le
principal trésor du roi du XIIIe siècle (2). » Cette citation suffit
pour montrer amplement que les causes d'inimitié de Philippe le
Bel contre les Templiers énumérées par certains historiens eurent
beaucoup moins d'influence sur sa décision que l'état de son
compte à la banque de l'ordre. La balance de ce compte penchait
alors lourdement en faveur des chevaliers.

Décidée le 23 septembre 1307, au monastère de Maubuisson,
l'arrestation des Templiers se fit le vendredi 13 octobre 1307. La
trame si savamment ourdie par Guillaume Nogaret va se dérouler
rapidement et d'une façon dramatique. Un questionnaire par lui
rédigé résumera les accusations portées contre l'ordre et des
aveux arrachés par les tortures les plus terribles donneront une
apparence de justice à cette inique procédure.

Aussitôt les embarras financiers de Philippe le Bel diminuent
visiblement; « ses dettes envers l'ordre avaient été éteintes, car
les canons défendent de payer leur dû aux hérétiques; il avait

---

(1) Voir M. L. Delisle, *Mém. de l'Acad.*, t. XXXIII et H. de Curzon : *La
maison du Temple de Paris*, p. 29 et 248.

(2) Achille Luchaire, op. cit.

saisi tout le numéraire accumulé dans les banques du Temple, dont il ne rendit jamais compte; et le trésor du Temple de Paris avait été transformé en caisse royale, sans qu'il eût été procédé à la liquidation des opérations engagées sous l'administration des derniers comptables du Temple (1). »

Venons maintenant aux actes mêmes du procès pour y relever ce qui peut intéresser notre département. N'oublions pas que les aveux sont arrachés par des souffrances terribles. Avez-vous été torturé, demande-t-on à frère Ponsard de Gisi? — Oui, trois mois avant ma confession, on m'a lié les mains derrière le dos, si serré que le sang jaillissait des ongles, et on m'a mis dans une fosse, attaché avec une longe. Si on me fait encore subir de pareilles tortures, je nierai tout ce que je dis maintenant, je dirai tout ce qu'on voudra. Je suis prêt à subir des supplices pourvu qu'ils soient courts; qu'on me coupe la tête, qu'on me fasse bouillir pour l'honneur de l'ordre, mais je ne peux supporter des supplices à petit feu comme ceux qui m'ont été infligés depuis plus de deux ans en prison. » — « J'ai été torturé, raconte Bernard de Vado à ses juges, on m'a tenu si longtemps devant un feu ardent que la chair de mes talons est brûlée, il s'en est détaché ces deux os que je vous présente! Voyez, ils manquent à mon corps (2). »

Parmi les templiers interrogés, le 13 février 1309, pour savoir d'eux s'ils voulaient défendre l'ordre nous trouvons frère Thomas, cavalier du diocèse d'Évreux, le 17 février, frère Jean de Chamine, le jeudi 19, frère Guillaume Bocelli qui avec les autres veut défendre l'ordre disant que s'il a parlé autrement il en a menti *et si aliud dixit, mentitus est per gulam* : Richard de Marselhie, interrogé le 26 répond de même, ajoutant qu'il voulait sauver son âme. Viennent ensuite frères Jacques de Privère, Anricus des Recors, Mathieu Renaud, Audoin Langlais, Christophore de Locavères, Jean de Camis, Thomas chevalier d'Évreux, Étienne Therrici, Chrétien de Bisy, Colart d'Évreux, Jean de Coleors, Jean de Verneuil, Guillaume du Plessis, Raoul Louvet, du diocèse d'Évreux (3), disant tous qu'ils veulent défendre l'Ordre. Le vendredi 3e jour d'avril, Colart d'Évreux, gardien de onze Tem-

(1) Ch. V. Langlois, *Revue des Deux-Mondes.*
(1) Michelet, Procès des Templiers.
(2) Michelet, tome I, pp. 67, 74, 80, 85, 86, 106, 108, 110, 111, 114, 133, 145, 150, 158, 165, 191.

pliers dans la maison de Levrage, donne aux commissaires une lettre ainsi conçue :

« Vehi les reisons et les defenses que li frere qui sunt en garde Colart de Evreis proposent à defendre la religion du Temple et leurs cors do cas qui sunt proposé contre eaus, vos (?) ques cas ne sont mie véritable. E dit Jehan Penet, freres chapellans, frere Maycns de Cresson Essart et frere Andrees li Mortoiers, et lour compagnus dusques à XI tout d'une compagnie : Premièrement que la religion deu Temple fu fete et fondée e nom de Deu, damada sancta Maria, et fu divisea et establie per monsegnur sant Bernart et des pluseus prudomes, et fu confremée de nostre per le Pape qui à che tans estoit et des autres papes ensuians, e che le religion nos a esté baillie e l'avon tenue et maintenue à nostre poir, et en chelle religion volus vivre et mourir pour le sauvement de nos ames.

Item, nos disons que en la religion de Temple, par toutes les massons à chapelle, avoit prestre et clerc, et plus de seculers que de le religion deu Temple, qui fesoient le service nostre Segnor les frères presens, et buvoient et mangeoient aviec aus, et gisoient en lor dordoirs entre aus, des quieus prestres et clercs nos requerens les enquestes.

Item, cele devant dite religion li pere i atreoit li fil, et li freres se frere et li oncles le neveu ; par coi nous disons se le religion fuit mouvèse, il ne les atraissent mie avec aus.

Item, se aucuns freres par courous ou par maulvès concel laissasent leur abiet et alassent au siecle, il venoient requerre leur abiet et crier leur merchi, sans forche nulle ferre, et, fesoient leur penanche an et jour, tele com nostre religion devise, lequele nous creons que nous avons par dievers nous, et en i a grant plenté de cieus qui i sont revenu, liquel n'i fussent mie revenui se le religion fust mauvese.

Item, nous avons souffert moire de tormens de fers, prisons et de geines, et longs tans au pan et à l'iue, par coi aucons de nos freres sunt mort ; et ne eussons mie tant souffert se nostre religion ne fust bone et se nos ne maintenissons vérité, et si n'i fust pour le monde oster hors de mal erreur qui i est sans raison.

Item, nous requirons à monssegnur l'archevesque de Nerbonne, à monsegnor l'evesque de Limoge, à monsegnor l'evesque de Mende et à monsegnor l'evesque de Lisieues et à lou conpangnour,

nos deritures de sante egliese, com à no pere et à nostre mere;
quar nos savons et creons que vous estes envoiés de nostre pere
le Pape en cheste besongne, et si savon que vos estres membre
de sainta egliesie, et nous tenons le Pape à pere et sainte egliese
à mer, et volons obéir à no per et nostre mere, com bon fil et
bon crestien et bien creant en Père et en Fil et en Sant-Eusprit,
et recheruns aver dret, se nos che vos mantenant (?), et requer-
rons à aver le consel de nos freres, chest à savoir frere Guillaume
Chambolent frere chevalier, frere Renaut de Provins frere chapellans, frere Petre de Bonogna frere chapellans, frere Gossein com-
mendeur de Flandres, frere Jehan de Corbie, frere Guillaume de
Lepleche, frere Pietre le Prevoist, frere Nicolas Versequin; et
requerons toit emsemble à aleir par davant vous, et s'il ne vous
plest que nous soions tout mené, si mandés frere Mathieu de
Cresson Essart et frere Andrée le Mortoier, et nous accordons à che
qui feroit pour la religion defendre (1). »

Parmi les membres du clergé chargés de l'enquête au sujet des
crimes reprochés aux Templiers, nous trouvons le 17 mai, lundi
après le dimanche où on chante *Cantate*, un chanoine d'Évreux
Michel Malconduit *(Michael Maliconductus)*, qui vient avec d'autres
rendre compte de sa commission (2).

Venons maintenant aux aveux de frere Philippe Agate, du diocèse de Rouen, précepteur de Saint-Gauburge au même diocèse,
sans oublier comment ces aveux avaient été obtenus. « J'ai été
reçu dans la chapelle du Temple de *Bourgoult*, situé dans le Vexin
normand, il y a environ 30 ans par Alverète, précepteur de Normandie, en présence d'André de Rosay, précepteur de l'Autel-
Val-Denys, de Guidon de Brotone et de Guillaume de Saint-Taurin,
frères servants. Voici comment : je demandai le pain et l'eau, la
société et l'habit de l'ordre, pour l'amour de Dieu : le président
me répondit que je demandais une grande faveur qui exigeait une
mure délibération, car disait-il, il vous faudra supporter bien des
souffrances. Après mes vœux de chasteté, d'obéissance et de
pauvreté prononcés sur un missel ouvert, ainsi que le vœu d'aider
selon mes forces à la conquête du royaume de Jérusalem, on me
donna le manteau et tous les frères m'embrassèrent sur la bouche.

(1) Michelet, tome i, pp. 145 et 146.
(2) Id. 278, 79, 81.

Ensuite on m'enseigna comment je devais me conduire dans
l'ordre et garder les secrets du Chapitre. C'est alors que conduit
dans une chambre, où je revêtis les habits de l'Ordre, on
m'ordonna en présence de frère Guillaume, de renier Dieu. Je
répondis : Comment le ferai-je? — Le commandeur reprit : Il
faut le faire. Je dis donc : « Qu'il soit renié! » — Telle fut ma
réception et c'est ainsi que plus tard moi-même je reçus les autres.
Parmi eux je me souviens de frère Guillaume Bocella reçu par
moi, il y a environ 15 ou 16 ans, dans la chapelle du Temple de
Renneville au diocèse d'Évreux, en présence de frère Guillaume
prêtre dont j'ignore le surnom, de Richard de Sautanville frère
servant : j'ai admis encore dans le même endroit, il y a environ
15 ans, frère Jacques de Prerveriace servant du diocèse d'Évreux,
en présence de frères Guillaume et Richard de Sacquenville et de
plusieurs autres défunts... Pendant l'année de ma réception je me
suis confessé de mon reniement et de tous mes péchés dans la
chapelle de Saint-Étienne-de-Renneville, à frère Michel de Falaise,
alors chapelain de cette commanderie. Il me donna l'absolution
avec 13 *Pater noster* comme pénitence tous les jours de ma vie,
outre ceux que je devais réciter, puis il ajouta : « Si vous avez
renié, je ne puis autre chose. » Quant aux aumônes et à l'hospita-
lité j'ai pu, dans un temps de grande disette, donner l'aumône dans
la commanderie de Renneville à 11,424 personnes *en un seul jour*
et du blé pour l'amour de Dieu dans le courant de la même année
de disette pour une valeur de 4,000 l. parisis : *dari elemosinam
undecim milibus quadragentis et XXIIII personis, et bladum, quod
ipse (Philippus Agate) dedit amore Dei, in dicto anno carastie, vale-
bat IIII°ᵣ milia libras Pariensis, et aliquando subtrahebatur vinum
fratribus ut ministraretur advenenientibus* (1). »

Telle fut la déposition de frère Philippe Agate, en résumé très
élogieuse au sujet de l'immense charité de la commanderie de
Renneville. Mais d'un autre côté quel triste jour elle jette sur cette
époque quand on voit une foule de plus de 11.000 pauvres, une
véritable armée, parcourir les campagnes pour y mendier un
morceau de pain !

Ecoutons maintenant les aveux de Guillaume Bocelli ou Boncelli
frère servant du diocèse d'Évreux, interrogé le mercredi 18 mars.

(1) Michelet, tome I, p. 430.

— Au mois de février il se rangeait au nombre des défenseurs de l'ordre, disant que s'il a parlé autrement il en a menti *mentitus est per gulam*, mais dès le 28 mai les supplices le font changer d'avis et son nom se trouve parmi ceux qui renoncent à défendre l'ordre, après avoir montré plus de courage le 28 mars 1310. Il avait au moment de sa déposition environ 34 ans, ne portait plus le manteau ni la barbe, depuis le concile de Sens. Voici ce qu'il répondit au questionnaire : « J'ai été reçu aux environs de la fête de la Nativité de Saint-Jean-Baptiste, il y a près de 12 ans, par frère Philippe Agate, précepteur de Normandie. La cérémonie eut lieu dans la chapelle de Saint-Étienne-de-Renneville, en présence de frère Guillaume Durgenses, curé de la dite commanderie, d'Albin précepteur de Bangi au diocèse de Bayeux, d'Enricus Anglais précepteur du Val-de-Caniville, frères servants, etc. J'étais resté six mois dans cette maison afin que les frères connussent mes mœurs et moi les leurs. Après les demandes et réponses ordinaires on me fit jurer sur un certain livre vœu de chasteté, d'obéissance et de pauvreté, de conserver les us et coutumes de l'ordre, de ne pas révéler les secrets du chapitre etc. On m'imposa ensuite le manteau et tous les assistants m'embrassèrent sur la bouche, on m'enseigna combien de *Pater* je devais dire pour mes heures, qu'il fallait coucher avec mes chaussures et mes cuissarts... et tout ce qui se pratiquait dans l'ordre. Enfin en présence de ceux que j'ai nommés on m'ordonna de renier Dieu. Je répondis que je ne le ferais pas : mais sur le nouvel ordre et sur l'affirmation que telle était la coutume, je reniai Dieu de bouche et non de cœur : puis il fallut cracher sur une croix, apportée je ne sais par qui, sur laquelle n'était cependant pas l'image du Crucifié : je crachai non sur elle mais à côté.....

J'ai vu dans la même chapelle la réception de frère Pierre Agate par son oncle Philippe, qui m'avait moi-même reçu. C'était la veille des apôtres Symon et Jude, il y a environ 10 ans, en présence du curé susdit, de frère Richard de Sacquenville et de plusieurs autres dont j'ai oublié les noms. Je n'y ai rien remarqué de mal. » Ses réponses au sujet des sacrements, des prêtres de l'ordre, des aumônes sont toutes favorables et quant au reniement et au crachement sur la croix il ne croit pas que cette coutume soit bien ancienne chez eux (1).

(1) Michelet, tome II, pp. 26, 27 et 28.

Le mercredi 7 avril, c'était le tour de Guillaume du Plessis,
frère servant du diocèse d'Évreux. Il avait été reçu dans la Commanderie d'Arville au diocèse de Chartres vers 1290 par frère
Guillaume Gaude autrefois chevalier, en présence de frères
Robert Grunhet, Étienne Besce, chevaliers, et d'Étienne du Plessis,
servant. La cérémonie eut lieu comme ci-dessus et de plus on lui
fit embrasser l'image du crucifié peinte sur un certain livre ainsi
que la croix du manteau. Reniement et crachement à côté et non
sur la croix, comme dans les autres dépositions (1).

Frère Barthélémy Bocher, du diocèse de Chartres, interrogé
le 19 avril s'il avait assisté à des réceptions, répondit qu'il en
avait vu deux dans la chapelle de Saint-Étienne-de-Renneville au
diocèse d'Évreux, faites par frère Philippe Agate, il y avait environ
14 ans. Parmi les assistants il se souvenait de frère Roger, précepteur de cette commanderie et d'Henri Anglais. Il vit également
au même endroit la réception de Mathieu Raynaud il y avait
environ 15 ans et celle de frère Aubin du diocèse d'Évreux, par
frère André de Sacqueville, alors précepteur de Normandie, mais
il avait oublié les noms et surnoms des assistants ainsi que de
ceux qu'il avait vu encore recevoir parce que, à son avis, ils
étaient tous morts.

Le même jour fut interrogé frère Raoul Louvet, du diocèse
d'Évreux. Sans manteau ni barbe depuis son incarcération, il
avait alors 30 ans environ et ne faisait partie de l'ordre que
depuis quatre mois, quand les Templiers furent arrêtés. Reçu par
frère Philippe Agate dans la chapelle de Saint-Étienne-de-Renneville, au diocèse d'Évreux, en présence de frères Mathieu
Raynaud, Richard Lefèvre et Guillaume Calete, servants, il renia
Dieu de bouche non de cœur comme les autres et cracha à côté
d'une croix sur laquelle il n'y avait pas l'image du Crucifié.

Telles sont les dépositions que nous avons pu retrouver dans
ce volumineux procès et qui intéressent la commanderie de
Renneville. Quant au concile de Pont-de-l'Arche où furent
interrogés dix Templiers, toutes les pièces ont été détruites. Malgré
cela Dupuy affirme « que dans leurs aveux, ils déposèrent qu'on
leur faisait renier J.-C., que les frères les embrassaient sur la
bouche et sur la poitrine, qu'on les obligeait, à ne connaître

(1) Michelet, tome II, pp. 184, 85 et 86.

aucunes femmes mais bien de se mêler les uns avec les autres et
qu'il leur fut baillé une cordelette qui avait touché à une image
qu'ils ne savent que c'est etc. » Il cite parmi eux Guillaume Dois-
neval, Raoul du Plessis, Guillaume de Houdetot, chevaliers et
Pierre de Hangest, bailly de Rouen (1). — L'archevêque de Rouen,
Bernard de Farges, présida le concile de Pont-l'Arche contre les
Templiers et la Chronique de Menneval assure qu'on exécuta les
ordres du Pape contre les Templiers : plusieurs chevaliers furent
condamnés aux flammes (*Hist. des arch. de Rouen,* par un Béné-
dictin, Rouen 1667, fol. 495 (2).

Tel fut également le sort de ceux qui eurent le malheur de
rétracter les aveux arrachés par la torture : « J'ai avoué, dit
Aimery de Villers, quelques articles à cause des tortures que
m'ont infligées G. de Marcilli et Hugues de la Celle, chevaliers du
roi : mais tout est faux. Hier, quand j'ai vu 54 de mes frères,
dans les fourgons, en route pour le bûcher parce qu'ils n'ont pas
voulu avouer nos prétendues erreurs, j'ai pensé que je ne pourrais
jamais résister à la terreur du feu. J'avouerais tout, je le sens ;
j'avouerais que j'ai tué Dieu, si on voulait. » Cette déposition
impressionna vivement les commissaires et les notaires qui
cessèrent provisoirement leurs informations. Six mois après
l'instruction reprend, mais les templiers interrogés sont tous des
réconciliés, c'est-à-dire soumis. Comme on disait en Occident :
« Les chevaliers ont nié partout, excepté ceux qui ont été placés
sous la main du roi de France, » on engagea les rois d'Angleterre
et d'Aragon à employer la torture, malgré les coutumes locales
de leurs royaumes. Les poètes du temps traduisirent ainsi le
sentiment général :

L'an mil trois cens et VII, sachiez bien qu'en ce temps
Furent prins les Templiers, qui moult furent puissants
Vilment furent menés onques des plus vaillants
Je crois bien que ce fut par l'art des mescreans.

En cel an qu'ai dit or endroist
Et ne sai à tort ou à droit

(1) Dupuy, *Procès des Templiers,* p. 215.

(2) *Monuments historiques relatifs à la condamnation des Templiers,* par
M. Raynouard, p. 120.

Furent les Templiers sans doutance
Tous pris par le royaume de France
Au mois d'octobre, au point du jour
Et un vendredi fut le jour (1).
                    Un vendredi et un 13 ! ! !

Enfin le concile de Vienne, dont les actes manquent dans les archives pontificales, se réunit sans vouloir entendre sept templiers qui se présentèrent inopinément pour défendre l'Ordre. En présence de Philippe le Bel, Clément V fit lire la bulle *Vox in excelso* dans laquelle tout en reconnaissant qu'il n'y avait pas contre l'ordre de preuves suffisantes, il croit opportun de le supprimer en fait, remettant la solution de la question de droit à un concile mieux informé, qui ne devait jamais se réunir.

Quant aux Templiers les uns furent brûlés, les autres errèrent sur les routes, ceux-ci entrèrent dans les ordres monastiques, ceux-là se marièrent (2). Le grand-maître Jacques de Molay eut le sort des premiers.

Restaient les biens immenses des Templiers, cause directe de leur ruine, but final de la persécution. La curée commença immédiatement après le Concile de Vienne qui avait décidé que tous ces biens reviendraient aux Hospitaliers. Dès 1307, Philippe le Bel commence à être moins gêné dans ses affaires, il n'a plus de dettes envers les Templiers, puisque les canons défendent de payer leur dû aux hérétiques : le trésor du Temple devient le trésor royal sans procéder à la liquidation des opérations engagées sous l'administration des derniers comptables. Plus tard il prétendit qu'il restait créancier de l'ordre pour des sommes considérables et comme il avait eu soin de détruire non les traces de ses créances mais de ses dettes, il pouvait se donner libre carrière. « Philippe le Bel, dit Elizé de Montagnac, toucha le revenu des biens des Templiers évalués à 12.000.000 fr., les biens meubles de l'Ordre compris les ornements des Eglises, tout l'or renfermé

(1) *Histoire des Chevaliers-Templiers*, par Elizé de Montagnac, p. 45.
(2) Après la destruction de l'Ordre plusieurs Templiers s'étant mariés, le pape Jean XXII déclara tous ces mariages nuls et d'aucune valeur leur ordonnant d'entrer dans quelque autre religion approuvée, les Prêtres aussi bien que les clercs, sous peine d'excommunication et de privation de secours que les Hospitaliers devaient leur fournir.
(Bulle du 16 décembre 1319, adressée à Wautier Regnold, Arch. de Cantorbéry).

dans les coffres etc., tout cela disparut et il se donna quittance de 500.000 fr., dont il était débiteur. Il retint ensuite sur leurs terres (1), cinq millions pour les frais du procès (frais de geôle et frais de torture) et son fils Louis réclama plus tard pour le même motif un million cinq cents mille francs (2). » — « Il y eut, dit un autre historien, de véritables saturnales, une immense débauche princière de pillage et de chantage. »

Le faux monnayeur n'avait plus besoin de recourir à ces moyens que l'histoire lui reproche tant, il était désormais assez riche et quelques uns cependant prétendent qu'il aurait bien désiré atteindre l'ordre des Hospitaliers, mais la mort y mit bon ordre. Le peuple voulut y voir une punition de Dieu et interpréta tout ce qui arriva dans cette année comme un acte de la Divinité vengeant le sang innocent. « Il y eut en effet des éclipses, des parahélies, des parasélènes, toutes sortes de prodiges astronomiques, météorologiques et physiologiques : le tonnerre dans un ciel serein, de la grêle, des naissances monstrueuses. Comme Clément V succomba un mois après l'exécution de Molay, à une affreuse maladie, et comme Philippe le Bel disparut bientôt à son tour, à l'âge de 46 ans, la légende se répandit que Molay supplicié avait assigné le pape et le roi au tribunal de Dieu. Guillaume de Nogaret mourut aussi vers ce temps là, après Clément, avant Philippe (3). »

Terminons ce chapitre par une citation de Bertrandet de Pélissier, noble provençal, qui 16 ans après la mort de Philippe le Bel écrit dans son testament ces belles paroles : « J'ai souvent réfléchi aux vicissitudes des choses humaines, en pensant au sort pitoyable de cet ordre magnifique que j'avais vu si haut, et qui, en un clin d'œil, est tombé si bas. Comment ne pas pleurer, surtout quand les malheurs privés se joignent aux désastres publics? Je ne sais pas comment j'ai pu survivre à la mort déplorable de mes frères Pons et Guiraud, de mes proches et de mes amis sacrifiés!... Cet ordre si illustre, qui avait formé tant de braves chevaliers; cet ordre à qui mes ancêtres étaient si redevables, que tant de mes cousins et de mes oncles, les Pellissier, les Pellipaire, ont servi,

(1) Philippe mit aux enchères la ferme des domaines du Temple : les prix de fermage furent si élevés que la plupart des fermiers, qui avaient espéré faire fortune, se ruinèrent. Le roi fit saisir leurs biens.
(2) *Hist. des Chev.* Hospit. de Saint-Jean, p. 106.
(3) *Revue des Deux-Mondes,* p. 420. Langlois.

sous les auspices duquel ils ont suivi la voie de la gloire et de la
vertu militaire, il fut, hélas! et s'est évanoui! Présent me sera
toujours ce jour fatal, signe terrible de l'indignation céleste! Je
voudrais que mes fils l'eussent toujours devant les yeux, pour
apprendre l'horreur de la richesse, de la mollesse, de l'ivrognerie,
dés séductions féminines et de tous les vices que la paresse
engendre..... » Telle est la philosophie à laquelle s'arrêta le bon
sens public. Oui, les templiers, ou quelques templiers avaient été
coupables d'orgueil, de débauches et peut être d'irrévérences.
Non, les templiers n'étaient pas coupables des atrocités relevées à
leur charge par l'inquisition. Plus le temps s'écoula, plus l'opinion
s'affermit en ce sens. Saint Antonin de Florence, au xve siècle,
n'hésita pas à attribuer la chute du Temple à l'envie allumée par
leurs richesses. Boccace prit leur parti. Campi nous apprend
qu'au xviie siècle les chevaliers étaient regardés universellement,
en Italie, comme des saints et des martyrs (1). »

(1) Ch. V. Langlois, *Revue des Deux-Mondes*.

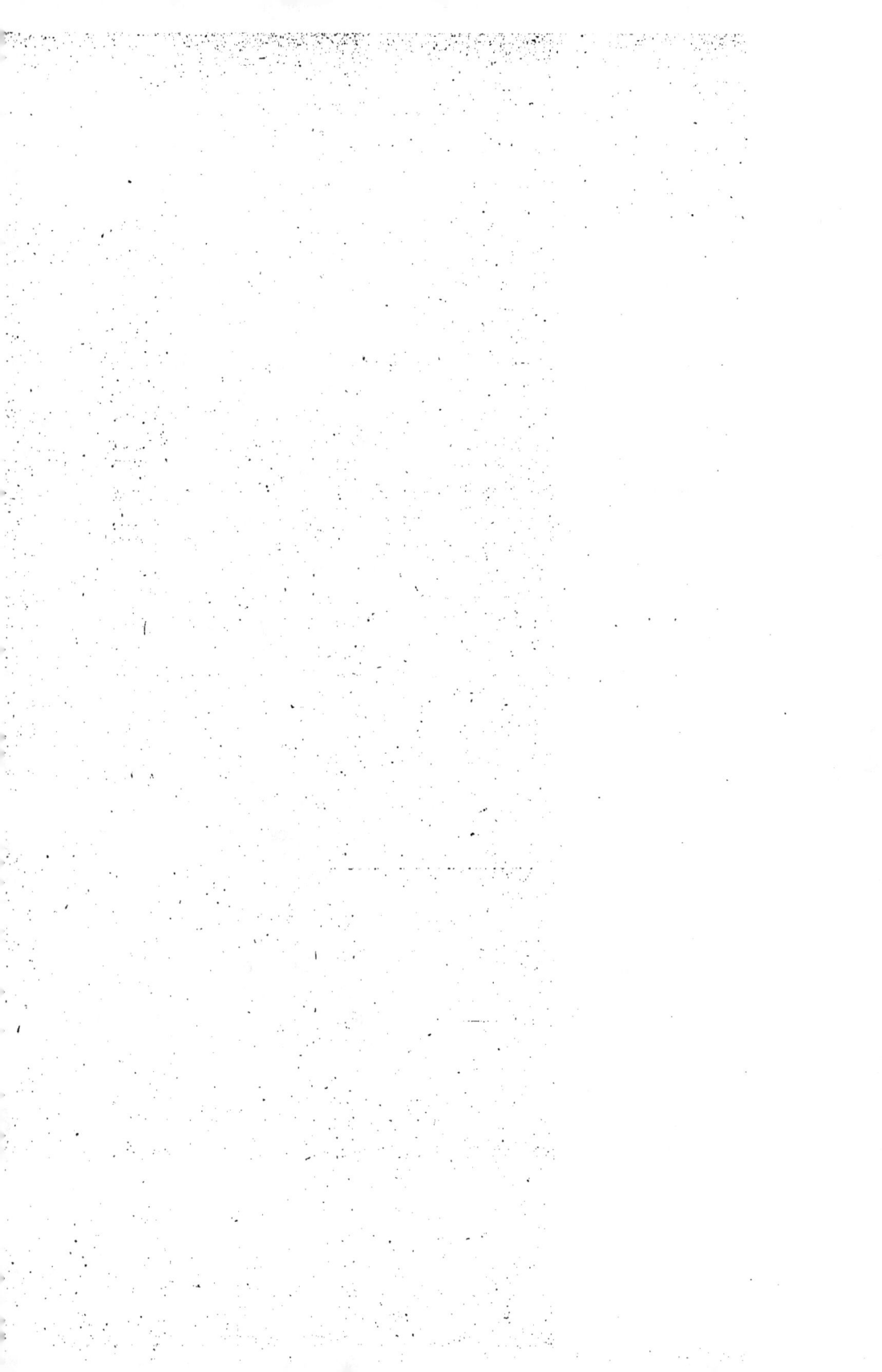

CHAPITRE IV

La Commanderie de Renneville passe aux Hospitaliers.

Premiers Commandeurs.

En vertu de la décision du concile de Vienne, les biens des Templiers passèrent aux chevaliers de Saint-Jean qui venaient de s'emparer de l'île de Rhodes (15 août 1310). Voici la charte du roi de France : « *Philippus Dei gratia Rex Francorum universis senescalis, baillivis, vicomtibus, prepositis, ceterisque justiciæ ministris ad quos presentes litteræ pervenerint, salutem. Cum propter abominationes et errores Templariorum contra fidem catholicam eis repertos, eorum ordo, nomen, et habitus fuerint in perpetuum nuper in generali concilio Viennensi per Apostolicam sedem omnino sublati et a nobis presentibus instantibus atque requirentibus bona dictorum Templariorum seu eorum ordinis quæ pro devotione fidelium pro terræ sanctæ obsequio destinata fuere per eamdem sedem apostolicam magistro et fratribus hospitalis S^{ti} Joannis Hierosolomitani ac eorum ordini predictæ terræ sanctæ subsidio concessa fuerunt perpetuo et in eis translata per eos habenda, tenenda et perpetuo possidenda.* » Par une autre charte donnée à Paris le 20 février 1313, Philippe le Bel ordonne à ses sénéchaux, baillis, vicomtes, prévôts, etc., de veiller à ce que leurs biens leur soient délivrés et qu'ils jouissent des mêmes privilèges que les Templiers, leurs prédécesseurs.

Mais Saint-Étienne-de-Renneville était loin d'avoir alors sa première importance. A la fin du xiiie siècle, on avait supprimé 43 petites commanderies du Temple et onze de l'Hôpital. Renneville n'avait plus que neuf membres, au lieu de tous ceux que nous avons mentionnés, avec un revenu général de 993 livres. Voici du reste un passage des notes de M. Auguste le Prévost qui nous dira ce qu'était Renneville à cette époque (vers 1310). — « A frère Ernoul de la Salle, ou son frère Ricard, commandœour de Villedieu, de par S. B. votre clerc, salut,

« Vez ci les choses que les Templies porsouient en la baillie de Roen. — Premierement, es magnoeirs, es villes qui seront nommées, si comme il apparra, qui à l'ostel de S. Estienne de Raneville apartenaient. — Premièrement, S. Estienne de Raneville, terres gaaigrables, contient environ IX^{xx} acres de terre, chacunne acre baillée pour XX s. t. de ferme... Item, le moullin à vent, baillé pour III muis IIII sestiers de mousture de blé... La disme du Tilleul-Lambert, baillée à ferme chacun an pour c lb. t, rabattus... à la personne de la dite ville XXVI sestiers de grain : c'est assavoir, I muy d'avainne comble : item, l sestier de fourment, VIII sestiers de mesteil et II sestiers de poeis..... Item, la disme d'Espreville, baillée chacun an pour XII^{xx} lb. — Item, la disme de Villers, VI^{xx} lb. — Item, la disme de Tourville, qui a été baillée, IIII^{xx} lb. — Et sunt les choses dessus dictes en la baillie de Roen. — Vez ci les patronages des yglises : Premier : Tourville, qui vaut au dixième environ IIII^{xx} lib. Item : Espréville, XX lb. — Le Teilleul Lambert, XX lb. — Quoquerel, XIII lb. — La Gouberge, XV lb. — Chapele Martel, qui n'est poaint au dizième (1). »

La Commanderie passa donc entre les mains des chevaliers de Saint-Jean, vers 1310. A partir de cette époque nous pourrons donner les noms de tous les commandeurs de Renneville en y ajoutant quelques notes biographiques.

FRANÇOIS RICHARD DE LA SALLE

Ier COMMANDEUR DE SAINT-ÉTIENNE-DE-RENNEVILLE (1310-1340).

D'azur à 2 éperons d'or posés en face l'un sur l'autre, celui de la pointe contourné, le dessous des pieds de gueules liés l'un avec l'autre en cœur, ruban de gueules (2).

Le premier commandeur dont nous trouvons le nom est Richard de la Salle, indiqué plus haut, dans la note de M. A. le Prévost, comme commandeur de Villedieu vers 1310. — Avait-il échangé sa commanderie de Villedieu contre celle de Renneville, ou bien possédait-il les deux en même temps, ainsi que d'autres le firent dans la suite, c'est ce qu'il nous serait impossible de dire, n'ayant

(1) *Mém. et notes*, tome III, p. 268 et 69.
(2) Tous les chevaliers portaient en chef la croix de Malte. — Quant aux dates de l'arrivée d'un commandeur ou de son départ, nous ne les donnons pas avec une certitude rigoureuse mais d'après certaines probabilités, à moins que nous ayons pu nous appuyer sur un acte authentique.

aucun document pour le prouver. Ce qui est certain, c'est que, le 25 mars 1318, Guillaume d'Harcourt fit un accord avec fᵉ Richard de la Salle, commandeur de Saint-Étienne. Il s'agissait du patronage de Saint-Ouen-de-Coquerel et de Saint-Pierre-d'Epréville dont chaque partie revendiquait la possession. En vertu de cet arrangement la commanderie garda le patronage d'Epréville avec les dîmes, rentes, etc., plus un demi-muid d'avoine de rente sur l'église de Coquerel, dont Guillaume d'Harcourt se réserva le patronage.

En 1326, Richard de la Salle achète de Colin Almauri de Dorville (probablement Crosville?) la Vieille cinq sols tournois de rente qu'il avait à Sainte-Colombe, pour 40 sols tournois comptant.

M. le Bailly de Beaumont déclara, en décembre 1328, valable la *saisine* faite sur fᵉ Richard de la Salle, commandeur de Saint-Étienne, pour certains héritages sis à Ormes, tenus par Robert Bonjour, faute par ce dernier de lui en avoir payé 3 années de 19 sols de rente et le dit fᵉ Richard condamné à l'amende.

En août 1330, lettres du garde scel de Beaumont-le-Roger de bail à titre de fieffe fait par Richard de la Salle à Jean Dubosc *(Dubusc, d'après le* Dict. Hist., *p. 294²)* le Jeune, de la paroisse de Graveron, d'une pièce de terre sise à Tournedos moyennant 22 boisseaux d'avoine de rente, mesure du Neubourg, à la Saint Rémy, devant Guillaume Chanu tabellion au dit Neubourg.

La même année, Henri de la Gouberge s'oppose à la présentation, faite par le Grand Prieur de France, d'un prêtre en remplacement de Mᵉ Durand Auberé dernier curé de la Gouberge. Cependant il céda, priant même l'Évêque d'Évreux d'accepter le prêtre proposé. Par un acte il renonça à tous ses droits, se réservant uniquement celui de sépulture dans l'église.

Richard de la Salle, d'après des lettres de janvier 1332, fit un bail à rente à Jeannette la Pinelle d'Emanville pour 14 sols de rente, dont 4 à la saint Rémy et 10 à Noël. Au mois de mai 1333 nous trouvons encore les mêmes noms au sujet d'une masure sise à la Gouberge aux Grandes Landes, laquelle était échue au commandeur par droit de bâtardise d'Isabelle la Pinelle, pour en jouir par la dite preneuse, moyennant 14 sols de rente, 4 à la saint Rémy et 10 à Noël, payables à l'hôtel de la Gouberge.

St SIMON CLINET
IIe Commandeur de Saint-Étienne (1340-1345).

Au mois d'août 1342, M. le bailly d'Évreux atteste que Raoul le Prévost, de la paroisse de Saint-Thomas d'Évreux, a vendu à frère Simon Clinet deux boisseaux de blé de rente, qu'il avait droit de prendre sur les terres de Beaulieu, hameau de Claville, moyennant 60 sols tournois. Au mois de septembre, Michel le Lièvre de Tournedos vend au même commandeur deux boisseaux de blé : Jean Delamare et Alix sa mère, de la paroisse de Saint-Meslain, 14 sols de rente et un chapon pour 10 livres tournois : Jean Ales, 19 sols 6 deniers de rente pour 13 livres tournois comptant : enfin en décembre René Guérout et sa femme, du Tilleul-Lambert, vendent 22 sols et une poule de rente pour 16 livres tournois, 10 sols.

En 1343, lettres de M. l'Official d'Évreux en vertu desquelles Me Richard Moisson, prêtre, curé de l'église de la Gouberge, quitte f^e Simon Clinet, commandeur de Saint-Étienne, de tous différends et procès, spécialement de certain appel que le dit commandeur avait projeté au Saint-Siège.

F^e Simon Clinet mourut en 1366, comme le prouve l'inscription tumulaire suivante :

« Cy gist religievse personne frère Simon Clignet
iadis commandeur de céáns........ Vaulbourg,
qui trespassa le lundi, après la feste St Barnabé, le
... iour de Ivin, l'an de gràce 1366. Pries Diev povr
l'âme de luy. »

(Bulletin monumental, 6e série, tome VIII, p. 33).

Nous pouvons sans crainte remplacer les points et mettre que Simon Clinet fut jadis commandeur de Saint-Étienne-de-Renneville, puis de Saint-Vaubourg, etc. (1). Cette dernière commanderie, située près d'Elbeuf, avait une grande importance et souvent les chevaliers en réunissaient plusieurs dans leurs mains,

(1) Nous aurions vivement désiré savoir où cette inscription avait été trouvée, mais l'auteur du mémoire inséré dans le *Bulletin monumental* à qui nous avons demandé ce renseignement, l'ignore lui-même et ne se souvient plus ou il l'a découverte. — A la suite de la citation on lit simplement : *Prieuré du Temple.*

choisissant de préférence les plus voisines, comme dans le cas présent.

***

PIERRE DUFOUR
IIIᵉ COMMANDEUR DE SAINT-ÉTIENNE-DE-RENNEVILLE (1345-1358).
D'azur à 3 croissants d'or et une étoile de même en cœur.

Les renseignements sur ce commandeur consistent simplement dans des lettres de 1345, en vertu desquelles il consent que Jeanne la Pinelle et ses hoirs jouissent à perpétuité de la masure sise à la Gouberge, dont bail à rente lui avait été fait par fᵉ Richard de la Salle, son prédécesseur.

L'inventaire signale en décembre 1348 un *vidimus* du garde-scel de la vicomté de Pont-de-l'Arche au sujet de plusieurs notes écrites dans un ancien missel et un ancien antiphonaire de l'église d'Epréville, portant les institutions qui avaient été faites de M. Guillaume de Crespières et autres prêtres y nommés par autorité du Saint-Siège apostolique et mandement de M. l'évêque d'Évreux, à la collation et présentation de M. le commandeur de Saint-Étienne, pour desservir la dite église paroissiale d'Epréville. Les dites notes datées depuis le mois de décembre 1348 jusqu'en juillet 1362.

Le 24 août 1357, M. Guy de Tournebu, chevalier, seigneur d'Ernubout et de Tourville renonça pour toujours à son droit de présentation et de patronage de Tourville, alors vacant par le décès de Mᵉ Thomas Divier, curé.

***

GUILLAUME DU CHESNE
IVᵉ COMMANDEUR DE SAINT-ÉTIENNE (1358-1391).
D'azur à trois glands d'or, posés 2 et 1.

Les chevaliers de Saint-Jean-de-Jérusalem avaient eu le rare bonheur de s'emparer de l'île de Rhodes en 1310, le 15 août; de là ils rendirent d'immenses services à la chrétienté. Mise en état de défense, cette place devint une menace perpétuelle pour les Turcs qui se préparèrent à s'en rendre maîtres. Souvent on annonçait que leur flotte allait venir. Un bruit semblable circula en 1375. Aussitôt le Grand Maître, Robert de Juillac, en informa le Souverain Pontife qui réunit à Avignon les principaux commandeurs et il fut résolu qu'on ferait passer à Rhodes, dans le mois de mars suivant, 500 chevaliers et autant d'écuyers ou de frères servants. Les prieurs, suivant un ordre particulier du pape, devaient nommer les chevaliers de leur prieuré, qu'ils jugeaient en état de marcher, ce qui fut exécuté.

Guillaume du Chesne était alors commandeur de Renneville, car le 5 avril 1374 nous trouvons un bail fait par lui à Jehan Joires pour une rente de 10 boisseaux de froment sur 4 acres environ situés à Saint-Léger-la-Campagne. « Du reste voici d'après le *Livre Vert* l'état de la Commanderie en 1373 :

Commandeur fᵉ Guillaume du Chesne, prestre, 50 ans.

Fᵉ Nicolas du Boulounay, prêtre, 40 ans.

Fᵉ Thomas Coulon frère sergent, 60 ans.

Jehan le Charron, 50 ans.

Agnete le Chalete, 60 ans.

Revenu.	455 l.	6 s. 4 d.
Charges.	553 l.	11 s.
Déficit	88 l.	4 s. 4 d.

Et pour ce ne se paie de la *responcion* passe 10 ans l'un par l'autre 50 florins. Et est la dicte maison et les membres d'icelle arse destrouite pour cause des guerres qui ont esté au pais depuis lan 46 et pour la mortalité qui aussi a esté et dont les dictes maisons en ruinne et ne se puet paier la dicte responcion pour cause de ce. » (Archˢ Nationˡ S. 5543).

La mortalité dont parle le *Livre Vert* était causée par la peste qui fut si terrible en 1348 qu'on n'osait même plus la nommer.

Le 18 juin 1376 Messieurs du Chapitre du Grand Prieuré de France condamnèrent fᵉ Guillaume du Chesne à payer à Pierre Lemire épicier, bourgeois de Paris, trois années d'arrérages d'un septier de blé de rente, à la mesure d'Evreux, qu'il avait droit de prendre tous les ans sur les terres de Beaulieu.

PIERRE DE PACY
Vᵉ COMMANDEUR DE SAINT-ÉTIENNE (1391-1408).

Pierre de Pacy (1), dit le *Dictionnaire de l'Eure*, reçut dans les

(1) En 1357 il était commandeur de Fontaine-sous-Montdidier (Somme).

années 1391 et 1397, la rente assignée sur la recette de Beaumont-le-Roger.

Pierre Guillet, curé du Tilleul-Lambert, mourut en 1393, et la nomination de son successeur fit naître de nombreuses difficultés entre la Commanderie et le Seigneur. Une sentence rendue le 26 février par M. Guillaume Arnaud Duchauvet, auditeur en cour de Rome, termina cette contestation et fut suivie d'une bulle du Souverain Pontife en faveur de M. Jean Deschamps, clerc du diocèse de Sens. Guillaume (de Vallon) évêque d'Evreux, après une enquête faite par M. le curé de Combon, doyen du Neubourg, expédia cette bulle au destinataire.

Ces difficultés étaient fréquentes. En voici une autre au sujet d'Epréville. Guillaume Poschet, religieux de l'ordre de Saint-Jean, procureur de f⁰ Pierre de Pacy, commandeur de Renneville, présenta, le 12 avril 1402, à l'évêque d'Evreux des lettres de f⁰ Renault de Giresmes, Grand Prieur de France, portant nomination de f⁰ Jacques le Breton à la cure régulière d'Epréville. L'Evêque répondit qu'il avait déjà nommé Jean Faverelli, clerc, présenté par le Roi et qu'il avait ordonné à son doyen du Neubourg de le mettre en possession. Guillaume Poschet protesta comme de nullité, et, l'année suivante, le Grand Prieur obtint en chancellerie des lettres ordonnant à M. le Bailly de Rouen, ou à son lieutenant, d'obtenir le désistement de Jean Faverelli (23 avril). A l'appui de cette demande et pour prouver leur bon droit, les chevaliers joignirent un extrait d'un vieux registre écrit en parchemin, sous le titre du Doyenné du Neubourg, contenant ce qui suit : « L'an 1294, le Mercredy avant la fête de Saint Luc l'évangéliste, frère Philippe commandeur des maisons de la Chevalerie du Temple en Normandie nous a présenté en l'église d'Epréville la personne de Robert de la Borne que nous avons admis pour desservir la dite église, le lundy avant la feste de Saint Clément, au dit an. » — Cet extrait fait en vertu d'un mandement du Chapitre d'Evreux, est signé par Pierre Longue Epée, notaire apostolique, en date du 3 mai 1402. — De son côté, l'évêque d'Evreux, Guillaume de Cantiers, fit faire une enquête par son doyen afin de savoir quel était le véritable patron d'Epréville. Le doyen répondit qu'après le décès du dernier curé, Laurent le Comte, le Commandeur de Renneville avait présenté à la cure. Alors le 2 juillet 1403 les vicaires généraux donnèrent des lettres de provision en faveur de fᵉ Jacques le Breton, présenté par fᵉ Renault de Giresmes, Grand Prieur de France.

Pierre de Pacy mourut en 1408. Le 27 janvier 1409 en effet, Guillaume des Gruyaux, tabellion juré au Neubourg, fit l'inventaire des biens, meubles et ustensiles trouvés en la commanderie de Saint-Étienne, après le décès de fᵉ Pierre de Pacy.

LOUIS de MAUREGARD
Chambellan du Roi
VIᵉ Commandeur de Saint-Étienne (1409-1416)

Le fonds de la Commanderie nous fournit en 1412 un compte des recettes et des dépenses sur parchemin, rendu par Guillaume Brunel, procureur et receveur, à fᵉ Louis de Mauregard (1), chevalier, chambellan du roi et commandeur de Renneville. Les années suivantes 1414 et 1415 sont de même mentionnées.

Le 23 juin 1412 le Sénéchal de Saint-Étienne envoya un mandement au prévost de Tournedos pour mettre en possession et jouissance fᵉ Louis de Mauregard de tous les héritages sis en cette paroisse qui avaient été saisis à la requête dudit commandeur, fauté d'hommes et devoirs de fief, et spécialement de certaine rente tant en deniers, œufs qu'oiseaux, dus sur les dits héritages.

Au mois d'août de la même année, le 17, Mʳ le Bailly d'Évreux en la Vicomté de Beaumont-le-Roger adressa une lettre à tous ses justiciers pour faire ajourner en la Vicomté du Neubourg, à la requête de fᵉ Louis de Mauregard, commandeur de Saint-Étienne, les hoirs et ayant cause de feu Jean Dufour qui tenaient dudit commandeur, certains héritages situés au bailliage d'Évreux, afin de les obliger à les gager et tenir de lui et à en payer la rente de 15 sols tournois avec arrérages. — C'est en vertu de ces lettres que le 17 novembre suivant, aux plaids de la vicomté du Neubourg, M. le lieutenant de Beaumont donna ordre au premier sergent de contraindre Robine, fille de feu Philippot Dufour, au paiement des arrérages de 15 sols de rente qu'elle devait chaque année à fᵉ Louis de Mauregard, commandeur, à cause d'une masure sise au Neubourg, dont elle était détentrice, qui fut jadis à Simonet

---

(1) Louis de Mauregard était également en 1412 commandeur de Boux et Merlan dans les Ardennes.

Desquebourg, en la mouvance de la dite commanderie, bornant d'un côté Pierre Puquet dit Platrier, de l'autre M. de Tournebu, chevalier, la rue et les fossés de la ville, etc.

Après le décès de Jean Deschamps, curé du Tilleul-Lambert — 4 novembre 1419 — il y eut bien encore quelques difficultés au sujet de la présentation du nouveau titulaire. Cependant le 3 janvier 1420, les grands vicaires, le siège épiscopal étant vacant par la mort de Guillaume de Cantiers, acceptèrent Jean Dumesnil, acolyte d'Évreux, présenté par la commanderie.

GAUTHIER LE GRAS
VIIᵉ COMMANDEUR DE SAINT-ÉTIENNE (1416-1422)

Ce commandeur ne nous est connu que par des lettres du garde scel de la vicomté d'Évreux, en date du 5 mars 1420, portant vente faite par Raoullin Dubusc, seigneur de Tournedos, à fᵉ Gauthier le Gras (1), prieur de l'église conventuelle de Rhodes, commandeur de Saint-Étienne-de-Renneville, de deux septiers de blé de rente par an, à la mesure du Neubourg, pour 40 sols tournois.

Pendant qu'il était commandeur, le Grand Maître, Antoine Fluvian, ordonna une levée de chevaliers, au moins 25 par prieuré. Il en arriva un bien plus grand nombre, conduits par leur zèle et par leur courage : on en retint une partie dans Rhodes, et on distribua le reste dans les îles qui appartenaient à la religion. Frère Hugues de Sarcus, Grand Prieur de France, envoya dans la capitale de l'ordre un vaisseau chargé d'arbalètes, de viretons et d'autres armes nécessaires pour la défense de cette place, toujours menacée par les Turcs.

MATHIEU DUCRESSON
VIIIᵉ COMMANDEUR DE SAINT-ÉTIENNE (1422-1425)

Le 20 mars 1422, le Chapitre d'Évreux donna à fᵉ Mathieu Ducresson, gouverneur de la commanderie de Saint-Étienne, par

(1) Dès l'an 1400 il était commandeur de Villedieu de Sautchevreuil dans la Manche ; en 1409, de Sainte-Vaubourg (Seine-Inférieure) ; en 1416, de Renneville et en 1422 de Beauvoir-les-Abbeville (Somme).

les mains de Gervais et de Colin, membres fermiers des dîmes de Sacquenville, quittance de 67 sols 6 deniers tournois, à cause d'un demi-marc d'argent de rente par an, que la dite église avait droit de prendre au jour de la Saint Rémy. (Signé : Bachelet, secrétaire du Chapitre).

Le *Dictionnaire historique de l'Eure* mentionne Guillaume Poterel comme recteur de Saint-Étienne et dit qu'il donna la Chapelle-Martel à bail avec le manoir et le jardin à deux paysans, pour deux années, moyennant deux livres par an. Ce Guillaume ou plutôt Robert, était le chapelain de la commanderie, dont fᵉ Mathieu Ducresson était commandeur, ainsi que le prouve l'acte suivant : « A tous ceulx qui ces lettres verront ou orront Robert Duteil, garde du scel des obligations de Beaumont-le-Roger, salut, savoir faisons que par devant Jehan Gerout, clerc tabellion du Neufbourg fut présent en sa personne Jehan Gillebert de la paroisse d'Ormes, lequel de sa bonne volonté congnut et confessa avoir prins à rente à fieffe à héritage perpétuel à tousiours, tant pour lui à ce jour que pour ses hoirs de religieuse et honneste personne fᵉ Mathieu Ducresson, de l'ordre de Sᵗ Jehan de Jérusalem commandeur de Sᵗ Etienne de Renneville et de discrète personne messire Robert Poterel, prestre chapelain de la dite paroisse dudit lieu de Sᵗ Estienne pour et au nom dudit commandeur etc.

« Ce fut fait l'an de grâce 1424, le 25 may, moyennant 50 sols de rente. »

JEAN LE BOUTELLIER
IXᵉ COMMANDEUR DE SAINT-ÉTIENNE (1425-1439)
Ecartelé d'or et de gueules.

Jean le Boutellier (1) était probablement du diocèse d'Évreux, car nous trouvons aux environs une famille de ce nom, vers la même époque. En effet Marguerite de Gauville (veuve de Philippe de Monnay) se remaria avec Jean le Bouteillier, écuyer, et soutint avec lui, en 1423, un procès contre la commanderie de Saint-Étienne : « les frères commandeurs de lospital de Saint Etienne

---

(1) En 1409 il était commandeur de Villedieu en Dreugesin, en 1410 de Launay, au Perche — et peut-être de Champagne ou nous trouvons en 1382 un *Jehan Bouteillou.*

de Raineville de lospital et Jehan de Jérusalem vers Jean le Bouteiller, escuyer, pour lui et procureur de demoiselle Marguerite de Gauville, sa femme, héritiers à cause d'elle de feu Messire Charles de Gauville, chevalier, seigneur dudit lieu. » — (Arch⁸ du Palais de Justice de Rouen, Reg. de l'Ech. 1423 fᵒ 22 vᵒ et *Notice* de M. Izarn, sur Saint-Germain-lès-Evreux, p. 71).

Quoiqu'il en soit de son lieu d'origine, il est certain qu'il fut commandeur de Renneville. Nous trouvons au premier carton dans le fond de Saint-Etienne un bail à rente fait, en 1426, par Jehan le *Bouteillier*, commandeur, à Jehan Gillebert de la paroisse d'Ormes, moyennant 12 sols 6 deniers : un aveu rendu au même par Guillaume Martin pour un jardin situé à Tourneville : un bail à fieffe à titre d'héritages passé en la vicomté de Beaumont par fᵉ Jean le Bouteillier, le 31 décembre 1428, en faveur de Durand le Tellier de Claville, au sujet de 2 pièces de terre pour 15 sols de rente par an à Noël, avec charge du droit de mortage et de corvée.

Le 18 octobre 1430, Jean le Bouteillier obtient permission de passage dans les forêts d'Évreux, Conches, Breteuil, Beaumont, etc ; le 23 février 1432, il fait un bail à rente à Thomas Hermier dit Duclos, d'Ormes, pour deux pièces de terre, moyennant 15 sols à Noël et à Pâques : le 9 mars 1433, bail judiciaire de trois pièces de terre appartenant à Jean le Bouteillier en sa qualité de commandeur de Saint-Étienne : le 31 mars 1434, Renault Lasnier promet de lui payer et de continuer tous les ans 20 sols tournois avec droits seigneuriaux et de faire sur le dit terrain maison, édifices, etc., dans l'espace de deux ans.

M. l'Official d'Évreux rendit, le lundi après *cantate* 1439, une sentence entre les abbé et couvent du monastère de Saint-Taurin demandeurs et frère Jean le Bouteillier, prêtre, commandeur de Saint-Étienne, par laquelle le dit commandeur est condamné à leur payer chaque année à la fête de la Purification de N.-D., un muid de blé et 6 septiers d'avoine à la mesure d'Évreux. Cette rente était due à cause des grosses dîmes de Sacquenville sous peine de 20 sols d'amende pour chaque quinzaine de retard après le dit terme, ainsi que nous l'avons vu plus haut.

DAVID de SARCUS

Xe Commandeur de Saint-Étienne (1430-1490)

De gueules au sautoir d'argent, cantonné de 4 merlettes de même.

David de Sarcus était fils de Robert de Sarcus et de Bonne de Moy. Cette famille originaire de Picardie a fourni à l'ordre de Malte de nombreux chevaliers. Nous avons déjà rencontré Hue (1) ou Hugues de Sarcus, Grand Prieur de France de 1420 à 1446. Pendant qu'il était commandeur de la baillie d'Oisemont, il donna, le 20 février 1399, à l'église Saint-Pierre d'Abbeville, une maison sise place Saint-Pierre, afin de s'acquitter envers la dite église des arrérages de 60 sols parisis de cens. (Arch. de la dite église, cote D-E, copie collationnée le 6 avril 1782, preuves de 1785). Conjointement avec son frère Renaud de Sarcus, chevalier, chambellan de Philippe le Hardi, duc de Bourgogne, il reçut de ce prince, en 1395, une somme de 200 livres pour faire le voyage d'outre-mer. A la revue faite à Auxerre, le 9 mai 1412, nous voyons Hugues de Sarcus, chevalier, bachelier, servant en cette qualité dans la compagnie de frère Jean de Fontaines, aussi chevalier bachelier. (Cabinet du Saint-Esprit, titres scellés, vol. 48, fol. 3616). Enfin son nom paraît encore dans deux circonstances, outre celle dont nous avons parlé plus haut, d'abord dans une réunion à l'Hôtel-de-ville d'Abbeville où l'on envoya des députés vers le duc de Bourgogne, puis dans une obligation consentie par la dame de Sarcus, le 3 mai 1437, qui relate que noble et religieuse personne Monseigneur frère Hue de Sarcus, religieux et Grand Prieur de l'hopital en France avait fait le voyage d'outre-mer. (Orig. preuves de 1785).

David de Sarcus devint commandeur de Saint-Étienne-de-Renneville au commencement de 1439 puisque dès le 20 avril nous trouvons six aveux qui lui sont fournis par Guillot le Voiturier, Guillot le Prévost et Guillot le Gouet ainsi que par les habitants de la paroisse d'Epréville.

Le 22 juin 1443, f^e Fouquault de Rochechouard, chevalier,

(1) Hue de Sarcus, en 1425, était commandeur d'Eterpigny (Somme) et, en 1440, d'Hautavesnes (Pas-de-Calais).

successeur de Hugues de Sarcus (1) au Grand Prieuré de France, présente fe Adam Barois, prêtre, prieur de la Chapelle de la Maison du Temple à Paris, pour la cure de Tourville vacante par le départ de fe Jean Foulon, dernier curé, qui venait d'accepter le prieuré de Saint-Jean en l'Isle-les-Corbeil.

Jean le Bouteillier était-il mort à l'arrivée de David de Sarcus ou n'avait-il que démissionné en sa faveur? Nous pencherions pour cette dernière hypothèse à cause de la similitude des noms. Le 16 décembre 1446, en effet, David de Sarcus déclare par lettres que Jean Le Bouteillier de Saint-Étienne est homme sujet de la commanderie et doit jouir des droits reconnus de tous temps aux Hospitaliers par les Souverains Pontifes et les Rois de France; déclaration reconnue conforme aux privilèges accordés par les rois et signée du bailly de Villedieu. — Quelques années après (4 février 1449), un *vidimus* du garde scel de la vicomté de Rouen appuya cette décision en publiant les lettres patentes de Charles VII, roi de France, dans lesquelles ce monarque ordonnait au premier huissier du parlement ou autre sergent royal sur ce requis de maintenir et garder les religieux, prieurs et frères de l'hôpital de Saint-Jean de Jérusalem au Grand Prieuré de France, avec leurs serviteurs, familiers, hommes et tenants dans toutes leurs justes possessions, droits, usages, privilèges, etc. Cette question revient à chaque instant et il fallait la ténacité légendaire des ordres religieux pour maintenir leurs privilèges. Le 9 novembre 1459, en effet, Gérard Thomé, professeur de théologie, et Pierre Lestournelles, chanoine d'Évreux, députés du Saint-Siège, délivrent David de Sarcus de 40 livres d'impôts qu'on voulait lui faire payer.

Mais la plus grande difficulté vint du curé de Sainte-Colombe, Guillaume le Roy. Une première sentence rendue le 29 janvier 1467, par le vice-gérant de M. Cables de Sainte-Geneviève de Paris, déclare que le commandeur a le droit de faire administrer les sacrements, malgré les curés, dans leurs commanderies et dans les terres qui en dépendent. — Le curé en appela à son évêque, qui condamna, par son official, David de Sarcus et son fermier Jean Resain. — Pendant que le commandeur portait l'affaire en Cour de Rome, le 29 octobre M. le bailly de Rouen, par son pre-

---

(1) On peut donc rectifier l'assertion de Laîné qui dans ses Archives généalogiques, tome x, dit que ce grand prieur paraît être mort en 1446, puisqu'il n'était plus dans cette dignité dès 1443.

mier sergent, signifia, de la part de David de Sarcus, à Guillaume le Roy, curé de Sainte-Colombe, la clameur de *gage pleige* qu'il avait mis contre lui, pour les causes à lui connues et défense d'aller au préjudice de la dite clameur.

Le curé, de son côté, n'était pas demeuré inactif. Aussi le 20 février 1475, la Cour de la Grande Sénéchaussée de Normandie rendait la sentence qui suit, entre les parties : Guillaume le Roy, curé de Sainte-Colombe *porteur de complainte en l'échiquier et demandeur en provision,* d'une part — Et frère David de Sarcus, *deffendeur,* au sujet des dîmes et droits curiaux, administration des sacrements aux fermiers ou habitants des dits manoirs dont il se déclare exempt, en vertu des privilèges des rois. — La cour par provision et sans préjudice du procès pendant en l'Echiquier, ORDONNE 1º Que le demandeur jouira pour le temps à venir de la dîme des terres et héritages de la dite commanderie, de la nature qu'elles y sont déclarées, à la réserve des dîmes des terres que le commandeur ferait labourer par lui et à ses dépens (1). — 2º Qu'il jouira de la dîme des bestiaux des fermiers et métayers et non de ceux qui sont à l'usage du commandeur. — 3º Qu'il jouira des droits curiaux sur les fermiers et métayers demeurant dans les commanderies, autres que les familiers et domestiques dudit défendeur, et ils seront obligés de recevoir les sacrements en l'église de Sainte-Colombe. — 4º Enfin que le demandeur sera tenu de donner caution et de restituer ce qu'il aurait reçu.

Nous verrons ce fameux procès se continuer sous les successeurs de David de Sarcus et se terminer par une transaction.

Le chapelain de Saint-Étienne était alors Pierre Jaloux (1) à qui Guillaume Vimont de Sainte-Colombe se donna, le 11 juillet 1469, avec ses biens, meubles et immeubles.

---

(1) Telle fut la jurisprudence suivie généralement à l'égard des religieux de Citeaux, des Templiers et des Hospitaliers. Quand ces religieux donnaient à ferme ou à bail à rente leurs terres, ils perdaient leur privilège. Il y a un arrêt du Parlement, rendu en ce sens, le 22 décembre 1500, au profit du curé de Lyons contre les religieux de Grammont.

(Cf. *Pratiques Bénéf.*, par Ch. Routier, 1745, p. 82.

(1) Il était également procureur et receveur de David de Sarcus. C'est en cette qualité que le 10 juillet 1458 il fit un accord avec Jean de Saint-Clair receveur de la vicomté de Beaumont. Le mois précédent il avait renouvelé à Étienne Sainte-Même, pour 99 ans, le bail des terres de Manthelon, mais pour 50 s. t. de rente.

David de Sarcus fit, le 9 janvier 1470, un bail à ferme de 12 ans à Étienne de Sainte-Même, demeurant à Nogent-le-Sec, pour les terres de Manthelon sans en rien retenir, moyennant 40 s. t. et avec charge de payer à l'acquit du commandeur une paire d'éperons dorés au seigneur de Manthelon.

Le 20 novembre 1472, lettres du garde scel de la vicomté de Beaumont-le-Roger portant bail emphitéose de 99 ans fait par David de Sarcus à Mᵉ Noel Guerard, prêtre du hameau des Landes en la paroisse de Canappeville, au sujet du manoir, chapelle, jardins, bois, paturages, terres labourables, etc., de Malassis, le tout situé tant à Feuguerolles que dans les paroisses voisines, sans en rien retenir, soit 135 acres 3 perches, moyennant 12 livres tournois, avec charge de payer au seigneur 30 s. t. et de faire plusieurs édifices au dit manoir.

Le 16 juillet 1474 fᵉ David de Sarcus poursuit en la vicomté de Boudeville Mᵉ Lucas de Saint-Jean, prêtre prieur de l'Hôtel-Dieu de Pacy, pour se faire payer de 3 années d'arrérages de 18 sols parisis de rente qu'il disait avoir droit de prendre tous les ans sur une pièce de terre appartenant au dit prieur, située en la paroisse de Saint-Aquilin-les-Boudeville, etc.

En présence de l'extension des ordres religieux, il est probable que le clergé séculier chercha à reprendre un peu d'influence et qu'il s'entendit afin de mettre un terme à ces envahissements qui menaçaient les curés, et dans leurs droits spirituels et dans leurs droits temporels. C'est pourquoi le curé de Sacquenville suivit l'exemple de son confrère de Sainte-Colombe. Nous voyons en effet, le 22 mai 1476, David de Sarcus obtenir des lettres, portant commission en forme de complainte, données aux vicomtes d'Évreux, de Beaumont, Conches, Breteuil ou à leurs lieutenants, de faire ajourner à la requête dudit commandeur M. Jean Louvel, lieutenant général de M. le bailly d'Évreux en la Cour de l'Échiquier de Normandie, pour voir réparer et mettre à néant les torts et griefs qu'il avait fait au dit commandeur par son jugement rendu par devant lui, entre le commandeur d'une part et Mᵉ Jean Alépée, prêtre, curé de Sacquenville d'autre part, au sujet de la dîme que le dit sieur curé s'efforçait de prendre sur le manoir et domaine de Brettemare, sur les dépendances etc., malgré les privilèges de l'ordre de Saint-Jean de Jérusalem.

Au milieu de toutes ces difficultés, David de Sarcus n'abandonnait pas les intérêts de sa commanderie. Le 18 décembre 1476 il fait un bail à Me Simon Hérault, dit Bras de Loup, prêtre chapelain de Bosc-Hubert, pour une masure nommée l'aînesse au Barbier située à Tournedos : le 7 mai 1479, il en fait un autre à Thomas le Boursier, de Sacquenville, pour la dîme et les paturages de Rublemont moyennant 380 livres tournois, non compris les charges à l'égard du chapitre d'Évreux et de l'abbaye de Saint-Taurin, etc. (1).

Quant aux présentations pour les cures régulières faites de son temps, voici celles que nous avons relevé sur le Grand Pouillé des archives : le 25 novembre 1482, présentation faite par fe Médéric d'Amboise en faveur de fe Girard Dupuis pour la Chapelle-Martel, vacante par la mort de fe Marq : à la même date Médéric d'Amboise, prieur de l'hôpital de Saint-Jean de Jérusalem présente à la cure de Tourville, vacante par le décès de fe Marq, fe Antoine d'Abemont à qui elle est conférée le 7 janvier (G 32). — Le 12 décembre 1488 démission pure et simple de fe Antoine de Bencourt et Médéric d'Amboise présente fe Louis de la Marche (G 32). — Epréville ne fournit que deux présentations celle de Pierre le Tourneur le 19 avril 1482, après la mort de Christophe Buisson et le 6 septembre 1484, celle de Jean Devis à cause du décès de son prédécesseur (G. 26). — Jean Alépée, curé de Sacquenville dont nous venons de parler mourut en 1491 et eut comme successeur, Guillaume de Bonnaire présenté par le Grand Prieur de France (G 32). Enfin le commandeur présenta à la cure de la Gouberge Simon Touge, chapelain de la chapelle Saint-Nicolas, qui permutait avec Robert Monnoison. (G 27).

En parcourant le chartrier de Renneville on est surtout étonné de voir ces innombrables pièces de procédures de l'époque! En 1480, c'était un procès entre MM. les doyen et chapitre N.-D. d'Évreux et fe David de Sarcus au sujet de la dîme qu'ils voulaient prendre sur plusieurs héritages sis à Claville : en 1843, c'était contre Jean de Guiry (2), écuyer, seigneur de Pithienville : le 9 juillet 1485, autre difficulté avec Jacqueline de Boscherville dame de la Haute-

---

(1) Le 23 mai 1480 eut lieu le siège de Rhodes par les Turcs sous la grande maîtrise de Pierre d'Aubusson. On en peut lire l'émouvant récit dans Vertot tome III, p. 74 et suivantes. — Parmi les chevaliers présents nous trouvons : fe Gilles du Fay, fe Charles Brunières, fe Simon Charpentier, etc.

(2) Cf. *Dict. hist.*, tome I, p. 339.

Maison s'opposant à la juridiction du commandeur en la paroisse de la Puthenaye, à cause de son fief du Pommeret, etc.

David de Sarcus paraît avoir quitté Renneville vers 1490. A cette époque en effet fᵉ Nicolas Lesbahy, licencié en décret, commandeur de Saint-Jean-de-Latran à Paris, au nom et comme procureur du commun trésor de l'ordre donne à bail à fᵉ Étienne Bénard, prêtre, religieux dudit ordre et à Guillaume Jaloux, du Tilleul-Lambert, les revenus en général de la Commanderie, moyennant la somme de 900 livres, à condition d'acquitter toutes les redevances.

Signalons en terminant les membres de cette famille illustre des Sarcus qui appartiennent à l'ordre de Malte, outre les deux dont nous venons de parler.

1° Adrien de Sarcus, né le 29 avril 1588 au château de Moisemont, paroisse de Canni, diocèse de Beauvais, fut commissionné chevalier de Saint-Jean, le 14 juin 1604 (1605 selon Vertot) par fᵉ Georges Régnier Guerchy, Grand Prieur de France et par les commandeurs, chevaliers et frères dudit ordre, savoir : Jean de Caureltaigny, commandeur de Loysons; Jean de Guernac, commandeur de Chencez; François de Brion, commandeur de Fontagnes; François de Prouville, commandeur de Fieffes; Antoine de Morney-Villarceaux, commandeur de Saint-Étienne-de-Renneville et de Villedieu en Montaigne; Adrien de Byron, commandeur de Maupas; Gédéon de Bellebrune, commandeur d'Ivry-le-Temple; Jacques de Gaillarbois, commandeur de Sommereux; Hugues de Fouilleuse Flavacourt, commandeur de Coulommiers, etc. — Adrien de Sarcus fut commandeur de Villedieu. Il donna quittance, le 15 janvier 1642, à Oudard de Sarcus, son frère, demeurant à Grattenoix pour les deniers qu'il avait reçus des biens de la commanderie par procuration du 9 juillet 1639. Cette quittance fait mention du voyage d'Adrien à Malte et de 4000 l. avancés par les sieurs de Sarcus et de Frévillers pour sa rançon, par contrat passé le 1 juin 1624 (titre 7). Adrien était à l'armée d'Italie avec Lautrec : après la défaite de l'armée française, il s'embarqua sur les galères pour se retirer en Calabre avec quelques autres : mais il y fut pris par les Turcs et mis à rançon.

2° Jean de Sarcus de Courcelles fils de Ambroise de Sarcus IIᵉ du nom, chevalier de Saint-Jean, fit ses preuves au Grand Prieuré de France, le 8 juin 1581, devant frère Frédéric de Hallencourt, commandeur de Fontaines et Jean de Gaillarbois, commandeur de Sommereux. Il était alors âgé de 17 ans. Il fut tué à la défaite de M. de Saveuse (1).

(*Arch. Gen. et hist. de la noblesse*, par Laîné, tome x.

PHILIPPE de MAILLY

XIe Commandeur de Saint-Étienne de Renneville (1491-1514)

D'or à 3 maillets de Sinople : 2 en chef et 1 en pointe.

Philippe de Mailly, comme son prédécesseur, était originaire de Picardie. Il était fils de Jean de Mailly, seigneur d'Auvillers et de Catheu, conseiller et chambellan du roi, et de Jeanne de Waissières, dame de Mammez. (Moreri, tome iv, p. 805). La visite du Grand Prieur eut lieu en 1493 et le registre à la page 51e (S. 5588) constate que la *maison est fort vieille*, en sorte que le visiteur ordonne d'en construire une autre.

Aussitôt le commandeur se mit à l'œuvre. On reconstruisit le manoir, la chapelle fut restaurée et nous pouvons juger par la grange qui reste encore, et dont nous avons parlé, du soin avec lequel ces travaux furent conduits et exécutés. Voici ce que constate le registre des visites de 1495, à la date du 27 juin : « St Étienne de Renneville, fe Philippe de Mailly, commandeur. Manoir avec chapelle chargée d'une messe par jour et oultre 2 messes la sepmaine et les samedis, dimanches et fêtes sollennelles, Vespres, Matines chantées. La dite chapelle est bien édifiée de longtemps par les templiers et de présent le dit commandeur l'a fort réparée et blanchie : adiouté chasubles, chapes de soye, y a fait ung missel tout de neuf et patronne, ung calice dargent et livres pour le service divin acompler. »

La question des dîmes, commencée sous David de Sarcus, devient de plus en plus irritante sous Philippe de Mailly. En voyant en effet quelque espérance de succès, les curés prélèvent leurs droits sur les fermiers de la Commanderie, encouragés par plusieurs décisions des Parlements. Naturellement les évêques soutiennent le clergé séculier, Philippe de Mailly, au mois de

---

(1) La famille de Sarcus possède le château de Saint-Léger, commune du Plessis-Sainte-Opportune, canton du Beaumont-le-Roger.

décembre 1497, veut défendre son fermier, Laurent Dumontier, de Beaulieu, contre les entreprises dimeresses de M. Simon de Verneuil, curé de Claville, et au mois de janvier 1497 l'Official d'Évreux donne raison au curé. Au mois de novembre le commandeur avait cependant obtenu des lettres royales à la Chancellerie du palais de Rouen, adressées à M. le bailly d'Évreux afin qu'il défendit à l'officialité diocésaine de s'occuper de la cause pendante entre fe Philippe de Mailly et les doyen et chapitre d'Évreux et le curé de Sainte-Colombe, au sujet des dîmes et des droits curiaux. Plusieurs arrêts des Parlements fixèrent pour toujours la jurisprudence en cette matière, dans le sens que nous avons indiqué plus haut, c'est-à-dire qu'en donnant leurs terres à ferme les chevaliers perdaient le privilège de l'exemption des dîmes. Au commencement du XVIe siècle la question paraît bien élucidée, du moins en Normandie, et décidément résolue de cette manière.

A peine terminées d'un côté, les difficultés surgissaient d'un autre. Tantôt c'était noble homme Guillaume Levelu, écuyer, seigneur de Manthelon qui refusait de recevoir des mains de Guillaume et Pierre Saint-Même, fermiers de la commanderie, deux paires d'éperons dorés, sous prétexte qu'ils n'étaient pas de la valeur voulue : tantôt c'était Jeanne de Fleurigny, dame de la Haute-Maison. Cette noble dame aurait, ce me semble, chaudement approuvé la comtesse de Pimbèche, qui s'écriait :

Mais vivre sans plaider, est-ce contentement?

Elle intenta, en effet, un procès contre fe Philippe de Mailly, qui avait ouvert une carrière, afin d'en extraire des pierres pour la reconstruction du manoir de Renneville, sous le fallacieux prétexte que l'ouverture était sur son terrain, et que le commandeur avait entrepris sur sa seigneurie. Malgré sa clameur de haro les chevaliers reçurent permission de parachever le trou et d'y prendre la pierre nécessaire pour leurs édifices (2 mars 1502).

A ce sujet rappelons quelques lignes du *Bulletin monumental* sur les ruines de la Commanderie : « Nous avons visité les restes de ce manoir lorsqu'il a été à peu près démoli et nous avons remarqué parmi les débris de sa construction d'énormes poutres semées de fleurs de lys et un bon nombre de pierres sculptées. Les fragments les plus intéressants pour l'histoire sont d'abord un grand morceau de dalle tumulaire du XVIe siècle, sur laquelle avaient été incrustés le visage et les mains d'un chevalier : plus une croix de Malte autour de laquelle on lit en caractères gothiques :

> *lect I Denis, natif de Mainuer? en Picardie*
> *lequel trespassa le dimanche tiers jours de iuillet*
> *l'an mil cinq cent et qu* . . . .

ensuite quatre écussons en relief, l'un chargé de deux fasces, l'autre d'une croix sur champ colorié en rouge, le troisième d'une croix pattée et le quatrième encore parfaitement émaillé, d'azur aux trois maillets (1) d'or au chef cousu et abaissé de gueules, chargé d'une croix d'argent. *Sans doute celui du chevalier qui avait rebâti le manoir.* » Nous pouvons donc changer ce doute en certitude et affirmer qu'il s'agit ici de f⁰ Philippe de Mailly, puisque le *Livre Vert*, cité plus haut, le dit expressément. Dès 1505 le manoir flanqué de deux tourelles en pierre de taille, avec des assises de silex, surmontées de clochetons, attira le regard du voyageur et resta même après la Révolution jusqu'en mai 1847, entouré de ses grands bâtiments, moitié monastiques, moitié féodaux.

Philippe de Mailly fit plusieurs présentations : d'abord, le 8 février 1495 celle de Pierre Picard pour la cure d'Epréville vacante par le décès de Jean Devis : le 15 août 1502, celle de Jean Tiphaine à la cure de la Gouberge, vacante par le décès de Simon Touge : le 12 août 1503, celle de Godefroy Concedieu à la cure de Sacquenville vacante par résignation de Guillaume de Bonnaire : le 23 du même mois, celle de Mᶜ David Dubuc, à la cure du Tilleul-Lambert vacante par le décès de Mᵒ Jean le Couvreur, dernier curé : le 27 décembre 1508, celle de Guillaume Quinaut à la cure de Tourville, vacante par la démission pure et simple de f⁰ François Bouge (2) : le 19 février 1512, celle de f⁰ Simon Coulevée, religieux

---

(1) Gilles II de Mailly avait ordonné que ses fils au lieu de brisure sur l'écu se distingueraient par la couleur des maillets : l'aîné aurait d'or à 3 maillets de sinople, le second d'or, à 3 maillets de gueules, le 3ᵉ, à 3 maillets d'azur, le 4ᵉ, à 3 maillets de sables, etc. — (Moreri, tome IV, p. 801).

Un Denys de Mailli, chevalier de Malte, fut tué au siège de Rouen en 1562 (id., p. 8'4). Au lieu de Mainuer sur la pierre tombale, je pense qu'il faut lire Mammez en Picardie.

(2) F⁰ Charles de Brunières, Grand Prieur de France, qui avait été à la défense de Rhodes en 1480, présenta le 15 février 1512, pour la Chapelle-Martel, vacante par le décès de f⁰ Girard Dupuis, dernier chapelain, f⁰ Jean de Chevreuse, prêtre religieux de l'Ordre.

de l'Ordre, que l'évêque refusa à cause de la présentation faite par le Grand Prieur et qui fut acceptée *ad conservationem juris*. Quelques années avant sa mort — arrivée probablement d'après l'inscription ci-dessus en 1514 — Philippe de Mailly reçut une lettre de fe Charles des Ursins, Grand Prieur d'Aquitaine, lui ordonnant de publier les indulgences accordées dans les diocèses de Lisieux et d'Évreux et de recevoir les aumônes pour soutenir l'attaque des Turcs contre Rhodes (juin 1510). — Il reçut également les lettres de Louis XII, roi de France, qui exemptait les hospitaliers de l'impôt de 80.000 livres sur le clergé et les ordres religieux, décrété dans l'assemblée de Lyon, pour nourrir les prélats au futur Concile de Latran. (31 octobre 1511).

La dernière pièce qui mentionne ce commandeur est une sentence du lieutenant général du Bailly d'Évreux, rendue le 3 décembre 1513, entre Simon Consendieu de Sacquenville et fe Philippe de Mailly et noble homme Louis de Villetain, seigneur de Tourneville, au sujet d'un mandement de tenure obtenu par le dit Consendieu d'une pièce de terre à lui appartenant, sise à Tourneville au Prastel, tenure contestée entre le commandeur et le seigneur. Consendieu accepta de la tenir du seigneur et de laisser prendre deux chapons de rente par le commandeur.

Parmi les membres de cette ancienne famille de Picardie nous trouvons encore : N. de Mailly, 8e fils de Nicolas, seigneur de Mailly et d'Amélie de Beaumont. Il fut chevalier de Saint Jean de Jérusalem, maréchal de son Ordre, Grand Prieur d'Auvergne et fut tué au siège de Damiette en 1218. — Jacques de Mailly, 5e fils de Gilles I qui suivit Saint Louis à la croisade, en 1248, avec 3 bannerets et mena avec lui 9 chevaliers et qui avait 3000 livres de pension et d'Avicie de Heilly, fut chevalier de Saint-Jean. Les infidèles le nommaient le *Saint Georges des Chrétiens*, ainsi qu'il est rapporté au martyrologe des chevaliers. — Antoine de Mailly, 2e fils de Jean de Mailly et de Louise de Craon, chevalier de Saint-Jean, fut pris par les Turcs et mourut esclave en 1340. — Denys de Mailly, fils d'Adrien, tué au siège de Rouen, comme nous l'avons dit. — Antoine de Mailly, chevalier de Malte, mort en 1670, fils de François de Mailly, seigneur d'Haucourt et de Marie Turpin de Crissé. — Jean, seigneur de la Houssaye, chevalier de Malte, profès; Claude, mort à Malte; Joseph Marie Eléonor, mort en 17.. fils de Joseph et de Louise Madeleine Josèphe de la Rivière de

Vaux; Jérôme François Joseph qui fit ses preuves, en 1733, et servit dans l'armée de l'Empereur contre les Turcs en Hongrie et mourut en Autriche au retour de la campagne en 1738; Louis Charles Joseph mort le 5 octobre 1774, fils de Charles Oudart Joseph et de Marie Louise d'Amerval.

Le château de Marbeuf, canton du Neubourg, est aujourd'hui occupé par la famille de Mailly.

Grâce à son manoir, Saint-Étienne-de-Renneville devint une commanderie fort recherchée et à partir de cette époque sera presque toujours donnée à un des grands dignitaires de l'ordre. Avant, le commandeur n'y résidait pas « *parce qu'il ne s'y serait pas cru en sûreté* (1), » désormais il sera fier de cette demeure vraiment féodale.

CHARLES des URSINS
XIIᵉ Commandeur de Saint-Étienne-de-Renneville (1515-1524)
Grand Prieur d'Aquitaine.

Bandé d'argent et de gueules au chef d'argent, chargé d'une rose de gueules, soutenue d'or à l'anguille d'azur.

Charles des Ursins (2) était fils de Michel Jouvenel des Ursins, seigneur de la Chapelle-Gauthier (Eure) et de Yolande de Monberon, fille de François, vicomte d'Aunai et de Louise de Clermont. Son frère Jean eut un fils du nom de François Jouvenel des Ursins qui continua la famille et fournit lui-même un nouveau membre à l'ordre, en la personne de François, son 3ᵉ fils, chevalier de Malte. Avant d'être commandeur de Renneville il avait écrit, comme nous l'avons vu ci-dessus, en qualité de trésorier général du Couvent de Rhodes, des lettres ordonnant de publier les indulgences accordées aux diocèses de Lisieux et d'Évreux et de recevoir les quêtes faites pour soutenir l'attaque des Turcs contre Rhodes. C'était au mois de juin 1510. — Il fut Grand Prieur d'Aquitaine. La langue de France comprenait trois Grands Prieurés : celui de France avec 45 commanderies, celui d'Aqui-

(1) Livre Vert et Mannier.

(2) L'inventaire de Renneville nomme en 1510 Charles de Brunières comme commandeur mais à tort car s'il a présenté pour une ou deux cures c'est en qualité de Grand Prieur de France et non comme commandeur. — Du reste cette liste est faite avec peu de soin. Il n'y est pas même fait mention de Michel d'Argillemont le successeur immédiat de fᵉ Charles des Ursins.

taine avec 65 et celui de Champagne avec 24. — De plus ce prieuré
avait le bailliage de la Morée dont le titre était à Paris à Saint-
Jean-de-Latran et la charge de Grand trésorier unie à la Commanderie de Saint-Jean-de-Corbeil. Au chapitre Général, le Grand
Prieur d'Aquitaine était le treizième par rang de dignité.

Comme son prédécesseur, Charles des Ursins eut à traiter la
question des dîmes. Nous trouvons en effet le 16 janvier 1516 un
accord sous seing privé entre Charles des Ursins, chevalier, trésorier général de Rhodes et Mᵉ Jean Bérangier, curé de Sacquenville, au sujet de la grosse dîme de la paroisse. On convint que
pendant la vie du commandeur seulement le dit curé aurait et
prendrait chaque année, sur les fermiers de la dîme, la quantité
de 12 boisseaux de blé et 18 d'avoine, mesure d'Évreux, sans préjudice aux successeurs et sans que le curé puisse demander ni
prendre sur tout le dîmage de Sacquenville aucune gerbe de
grosse dîme, tant en novalle, clausage, qu'autres lieux. — Il est
probable que les fermiers eurent beaucoup de peine à se soumettre,
car nous trouvons en mars 1516 des pièces de procédure portée à
l'officialité d'Évreux par Mᵉ Pierre Mahiel, prêtre chapelain de
l'église paroissiale de Sacquenville, contre Colin le Couturier,
Pierre Colombel et Consors, habitant la paroisse, au sujet des
dîmes qu'ils lui devaient.

Le 3 juillet 1518 surgit une autre difficulté au bailliage d'Évreux
entre Jean Brisebois et fᵉ Charles des Ursins, au sujet d'un bail
fait par son prédécesseur dans lequel on permettait au preneur
de détruire un moulin ou de construire d'autres bâtiments. En
vertu de cette clause, Jean Brisebois voulait construire sur l'Iton,
à Glisolles, une grosse forge à fer, mais les héritiers de feue Jeanne
de Fleurigny, dame de la seigneurie de la Haute Maison, sise
audit Glisolles, s'y opposaient et il soutenait que le commandeur
devait faire lever cet empêchement. Cependant le 12 juin 1521, il
se désista, à condition qu'il pourrait rééditier le moulin et les
autres bâtiments.

Charles des Ursins, à cause de sa dignité de Grand Prieur
d'Aquitaine, n'habitait pas Renneville et faisait administrer la
commanderie par un Procureur. C'est ainsi qu'en 1518 fᵉ Simon
Coulevée, prêtre, procureur et receveur de l'ordre lui rendit
compte de l'état général des revenus.

Les présentations cependant se faisaient en son nom. En 1522, il présente François de Myer à la cure de la Gouberge, vacante par le décès de Jean Tiphaine.

La même année, f^e Guillaume Quinaut, curé de Tourville fit un bail à ferme de 10 ans à Me Martin le Comte, acolyte de cette paroisse, au sujet de tous les fruits et revenus de ladite cure pour en jouir avec charge d'assurer le service divin et d'administrer les sacrements aussitôt qu'il sera *in sacris,* moyennant 110 écus d'or et les charges envers les seigneurs principaux.

C'est dans cette année, le 26 de juin, qu'eut lieu le fameux siège de Rhodes par les Turcs. François Ier avait donné *main levée* sur les biens des hospitaliers afin qu'ils puissent se rendre à Rhodes. Après un siège opiniâtre, soutenu par le Grand Maître Villiers de l'Isle Adam, Soliman II rentra en possession de cette île que ses ancêtres avaient possédé. Mais 64.000 turcs avaient été tués, 50.000 étaient morts de maladie et les chevaliers s'embarquèrent avec tout ce qui leur appartenait. — Le siège avait duré 6 mois, soutenu par 5.000 chrétiens contre 200.000 mahométants. La capitulation fut signée le 24 décembre 1522 et le 1er janvier 1523 les débris de l'ordre, ceux qui avaient porté si haut le nom de *chevaliers de Rhodes,* en attendant d'illustrer celui de *chevaliers de Malte,* abandonnaient cette île qu'ils occupaient depuis le 15 août 1310, qu'ils avaient rendue imprenable et qui serait restée en leur pouvoir sans la trahison d'un chevalier indigne de ce nom, André d'Amaral, chancelier de l'ordre et Grand Prieur de Castille, et sans le lâche abandon de toute l'Europe.

Parmi les chevaliers qui se trouvèrent à ce siège mémorable et qui intéressent notre département, nous voyons : f^e Marc le Cornu, f^e Charles de la Barre, f^e Charles d'Apremont, f^e Claude de la Sengle, bientôt commandeur de Renneville, puis plus tard Grand-Maître de l'Ordre.

MICHEL D'ARGILLEMONT
XIIIe COMMANDEUR DE SAINT-ÉTIENNE-DE-RENNEVILLE (1524-1533)
GRAND HOSPITALIER ET TRÉSORIER GÉNÉRAL.

De gueules à 3 pals de vair au chef d'or, chargé de 3 merlettes de sable.

Michel d'Argillemont d'abord Trésorier Général (1), puis Grand

(1) Au conseil le Trésorier Général avait le 48e rang et le Grand Hospitalier le cinquième.

Hospitalier devint commandeur de Saint-Étienne vers 1524.
En 1499 il était commandeur du Mont-de-Soissons (Aisne) et
en 1512 de Sommereux. Un chevalier de ce nom fut tué au siège
de Rhodes. Voici en effet ce que nous lisons dans Vertot (Tome III,
p. 264) : « *Un si grand avantage coûta à la religion le grand maître
d'artillerie, le chevalier d'Argillemont, capitaine ou général des
galères* (1), *le chevalier de Mauselle, qui portait le grand étendard
du grand-maître et plusieurs autres chevaliers qui furent tués
en combattant vaillamment.* »

Malgré un passage du *Grand Pouillé* des archives de l'Eure qui
donne la commanderie comme vacante au 15 octobre 1528 (G 26,
Épréville), nous sommes certains que Michel d'Argillemont l'occu-
pait déjà en 1524.

Au 26 janvier de cette année, en effet, par un acte passé devant
le Couturier et Dufour, tabellions au Neubourg, il fait un bail de
12 ans à la veuve de Colin Consendieu de Bernienville; un autre,
le même jour, au sujet du Tilleul-Lambert : le 4 août de la même
année un troisième à titre de fieffe à Jacques Grandhomme
d'Ormes, etc. A partir de cette époque on rencontre son nom
dans toutes les transactions, 1525, 1526, 1527, etc., toujours avec
le titre de commandeur de Saint-Étienne-de-Renneville et de
Trésorier Général.

Ainsi, le 26 février 1526, transaction entre fᵉ Michel d'Argillemont et Jeanne, veuve de Jacques Chevalot, *avocat en cour laye,*
tant en son nom que comme tutrice des enfants mineurs dudit
défunt. De part et d'autre on convint : que ladite veuve quitte et
délaisse au dit *commandeur* la propriété de la vavassorerie et rente
à cause d'icelle sise en la paroisse de Tournedos et aux paroisses
voisines tant en deniers, œufs, oiseaux, qu'autres choses généralement quelconques pour en jouir et au moyen de ce, le dit *seigneur
commandeur* payera par forme de récompense la somme de 40 *écus
soleil* de 40 s. t. pièces, dont elle se tient contente.

Le 6 février 1526, fᵉ Michel d'Argillemont obtint en chancellerie

_____

(1) Ce titre de Général des Galères ne fut donné qu'en 1553 et les chevaliers
des huit langues pouvaient y prétendre. On voulait en réserver la nomination
au Grand-Maître, mais Claude de la Sengle préféra en laisser la responsabilité
au conseil « pour ne pas l'exposer aux imprécations qu'on baillait à ceux qui
avaient élu des généraux incapables ou mal fortunés. » — (*Les chevaliers de
Malte,* par le vice-amiral de la Gravière, 1887, tome I, p. 21).

des lettres portant commandement donné à M. le bailly d'Évreux ou à son lieutenant, de prendre connaissance, juger et terminer le différend survenu sous David de Sarcus, au sujet des prétentions de Simon de Verneuil, curé de Claville, avec défense à l'official d'Évreux de s'occuper de l'affaire.

D'après ces pièces il ne saurait donc y avoir aucun doute sur l'époque de l'arrivée à Renneville de fᵉ Michel d'Argillemont. Que l'auteur du Pouillé se soit trompé en voyant le Grand Prieur de France présenter à la cure d'Epréville et qu'il ait ajouté ces mots; *à cause de la vacance de la commanderie*, cela peut s'expliquer jusqu'à un certain point. Il pouvait ignorer que pour les présentations elles étaient faites, tantôt par le Grand Prieur, et, tantôt par le commandeur, ce qui occasionnait parfois des difficultés. Mais que le ou les auteurs de l'inventaire aient mis dans leur liste chronologique des commandeurs, fᵉ Michel d'Argillemont en 1528, alors qu'ils avaient analysé des pièces qui disaient le contraire, cela ne se conçoit pas.

Au nombre des actes intéressants de ce commandeur, nous pouvons citer à la date du 2 mai 1528 des lettres royales qu'il obtint contre l'official d'Évreux pour garder le droit et privilège que l'ordre avait de prendre sur tous les hommes décédés dans la commanderie la tierce partie de leurs biens meubles, *avec la bonne robe et le chapeau.*

Michel d'Argillemont, trésorier général, devint grand hospitalier en 1528, comme nous le voyons dans les actes de la Commanderie. Le 18 octobre 1528 (15 d'après le *Pouillé*) le vicaire général de Mᵍʳ Ambroise Leveneur, sur la présentation de fᵉ Pierre de Cluys, chevalier, Grand Prieur de France, nomma fᵉ Étienne Picard, religieux de l'ordre de Saint-Jean-de-Jérusalem, à la cure d'Epréville vacante par résignation de Mᵉ Thomas Dumontier, prêtre, dernier possesseur.

Selon le *Pouillé* (G 26) fᵉ Michel d'Argillemont *hospitalier* de Rhodes, commandeur de Saint-Étienne, aurait présenté pour la même cure fᵉ Guillaume Quinaut à cause de la résignation du dernier curé. Voilà donc encore un exemple de deux présentations, l'une faite par le Grand Prieur en la personne d'Étienne Picard, et l'autre par le commandeur en faveur de Guillaume Quinaut. Ce dernier, en vertu de lettres de compulsoire, fut mis en possession *ad conservationem juris,* selon l'expression de l'époque (1ᵉʳ avril 1529),

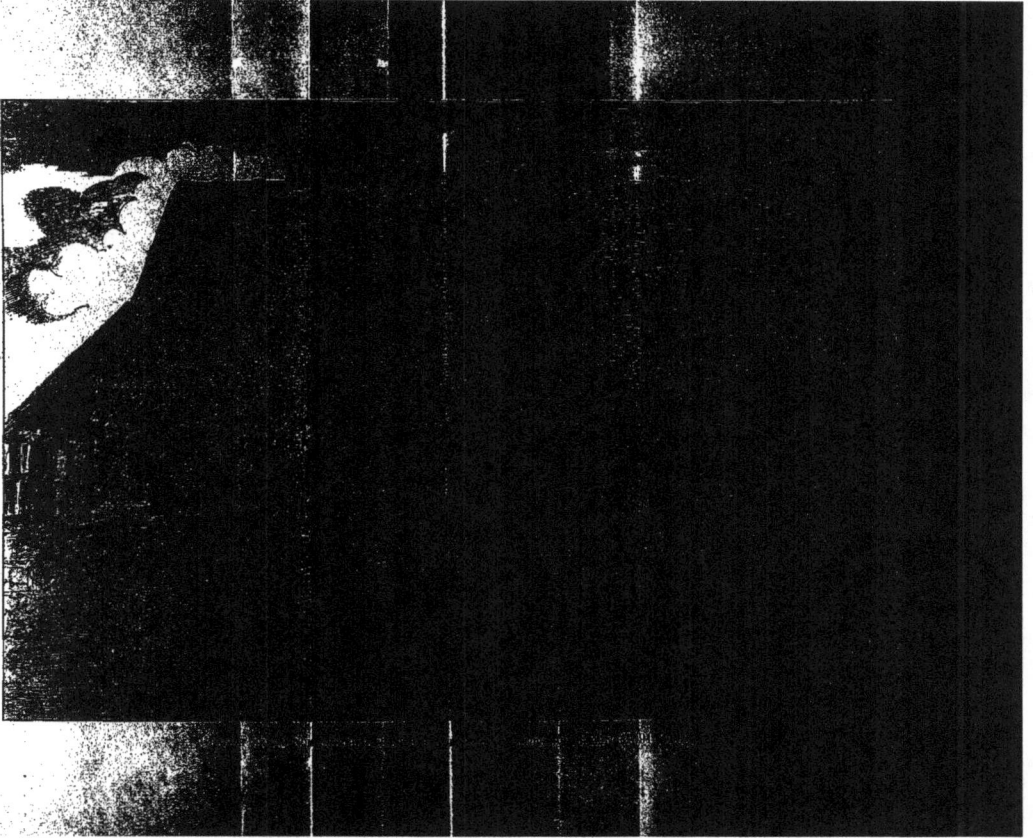

et, le 1ᵉʳ octobre, il donnait sa démission. Sur ces entrefaites fᵉ Étienne Picard étant mort, le commandeur en sa qualité de patron de l'Église Saint-Pierre d'Epréville présenta fᵉ Simon Coulevée, chapelain dudit ordre que l'Evêque accepta.

Mais si les difficultés étaient déjà grandes, relativement aux cures *certaines* de l'ordre, combien plus grandes devaient-elles être au sujet de celles qui laissaient place au moindre doute! Sacquenville se trouvait dans ce dernier cas. Aussi le 3 septembre 1529, fᵉ Simon Coulevée, prêtre et procureur de fᵉ Michel d'Argillemont, comparut devant les vicaires généraux pour leur affirmer que le commandeur de Renneville était le vrai patron de Sacquenville et qu'en cas de vacance de la cure il avait le droit d'y présenter une personne capable. Cette affirmation n'ayant pas suffi, on eut recours à la procédure. Le 5 février 1529, au bailliage d'Évreux, Mᵉ Jean de Caillouel, prêtre, curé de ce bénéfice sur la présentation de M. le commandeur de Saint-Étienne, se plaignit du trouble qui lui était fait en la jouissance de la dite cure par Mᵉ René Dubuc, clerc, qui se disait aussi curé sur la présentation de M. Guillaume Dubuc, seigneur de Sacquenville et de Sémerville. Le 12 février fᵉ Georges de Courtignon, chevalier de l'ordre, au nom et comme vicaire général de fᵉ Michel d'Argillemont, hospitalier de Rhodes et commandeur de Saint-Étienne, écrivit à Mᵍʳ l'évêque d'Évreux pour demander que Jean de Caillouel soit pourvu de la cure de Sacquenville, vacante par la démission de Jean Bérenger. — L'évêché refusa d'abord, puis sur les lettres de compulsoire obtenues à Rouen, le 18 février, finit par la lui conférer, le 21 du même mois.

Parmi les autres présentations faites par fᵉ Michel d'Argillemont nous trouvons : le 7 juillet 1528, celle de Simon le Boucher à la cure de la Gouberge vacante par le décès de Jacques de Fort : le 15 octobre 1529, fᵉ Pierre de Cluys, Grand Prieur de France, présente fᵉ Jean Roussard, son diacre, à la cure de Tourville vacante par le décès de Jean Quinaut à qui elle est conférée et le 17 décembre, fᵉ Michel d'Argillemont présente Guillaume Quinaut à cause du décès de Jean Quinaut : le 19 juin 1532, la permutation de fᵉ Simon Coulevée, prêtre chapelain, avec fᵉ Étienne Picard, curé d'Epréville, permutation appuyée et par le Grand Prieur et par le commandeur : le 23 du même mois autre permutation de Jacques de Fez (ou de Fort) curé de la Gouberge

7.

avec Simon Quevente pour la cure de Sancy, diocèse de Soissons et pour la chapelle de Saint-Jacques et de Saint-Christophe dans l'église de Saint-Médard de Poly, diocèse de Laon.

C'est en 1533, que fᵉ Michel d'Argillemont paraît avoir quitté la commanderie, occupée par lui pendant plus de 10 ans.

Pendant qu'il était commandeur de Saint-Étienne-de-Renneville, les chevaliers de Saint-Jean avaient pris possession de l'île de Malte, qu'ils devaient rendre non moins célèbre que celle de Rhodes et qu'ils eurent le bonheur de conserver jusqu'à la Révolution française. Elle leur fut donnée par Charles-Quint, le 24 mars 1520 et acceptée au nom du Grand Maître, fᵉ Philippe de Villiers de l'Ile-Adam, par fᵉ Hugues de Capones, enseigne et capitaine-général des galères, le 29 mai 1530. Cette acquisition était loin de compenser ce qu'ils avaient perdu, mais ils surent cependant la mettre en un tel état de défense qu'ils se firent bientôt respecter de leurs ennemis acharnés. De là, dans la suite, on ne les nomma plus que *chevaliers de Malte*.

CHAPITRE V.

CLAUDE de la SANGLE

XIVe Commandeur de Saint-Étienne-de-Renneville (1533-1553)

Bailly de la Morée

Grand Prieur de France

Grand Hospitalier et Ambassadeur de l'ordre a Rome (1553)

GRAND MAITRE DE L'ORDRE DE SAINT-JEAN DE JÉRUSALEM

(1554-1557)

D'or au sautoir de sable, chargé de cinq coquilles d'argent.

Claude de la Sangle était picard de naissance, très bon général, ancien commandant et instructeur de la cavalerie royale sous Henri II; en 1542 commandeur de Villedieu-les-Bailleul (Orne) et en 1546 d'Eterpigny (Somme). Deux mots résument sa vie militaire : *Monastir* et *Africa*.

Charles-Quint avait donné l'ordre à son grand amiral Doria, de s'emparer des petites places de la côte tunisienne, surtout de Monastir et d'Africa. Claude de la Sangle alors bailly et Grand Prieur de la langue de France, accompagné de 140 chevaliers, 30 servants, 90 arquebusiers rhodiens et 400 soldats de Malte, devait soutenir cette entreprise de tous ses efforts. Monastir, quoique ville ouverte, possédait une très forte citadelle défendue par un vieux corsaire à la tête d'une troupe de marins déterminés.

A peine débarqué, Claude de la Sangle s'empara de la ville en un tour de main et ce coup hardi entraîna l'assaut de la citadelle qui se rendit après une heure et demie de siège, parce qu'un mousse du *Saint-Christophe*, de Malte, tua net sur la brèche le vieux Djelloul. « Monsieur de la Sangle, dit tout haut le grand amiral au bailli, le soir même, je suis très marri des pertes subies par l'Ordre, et je m'accuse très amèrement d'y avoir fourni quelque occasion, en pressant peut-être un peu vivement cette attaque. Mais j'avais de grosses raisons pour cela, croyez m'en. » — « Monsieur l'Amiral, répondit la Sangle, je suis plus marri que vous; mais Saint-Jean avait donné le premier l'exemple de tout risquer, et il en était résulté telle situation, que vous seul pouviez être juge de ce qui restait à faire. Je reçois avec respect vos regrets : morts ou vivants, il n'est pas dans l'esprit de l'Hôpital de peser le sang qu'il a perdu, car il le doit tout entier, par serment, à la défense de la foi. Qu'il vous suffise d'avoir ordonné selon le mieux, et à nous d'avoir marché selon notre devoir (1). »

Ensuite on fit les préparatifs pour s'emparer d'Africa. Le bailly de la Sangle comme toujours brilla par sa sagesse, sa bravoure et sa charité. Il commença par mettre l'accord entre l'amiral Doria et don Garcia de Toledo, fils du vice-roi de Naples, qui se disputaient le commandement suprême. Quant à sa bravoure il en donna un exemple remarquable, dès la première attaque, au moment où les Napolitains se trouvaient en danger : « Notre ami don Garcia, lui dit le vice-roi de Sicile, don Juan de Vega, est un peu jeune encore dans la conduite d'une attaque. Bailli, vous êtes plus à portée de lui prêter la main, ce me semble? » — « C'est le devoir de tout chrétien de secourir des chrétiens dans l'embarras, répondit brièvement Claude de la Sangle; mais je croyais, monseigneur, que vous iriez soutenir vous même les Napolitains, qui sont troupes impériales comme les vôtres. » — Le vice-roi se mordit les lèvres à cette sévère leçon, qui tombait juste à point; mais ce fut l'orgueil espagnol qui lui souffla sa réponse : « Bailli, les choses de l'empereur ne regardent que les officiers de l'empereur; comme j'ai vu votre troupe en colonne, j'ai cru qu'il vous appartenait..... » Il s'arrêta, car le bailli, piquant des deux sans le saluer, était déjà loin et criait d'une voix tonnante : « Saint-Jean à la rescousse! Haut l'enseigne! Prenez vos distances! »

Le bataillon de Malte était toujours prêt : il avait vu ce qui se passait. Dix secondes après ce commandement, il s'ébranlait en ordre, abordait les 1,500 Maures, cavaliers et fantassins, en jetait 200 à terre du premier choc, et ramenait le reste en désordre

(1) Les chevaliers de Rhodes et de Malte, par Farochon, p. 296.

jusqu'à la porte des Oliviers, qui se referma sur eux, juste à temps. Après quoi il fit avec calme sa retraite par échelons, répondant au feu de la place par ses tirailleurs.

Le combat terminé, restaient les blessés. On vit alors les chevaliers, sans prendre la peine de quitter leurs armures, jeter la bride aux soldats de Malte, se former en escouades d'infirmiers, improviser des lits, et vaquer au pansement des pauvres Napolitains avec la douceur et l'habileté d'une longue expérience : les plus dévoués et les plus humbles étaient les commandants des deux escadrons Saint-Jean : le commandeur Coupier, de la langue d'Auvergne, et le commandeur de Giou, de la langue de Provence, tous deux réputés en Europe pour leurs faits d'armes. Aucun chevalier ne quitta les blessés dont ils avaient pris charge qu'après les avoir mis en bon train de guérison ou, s'ils étaient condamnés, les avoir disposés à la mort par les sacrements et assistés à genoux, jusqu'à leur dernier souffle, avec le chapelain. Si bien que les soldats de l'empereur, attendris et reconnaissants, leur baisaient les mains au passage et disaient : « Qu'on nous donne des frères Saint-Jean pour nous commander, et nous irons sans crainte attaquer le diable! »

Pendant tout le siège, les malades et les blessés de la flotte et de l'armée, à quelque corps qu'ils appartinssent, furent traités sous les tentes-hôpitaux de la religion et soignés par les chevaliers en personne. Claude de la Sangle donnait lui-même l'exemple, en sorte qu'on n'en perdit presque aucun, malgré la chaleur (1).

Dragut, le fameux corsaire, voulut frapper un coup éclatant en voyant un jour Juan de Vega entrer imprudemment dans un bois d'oliviers accompagné du Bailly (qui n'ayant pu l'empêcher avait au moins voulu lui faire escorte), et d'une centaine de chevaliers. Mais à la première détonation, de la Sangle s'était retourné vers don Juan de Vega et lui avait dit simplement : « Voilà Dragut, monseigneur. »

Puis aussitôt il commande la formation de sa troupe en bataillon carré. Déjà les vieux soldats de Malte, et ces chevaliers « dont chacun eût pu commander lui-même l'expédition, » se trouvaient instantanément formés, sans une seconde d'hésitation, et se portaient en avant. La clairière était trop étroite pour le développement

(1) Oper. cit.

des 4.000 hommes de Dragut. Profitant admirablement de la
situation, la milice de Saint-Jean fit durer le combat quelques
minutes, pour donner le temps aux travailleurs espagnols, qui
devaient entendre la fusillade, de regagner leur camp, et à Vargas
de la rejoindre avec ses fantassins. Cette jonction faite, la troupe
chrétienne opéra sa retraite avec flegme, se couvrant alternative-
ment par des pelotons d'arquebusiers dans les taillis, et par des
pelotons de chevaliers qui chargeaient dans les éclaircies, lorsque
l'ennemi formait nombre compact. Une fois hors du bois, le gros
bataillon marcha lentement vers le camp, recevant et rompant
constamment, sur ses faces inébranlables, les charges furibondes
de Dragut. Ce dernier lassé, donna le signal de la retraite et pensant bien que toute suprise était désormais inutile, il dispersa ses
soldats dans les bois, en leur assignant Sfax comme point de
ralliement (1).

Le siège cependant traînait en longueur : la ville bâtie sur une
étroite langue de terre, approvisionnée d'armes, de poudre et de
vivres, paraissait imprenable et les généraux parlaient de lever le
siège. Claude de la Sangle releva tous les courages, déclara qu'il
ne s'en irait pas avant d'avoir tenté l'assaut, seul avec ses chevaliers. En outre il établit un second hôpital pour les convalescents,
ravitailla l'armée aux frais de l'ordre. Sa fermeté sauva tout.

Quand la brèche fut jugée praticable, l'étendard de bataillle des
chevaliers de Malte, en taffetas noir, avec la croix de Saint-Jean
brodée en argent sur fond de moire rouge, marcha le premier à
l'assaut, porté par le commandeur de Giou. Contre le choc de ces
hommes intrépides, les Turcs durent reculer et une heure après
1.800 cadavres musulmans jonchaient les rues. Africa était prise
avec un butin immense : on vendit 7.000 esclaves trouvés les
armes à la main (1550) (2).

Le 25 septembre, Claude de la Sangle rentrait à Malte : il y
trouva la famine. Sans prendre le temps de se reposer, il se
remit en courses et parvint après mille efforts, à réapprovisionner
le port et la ville.

C'est ce fameux guerrier, cet administrateur si sage que nous

(1) Op. cit.
(2) Voir les détails de ce siège dans le beau livre de P. A. Farochon.

trouvons commandeur de Chanu en 1529 et de Saint-Étienne-de-Renneville, en 1534.

On comprend facilement qu'un homme aussi conciliant dut chercher un moyen de trancher la question des dîmes. Une sentence en effet avait été rendue aux Assises de Pont-de-l'Arche en faveur des doyen et chapitre Notre-Dame d'Évreux et de frère Jacques Lambert, curé de Sainte-Colombe. Claude de la Sangle en appela le 6 juillet 1536 et le 11 mars de l'année suivante intervint la transaction suivante : « Entre les doyens, chanoines et chapitre d'Évreux, Me Jean de Magnemare l'un d'eux, prébendé de Sainte-Colombe, les prieur et religieux du Parc d'Harcourt et frère Jacques Lambert, curé de Sainte-Colombe, d'une part — et entre fe Claude de la Sangle, commandeur de Saint-Étienne-de-Renneville, d'autre part : — a été décidé pour terminer le procès pendant entr'eux au parlement de Rouen, que les chanoines et consors laisseront prendre par le dit commandeur la totalité des dîmes sur 120 acres de terre faisant partie de la dite commanderie à Sainte-Colombe et qu'il pourrait faire labourer à ses dépens, par ses mains ou par ses fermiers. Mais comme il y a plus de 120 acres, les chanoines prendront la dîme sur le reste. » Cette transaction cependant ne devait avoir son effet que pendant la vie du commandeur, sans engager aucunement ses successeurs. (Juillet 1536).

Parmi les nombreux baux renouvelés sous fe Claude de la Sangle, citons en juin 1538 un bail à rente à titre de fieffe à Renault de Langle, bourgeois d'Évreux, au sujet d'une place et lieu dépendant de la commanderie sis en la paroisse Saint-Pierre dudit Évreux, devant l'Hôtel-Dieu, moyennant 21 l. 5 s. t. en deux termes, Noël et l'Ascension, pour être pris sur la dite maison et même sur deux autres situées en la paroisse de Saint-Thomas et sur 18 acres de terre faisant partie de 80 à Caër, etc. : — en avril 1542, un bail à ferme de trois ans à Pierre du Vaucel, bourgeois d'Évreux, pour la dîme de Sacquenville, moyennant 300 l. t. avec les charges habituelles envers le chapitre d'Évreux, l'abbaye de Saint-Taurin et le curé; — le 26 juillet 1553, bail à ferme de 9 ans à David Dumontier demeurant au manoir de Beaulieu, pour 215 l. t., 50 boisseaux de blé, 10 d'avoine, un cent de gerbes et un cent de gerbées, deux porcs gras d'une valeur de 60 sols pièce et une douzaine de chapons; — le 22 juin 1553, fe Claude de la Motte, prêtre religieux de l'ordre, curé du Tilleul-Lambert, au nom du commandeur fait un bail à Mᵉ Jean Bense, vicaire de la dite paroisse au sujet de tous les revenus et bénéfices de la cure en grosses dîmes, menues, novalles etc., à condition de bien et duement faire le service divin, administrer les sacrements, etc. pour 60 l. t.

Quant aux procès ils sont relativement peu nombreux sous l'administration de Claude de la Sangle. Une difficulté cependant survint au sujet d'un moulin à vent que le commandeur voulait faire construire à Epréville. C'était le seigneur d'Aubigny en sa qualité d'usufruitier du comté de Beaumont-le-Roger qui s'y opposait. Durant le procès Claude de la Sangle eut permission de terminer le moulin et d'y moudre son blé ainsi que celui des hommes de la Commanderie. Robert Stuart, chevalier de l'ordre du Roi, maréchal de France, comte usufruitier de Beaumont-le-Roger et seigneur d'Aubigny poursuivit, la procédure jusqu'au Parlement de Rouen et l'affaire ne fut terminée que beaucoup plus tard, sous le commandeur de Mont-Gauldry.

Les présentations faites par Claude de la Sangle sont : le 10 août 1535, celle de Claude de la Motte, clerc, écolier de Paris, pour la cure du Tilleul-Lambert à laquelle il fut nommé le 20 du même mois par M. Jean Chauvin, grand vicaire, et maintenu, quoique Jean Pigace, écuyer, seigneur des fiefs et domaines de Carentonne et de Mesnilotte eut présenté Jacques Fontaines : le 15 septembre 1550, celle de fᵉ Jean Roussaut, prêtre religieux, pour la Chapelle-Martel vacante par le décès d'Étienne Picard et le 19 juin 1552 à cause de sa démission fᵉ Charles de Hangest, procureur de Claude de la Sangle, présente fᵉ Nicolas Toutain, prêtre religieux de l'ordre : le 16 mars 1551, celle de Jacques Vorin à la cure du Tilleul-Lambert vacante par la démission de Claude de la Motte, démission sans valeur puisque le 13 mars il était de nouveau, sur la présentation du commandeur, nommé à cette cure : le 22 avril 1553 celle de fᵉ Pierre Josseaulme à la cure de Tourville, vacante par la démission de Jean Roussard, puis le 31 janvier fᵉ Claude de la Motte succède à fᵉ Pierre Josseaulme : enfin, le 19 août 1547, M. le Vicomte, vicaire général, avait conféré par *dévolu* à Guillaume le Moyne, la cure de Sacquenville et le 3 septembre fᵉ Claude de la Sangle, bailly de la Morée, y présentait Claude de la Motte à cause de la résignation de René

Dubuc. On le refusa sous prétexte que cette cure était remplie par un autre. Ayant obtenu des lettres de compulsoire, elle lui fut conférée *ad conservationem juris*. En 1548, Guillaume le Moyne, qui était chanoine d'Évreux, donna sa démission et la cure passa ensuite à religieuse personne dom Claude de Mailloc, prêtre, moine de l'ordre de Saint-Benoît, de l'abbaye de la Croix-Saint-Leufroy, qui la posséda, avec dispense du Pape, jusqu'en 1603 et la résigna enfin à Jean de Barges. (G 20 et G 32).

Claude de la Sangle, à la mort de f⁰ Jean d'Omedes, arrivée le 6 septembre 1553, fut élu à sa place le 11 du même mois. Il était alors ambassadeur à Rome où il apprit son élection et partit aussitôt pour Malte où il débarqua le premier jour de l'an 1554. A peine installé, il entreprit la réforme générale des règlements et statuts de l'ordre, fortifia l'île Saint-Michel ainsi que la presqu'île suivante communément appelée de lui « *l'île de la Sangle;* » créa le port des galères et fit reprendre aux grands marins de l'Hôpital tout leur éclat.

Vieilli par les campagnes, préoccupé vivement par une division survenue dans le couvent, sensiblement touché des reproches que lui adressa le conseil à ce sujet, il tomba malade. Depuis ce temps là il ne fit que traîner une vie languissante et qui fut terminée par une mort chrétienne. Il ne voulut disposer d'aucun de ses effets, quoiqu'il en eût eu la permission d'un chapitre général : et après avoir employé des sommes considérables à fortifier l'île de Malte, il laissa encore plus de 60.000 écus dans sa dépouille. Le conseil édifié d'un si noble désintéressement, envoya en France 12.000 francs pour contribuer à la dot de la demoiselle de Mont-Chanar, sa nièce. On fonda à l'intention du défunt une messe à perpétuité dans la chapelle du château Saint-Ange : et d'une partie de cet argent, on fit faire pour l'église couventuelle des ornements de velours cramoisi brodés d'or (1) et on y mit les armes de la Sangle, comme un monument de sa piété et de la gratitude de l'ordre de Malte.

Suffoqué par un catarrhe il rendit sa vaillante âme à Dieu le 18 août 1556, âgé de 63 ans.

---

(1) Dans l'inventaire de Renneville, du 28 juin 1663 sous f⁰ Gilbert d'Elbène, on signale « une chasuble de velours cramoisi et en broderie d'or du feu grand maître de la Sangle. » (Arch. nat. S. 5.559).

C'est une gloire bien grande pour notre département d'avoir eu un commandeur aussi renommé par sa bravoure que par sa sagesse, aussi recommandable par sa piété que par son désintéressement et nous comprenons la joie provoquée par son élection.

« A peine, en effet, fut-elle connue à Rome que le gouverneur du château Saint-Ange, par ordre exprès du pape, l'annonça par une décharge de toute son artillerie. Ce fut comme une fête publique dans cette capitale de la chrétienté : la plupart des cardinaux, les ambassadeurs, les principaux prélats de la cour, et les barons de Rome visitèrent en cérémonie le nouveau grand maître. Le pape l'envoya féliciter par le grand maître de sa chambre : et quand il fut au palais pour lui prêter le serment ordinaire d'obéissance, ce pontife le fit dîner à sa table et en public et n'oublia aucun des honneurs qui étaient dûs à son mérite et à sa dignité (1). » (Vertot).

CHRISTOPHE de MONT GAULDRY
XVe Commandeur de Saint-Étienne-de-Renneville (1553-1579)
Grand Trésorier en 1571.

D'azur au mont d'or, mis en cœur, accompagné de 3 besans de même.

Christophe le Bouleur de Mont Gauldry succéda, *probablement,* à Claude de la Sangle au moment où ce dernier fut élu Grand Maître. En sa qualité de Grand Prieur il avait la commanderie de Saint-Jean-de-Corbeil et tenait le 48e rang au Grand Conseil.

Pendant qu'il était commandeur de Saint-Étienne-de-Renneville eut lieu le fameux siège de Malte par les Turcs. La flotte ennemie

(1) Le P. Goussencourt dans son Martyrologe des chevaliers de Malte résume ainsi la vie de ce grand maître : « Fe Claude de la Sangle fut général des galères en 1550. En juin, il prit la ville de Monastère, en Afrique, ou 1.800 Turcs furent faits esclaves et 300 tués à l'assaut de la ville, 60 soldats y furent tués et quelques chevaliers de 140 qu'ils étaient. De là il fut assiéger la ville d'Afrique ou il eut plus de 7.000 Turcs de tout âge et sexe faits esclaves, plus de 1.000 y furent tués : des chrétiens 700 que chevaliers, que soldats et 500 mariniers : plus de 60 chrétiens furent délivrés d'esclavage. A son retour à Malte le 25 septembre, lui fut commandé de laisser les blessés et de chercher à vivre ailleurs, la famine étant à Malte, ne se ressentit du refus qu'on lui avait fait et le 10 de novembre y amena trois navires chargés de froment. » (Tome ii, p. 340).

parut le 18 mai 1565, composée de 20 à 30.000 marins, de 18 à 20.000 soldats de marine et de 25 à 28.000 rameurs ou forçats. Cent mille hommes, soutenus par une puissante artillerie, allaient, avec 125 galères, attaquer dix mille hommes à peine sur un rocher isolé au milieu de la mer. Mais ces hommes avaient à leur tête un Grand Maître à la hauteur de cette situation, la Valette-Parisot; des chevaliers à l'âme guerrière et tous capables de diriger la défense aussi bien que d'obéir aveuglement et de s'ensevelir sous les ruines du poste qui leur avait été confié, comme au fort Saint-Elme. Nous ne ferons pas le récit de ce grand épisode qui couvrit de gloire l'ordre de Malte, car il faudrait un volume! On en trouvera l'histoire dans Vertot, Naberat et surtout dans le livre de P. A. Farochon : *Les chevaliers de Malte*. Au nombre des chevaliers tués pendant le siège et appartenant à la langue de France, le vice-amiral de la Gravière cite, Claude de la Vigni-Buley, Simon de Clinchamp-Caudecôte, Baptiste de Mailly, nous pouvons ajouter d'après nos propres renseignements Nicolas de Vion Tessancourt et le chevalier d'Elbène.

Après avoir perdu plus de 35.000 hommes les Turcs remontèrent sur leurs navires, poursuivis par les chevaliers qui se jetaient à la mer pour les atteindre et reprirent, découragés, le chemin de Constantinople, où les attendait la disgrâce. « Je vois bien, dit Soliman avec une rage concentrée, qu'il faudra que j'y aille moi-même, comme je l'ai fait pour Rhodes il y a quarante-trois ans. Mais je vieillis, moi, et ces chevaliers ont le secret de se rajeunir. »

Nous avons dit que Christophle de Mont Gauldry avait succédé, *probablement,* à Claude de la Sangle, en 1553, car nous n'avons pas de certitude à cet égard. De plus il y a le 9 juillet 1554, un bail à ferme pour un an du *vacant,* fait par fᵉ Charles de Angest, commandeur de Sommereux, comme ayant le droit dudit *vacant,* à fᵉ Claude de la Motte, prêtre religieux de l'ordre de Malte, curé du Tilleul-Lambert, au sujet des deux tiers de la grosse dîme de cette paroisse, moyennant 100 livres. Ce bail nous porterait à croire ou que Claude de la Sangle conserva jusqu'à sa mort cette commanderie (1) ou qu'elle fut administrée par un procureur.

(1) Le grand maître possédait dans tous les prieurés une commanderie afin de soutenir convenablement sa dignité. Dans cette circonstance il a pu conserver Renneville jusqu'à sa mort, en 1556. — Ce qui nous ferait accepter cette opinion c'est qu'il mourut le 18 août et que le premier acte de Mont Gauldry est du 10 septembre 1556.

Mais il était certainement nommé en 1556, car le 10 septembre
le procureur de fe Christophe de Mont Gauldry présente au bénéfice de la Chapelle-Martel, vacant par le décès de fe Nicolas Toutain,
fe Jean Artur, prêtre religieux de l'ordre, qui ne fut pas accepté
parce que le 17 mars M. Christophe Eudes avait conféré la dite
chapelle, *vacante d'une certaine manière*, à Jean Viel sur les provisions obtenues par lui du pape Paul IV. A la mort du titulaire
le commandeur présenta le 9 août 1558, fe Claude de la Motte,
prêtre religieux de l'ordre, à cause de la démission pure et simple
de fe Jean Artur, puis le 9 octobre 1564, fe Pierre Josseaulme et
enfin fe Christophe du Chesne. (G 32). Parmi les autres présentations il y a : le 20 décembre 1557, celle de Vincent le Gendre,
à la cure de la Gouberge vacante par résignation de Simon Grente :
le 9 janvier 1558, celle de Jean Cotivel, à la cure du Tilleul-Lambert vacante par la démission de Claude de la Motte : 9 octobre 1564, celle de fe Pierre Josseaulme, à la cure de Tourville
vacante par le décès de fe Claude de la Motte : le 10 février 1576,
celle d'Hector Morel, à la cure du Tilleul-Lambert vacante par le
décès de Jean Cotivel, présentation faite par fe Louis de Mailloc,
commandeur de la Croix-en-Brie et de Saint-Maulier, procureur
de fe Christophe de Mont Gauldry : le 22 mars 1577, celle de
Jacques Vorin, à la cure d'Epréville à cause de la démission de
fe Christophe Duchesne et présentation de ce dernier à la cure de
Tourville, vacante par le décès de fe Pierre Josseaulme, etc.

Dans une administration aussi importante il était difficile d'éviter
les procès, seule ressource pour arrêter les entreprises trop avides.
Ainsi le 20 novembre 1560, le commandeur se vit dans la nécessité
de faire saisir, en sa qualité de patron de l'église de Sacquenville,
les fruits et les revenus de la cure afin de les employer aux réparations pressantes des bâtiments négligées par le curé. Ce pasteur
si peu soigneux était fe Claude de Mailloc, religieux à Bonport, et
qui au mois de mars avait déjà eu certaine difficulté avec le
commandeur, relativement aux dimes. Il s'agissait des novalles,
des dimes de *closage* et *jardinage* que le curé revendiquait pour
lui. Par une transaction on convint que le dit Mailloc renoncerait
à ses prétendus droits et que le commandeur lui laisserait les
vertes dimes.

A la même époque, 26 mars 1560, le cardinal de Guise, abbé
commendataire du Bec-Hellouin, réclamait à fe Christophe de

Mont Gaüldry, qui avait pris fait et cause pour Michaut Legouez et ses autres fermiers de la dîme d'Epréville, trois années d'arrérages de 360 boisseaux d'avoine qu'il avait droit de prendre à cause de son abbaye. La sentence des requêtes du palais de Rouen repousse la demande et dit qu'elle est déraisonnable et tortionnaire. La commanderie devait en effet d'après la transaction de 1199, deux muids et demi d'avoine, c'est-à-dire environ 90 boisseaux à la mesure du Neubourg, ce qui pour les trois années donnait 270 et non 360 boisseaux réclamés par le demandeur. En conséquence la décision du tribunal approuve la résistance des fermiers et condamne le cardinal de Guise aux dépens, dommages et intérêts. (Pièces datées du 26 mars 1560 au 19 février 1561).

Les receveurs du Roi eux-mêmes ne payaient pas toujours exactement; témoin onze pièces de procédure contre Pierre Dufay, receveur ordinaire du roi en la vicomté de Pont-Audemer, pour le sommer de payer à fº Christophe de Mont Gauldry cinq années d'arrérages de rente qu'il avait droit de prendre sur les fiefs et aumônes de la dite vicomté. Ces sommations lui furent faites au mois de juin 1560 par Jean Defftubey, sergent royal.

Le 9 novembre 1561 c'était Pierre du Vaucel, l'aîné, bourgeois d'Évreux qu'une sentence condamnait à payer 300 livres pour la dîme de Sacquenville.

Les commandeurs n'hésitaient quelquefois pas à revendiquer leurs droits contre les évêques eux-mêmes. Ainsi le 10 mars 1563, celui d'Évreux ayant voulu mettre en adjudication, comme le 16 janvier 1558, pour le Tilleul-Lambert, le *déport* de l'église de Tourville, fº Christophe de Mont Gauldry prit fait et cause en faveur de fº Pierre Josseaulme curé de cette paroisse et de Christophe Duchesne, curé d'Epréville, contre l'évêque d'Évreux, Mᵉ Pierre Mohier, chanoine et maître des déports dudit évêché et Mᵉ Jean le Breton, prêtre, vicaire général, archidiacre du Neubourg, en prouvant que l'ordre de Malte était exempt de tous ces droits. C'est pourquoi, le 28 mai 1572, l'official d'Évreux déclara que les cures d'Epréville et de Tourville étaient exemptes du droit de visite et des visites de l'archidiacre du Neubourg, en vertu des privilèges accordés à l'ordre de Saint-Jean de Jérusalem.

Mais ce qui paraîtra plus extraordinaire c'est qu'ils réclamaient également contre leurs bienfaiteurs, ainsi que le prouve un procès entrepris aux assises de Beaumont-le-Roger, entre le commandeur et les comtes d'Harcourt qui demandaient, à son préjudice, la tenure de la maison ou demeurait Laurent Dumontier, à Epréville.

C'est qu'ils considéraient, avant tout, le bien de l'ordre qui avait grand besoin, après le fameux siège de Malte, de ses revenus pour réparer les fortifications, reconstruire les demeures des habitants, en un mot faire disparaître les ruines causées par l'armée musulmane. Dans ce but, Charles XI permit aux hospitaliers de couper tous leurs bois, sans en laisser la vingtième partie pour croître en bois de haute futaie. Grâce à l'activité des commandeurs, Malte se vit bientôt plus forte qu'auparavant et continua de tenir haut et ferme son étendard protecteur sur la Méditerranée.

Cependant les chevaliers n'avaient pas toujours gain de cause dans leurs revendications. Le 21 décembre 1566, à la requête du doyen de N.-D. d'Évreux, d'Étienne Levelu, chanoine prébendé de Sainte-Colombe et de frère Léger Pesset, religieux du prieuré du Parc, curé ou vicaire perpétuel de Sainte-Colombe, décimateurs chacun pour un tiers des dîmes sur le surplus des 120 acres, fᵉ Christophe de Mont Gauldry fut assigné pour dire la raison du refus fait par ses fermiers de payer la dîme. — Pierre Ducy, fermier du commandeur, ayant troublé Jean Chauvin, prêtre, chanoine de N.-D. d'Évreux dans la jouissance de sa dîme, fᵉ de Mont Gauldry dut s'incliner devant les droits du chanoine. Cela était d'autant plus raisonnable que l'année précédente, 21 mai 1568, le même Jean Chauvin, chanoine d'Évreux, prébendé de Bernienville et de Pithienville de concert avec Laurent Damoy, prêtre, curé de Pithienville, croyant avoir droit aux dîmes sur les terres de Brettemare avait renoncé à son entreprise sitôt mis en présence du lieu contentieux.

Citons en terminant quelques baux de ce commandeur : le 14 septembre 1566, bail à ferme de 9 ans à David Valentin Dumontier de Claville, au sujet du manoir seigneurial de Beaulieu moyennant 300 livres, cent boisseaux de blé, deux porcs gras du prix de 60 sols et une douzaine de chapons : le 30 novembre 1567, bail à ferme de six ans à dom Claude de Mailloc, curé de Sacquenville, pour un tiers de grosses dîmes, à Edme Rousseau du second tiers, à Roch Ducy et consors du troisième tiers, moyennant 425 livres, six chapons de ferme et les charges ordinaires : la même année bail à titre de fieffe à Thomas Duvallet d'une maison sise au Neubourg devant le *Pilory* où pendait pour enseigne la

Couronne, moyennant 50 livres, deux chapons et trois **mailles au**
prieur de la Madeleine en cas qu'elles soient dues, etc.

En 1571, le Grand Maître, Pierre de Monté, distribua les principales dignités de l'ordre. Frère François d'Arquembourg-Tour-
ville quitte la dignité d'hospitalier pour prendre le grand prieuré
de Champagne : frère Pierre Pelloquin lui succède à la charge
d'hospitalier, après avoir quitté le bailliage de la Morée, qui
passe par son abdication à frère Guillaume de Malin-le-Lux; ce
dernier se démit de sa charge de grand trésorier, dont frère Christophe le Bouleur de Mont Gauldry (1) est pourvu. Sur les aveux
qui lui sont rendus on lui donne le titre de noble, vénérable,
scientifique et religieuse personne. Il eut également en 1561, la commanderie de Saint-Marc d'Orléans et en 1567 celle de Chantraine,
paroisse de Huppaye-Molembais-Saint-Pierre Brabant (Belgique).

ANTOINE des HAYES d'ESPINAY SAINT-LUC
XVIe Commandeur de Saint-Étienne-de-Renneville (1576-1601)
Grand Trésorier et Grand Croix en 1583.

*Ecartelé au 1e et 4e d'hermine à la fasce de gueules, chargée de
3 boucles d'or, qui est des Hayes; et 2e et 3e d'argent au chevron
d'azur, chargé de 11 besans d'or, qui est d'Espinay.*

Antoine des Hayes d'Espinay Saint-Luc, natif de Saint-Luc au
diocèse d'Évreux, dont sa famille possédait la seigneurie, était fils
de Robert d'Espinay, chevalier, gouverneur d'Évreux et de Chris-
tine d'Ailly de Sains. Il fit ses vœux en 1536, devint commandeur
en 1564 d'Eterpigny (Somme), en 1576 de Saint-Étienne et de
Slype en Belgique, et en 1577 de Chanteraine. On le trouve à
Rhodes lors de la généreuse défense des Chevaliers contre les
Turcs commandés par Soliman, qui s'en rendit maître en 1522.
(Ce ne pouvait être qu'en qualité de page puisqu'il ne fit ses vœux
qu'en 1536, ou bien la Chesnaye des Bois le confond avec un autre).
— Il portait les armes des Hayes, tandis que tous ses frères
portaient le nom et les armes d'Espinay ainsi qu'il appert par tous
les titres de famille et par une procuration par lui donnée devant
les notaires, avec ses frères, pour la tutelle de MM. de Courcy. Il

---

(1) Naberat dit aussi que le Grand Maître le pourvut du bailliage de Lango.
(Hist. de Malte, in-folio, p. 501).

fit ses preuves à Malte et Jean, son frère aîné, fit recevoir les
siennes sous le nom d'Espinay. Nommé commandeur de Saint-
Étienne vers 1576, il fit faire un état du revenu général de la
commanderie par frère Christophe Duchesne, prêtre religieux de
l'ordre, curé de Tourville. Le revenu était de 4.704 livres 9 sols
1 denier.

Jean de la Cassière gouvernait alors l'ordre de Malte. Ce grand
maître éprouva bien des ennuis et en 1581 le conseil lui-même se
souleva contre lui. La révolte venait de trois motifs : le premier
parce qu'il avait défendu aux chevaliers de prendre parti pour
leur nation, le deuxième, parce qu'il avait chassé du bourg et de
la cité de la Valette toutes les filles ou femmes de mauvaise vie et
le troisième parce que des grands croix dévorés d'ambition voyant
que le grand maître, quoique très âgé, jouissait d'une parfaite
santé, craignaient de ne pouvoir lui survivre, et résolurent, par
une déposition et une abdication forcée, de faire vaquer cette
dignité.

Au nombre des quatre principaux chefs de la sédition nous
avons malheureusement à nommer un français natif de notre
département, le commandeur de Mailloc-Sacquenville (1). Le grand
maître étant venu à Rome demander à Grégoire XIII justice contre
ses chevaliers révoltés, le Pape le reçut avec de grandes marques
d'estime. Romegas, qui avait accepté des conjurés le titre de lieutenant du magistère, dut l'abdiquer et en fut tellement saisi de
douleur qu'il tomba évanoui : quelques jours après il mourait.
Ses partisans reçurent l'ordre d'aller se soumettre au grand
maître. Le commandeur de Sacquenville s'étant approché de la
Cassière, et se contentant de lui demander sa main pour la baiser,
le cardinal de Montalte, qui allait devenir Sixte-Quint lui cria :
« A genoux, chevalier rebelle : sans la bonté de votre digne grand
maître, il y a plusieurs jours qu'on vous aurait coupé la tête sur
la place Navone. »

Le premier acte que nous ayons du nouveau commandeur de

(1) Ce Louis de Mailloc reçu, en 1540, blasonnait : *de gueules à 3 maillets
d'argent* et avait eu de nombreuses commanderies : en 1560 celle de Villedieu-
en-Dreugesin ; en 1569, celles de Croix-en-Brie et d'Ivry-le-Temple ; en 1570,
celle de Saint-Maulvis (Somme) ; en 1571, celle de Villedieu-les-Bailleul ;
en 1586, celle de Sagny-le-Sec (Oise) ; en 1587, enfin celles de Mont-de-Soissons
(Aisne) et d'Oisemont (Somme).

Renneville est un bail à ferme de 9 ans, en date du 31 août 1578, à Marguerin Ducy, de Sacquenville, au sujet des terres de Brette- mare, moyennant 200 livres, 560 boisseaux de froment, 50 d'avoine, deux pourceaux gras estimés six livres chacun, deux moutons de 60 sols et douze bons chapons : en 1591, le bail est porté à 400 livres, plus les autres redevances, mais le 26 juin 1593, le fermier demanda une diminution à cause des ravages de la grêle au moment de la moisson : le 6 août 1579, bail à ferme de 6 ans à Me Claude de Mailloc, prêtre, curé de Sacquenville et à Thomas Colombel, pour les grosses dîmes moyennant 450 livres : le mois précédent, juillet 16, il avait renouvelé à David Dumontier le bail de la dîme de Beaulieu pour 110 livres, 20 boisseaux de blé, 12 chapons, etc. : le 1 janvier 1580, bail à ferme de 9 ans, à David et Cotard Portevin, frères, habitant au Tilleul-Lambert, au sujet du manoir clos et des paturages de Dieu-Lacroisse, de 76 acres ¼ de terre, pour la somme de 300 livres, 12 chapons, deux porcs gras estimés deux écus d'or chacun, 4 moutons à 30 sols pièce, une queue de PERREY sans eau, 25 livres de beurre et 48 bois- seaux d'avoine : le 26 novembre 1582, bail à ferme de 9 ans, à Jean Dajoubert, de Claville, pour les terres de Beaulieu (120 acres), moyennant 450 livres, 100 boisseaux de blé, mesure du Neubourg, évalués à 9 sols le boisseau, 30 d'avoine, 2 porcs gras, 2 moutons, 2 queues de poiré et 12 chapons : le 3 décembre 1582, bail de 12 ans pour le fief de Malassis, moyennant 170 livres, 12 chapons et 20 sols au seigneur payés par Cardin Martin : le 5 octobre 1595, bail à Robert Landrin, meunier au hameau de Cresches, paroisse d'Ormes, au sujet de la ferme de la Gouberge (42 acres) pour 175 livres, 2 chapons, 2 poulets et les charges ordinaires, etc.

Le commandeur fut obligé de mettre arrêt sur les denrées soumises à la grande coutume du Neubourg afin de se faire payer de trois années d'arrérages dues par le sieur baron, malgré l'oppo- sition de dame Catherine d'Anebret, sa veuve, tutrice et gardienne des enfants mineurs dudit défunt. Une sentence du 31 janvier 1594 condamna la défenderesse aux dépens et aux intérêts.

Avant de venir aux présentations mentionnons, à la date du 22 avril 1597, une réclamation de Me Louis Lenoble, prêtre, curé de Saint-Meslain, demandant la portion congrue contre le comman- deur de Saint-Étienne, le curé de Tourville et les prieur et reli- gieux de l'abbaye de Saint-Georges de Boscherville, gros

8.

décimateurs de Saint-Meslain. La cour lui adjugea 40 écus de pension par an. D'où suivit un accord entre Me Charles de Balzac, évêque et comte de Noyon, abbé de Saint-Georges et fe Louis Liard, curé de Tourville, à savoir que Me Lenoble, jouirait comme par le passé du bénéfice et que le dit abbé lui donnerait pour le trait de dîme 12 livres : quant au curé de Tourville il paierait à l'équipollent du commandeur de Renneville.

Antoine d'Espinay Saint-Luc fit les présentations suivantes : le 8 aout 1579, celle de Denys Lasnier à la cure du Tilleul-Lambert, vacante par le décès d'Hector Morel : le 23 décembre 1582, suivant la suppression et réduction des jours faite en ce mois par l'autorité de N. S. Père le Pape et du Roi, celle de fe Jacques Vorin à la cure de Tourville, vacante par le décès de fe Christophe Duchesne : le 23 décembre 1582, celle de fe Jean Vimard à la cure d'Epréville, vacante par la démission de fe Jacques Vorin : le 25 décembre 1584, celle de fe Jean Vimard à la Chapelle-Martel, en remplacement de fe Jacques Vorin : le 7 janvier 1586, celle de François le Prévost à la cure du Tilleul-Lambert, vacante par le décès de Christophe Morel : le 18 février 1588, celle de Louis Liard à la cure de la Gouberge, vacante par le décès de Vincent le Gendre : le 19 février et le 2 mars 1596, celle de Guillaume Lair à la chapelle Sainte-Suzanne de Beaulieu, vacante par la mort de son prédécesseur qui la tenait en commende et sans aucun titre. Le commandeur lui fit don des héritages, biens et revenus de la dite chapelle pour en jouir à condition d'assurer le service religieux. C'est pourquoi Guillaume Lair, le 6 juillet 1597, fit un bail à ferme de 6 ans à Eustache Duval, de Claville, de tous les biens de la chapelle moyennant 18 livres, avec charge de faire célébrer le service divin. — Me le Prévost, doyen rural du Neubourg, installa le nouveau chapelain, le 4 mars 1596.

Parmi les membres de la famille des Hayes d'Espinay Saint-Luc qui sont entrés dans l'ordre de Malte citons : Jean des Hayes reçu en 1539; François né à Paris et reçu en 1590, il blasonnait *d'argent au chevron d'azur chargé de 11 besans d'or* (1), tandis que Jean avait les armes de notre commandeur. Un Charles d'Espinay Saint-Luc, chevalier de Malte, commandeur de Harleux, fut tué

(1) La Chesnaye des Bois dit le contraire et attribue à Jean, les armes que Vertot donne à François.

dans un combat contre les Turcs le 15 août 1622, d'après le
P. Anselme, (Tome VII). François, commandeur de Seppois, mort
à Poitiers : Pierre, dit le chevalier de Ligneris, fils de Louis
d'Espinay Saint-Luc, capitaine au régiment du roi, tué au siège
de Troyes en 1681.

ANTOINE de MORNAY-VILLARCEAUX

XVIIᵉ Commandeur de Saint-Étienne-de-Renneville (1602-1609).

Grand Fauconnier du Grand Maître.

*Burelé d'argent et de gueules, au lion de sable brochant sur le tout,
armé, lampassé et couronné d'or.*

Antoine de Mornay-Villarceaux était fils de Nicolas de Mornay
et d'Anne Luillier, dame de Guérard-en-Brie, fille d'honneur de
la reine Catherine de Médicis. Antoinette, fille de son frère aîné,
Louis, épousa Gabriel de Clinchamp, dit *Mainemares*, seigneur de
Bellegarde, lieutenant de la vénerie du roi et sa petite nièce,
Marie de Mornay, mourut en odeur de sainteté en 1664. — Son
neveu Philippe (1), fils de Louis de Mornay, fut reçu chevalier de
Malte en 1621 et mourut tué dans un duel en 1624 : enfin un de
ses arrières-neveux, Philippe, fils de Louis de Mornay, marquis de
Villarceaux entra dans l'ordre le 5 avril 1662; son frère Pierre
devint, en 1666, abbé de Mortemer et mourut en 1672.

Antoine de Mornay entra dans l'ordre de Malte en 1570, sous le
grand maître Pierre de Monté. Mais pris par les Turcs il resta huit
ans en captivité chez eux et dut sa liberté à Jean d'Ambleville et
à Louis de Mornay, ses frères, qui payèrent 2.000 écus pour sa
rançon. Au moment de sa mort, arrivée à Renneville le 1 mai 1609,
ils réclamèrent sa vaisselle d'argent disant qu'elle ne lui appartenait
pas et qu'ils la lui avaient prêtée afin de tenir dignement son rang.
Jacques de Gaillarbois-Marcouville, commandeur de Sommereux,

---

(1) Un auteur indique encore : Jacques de Mornay, chevalier de Rhodes, fils
de Pierre et de Jeanne de Vendôme (1371)? — Roch, chevalier de Malte, fils
de Pierre de Montchevreuil et de Madeleine Allegrin (39 février 1541); Philippe,
fils de Charles et de Madeleine de Lancy, reçu en 1646, tué au passage du Rhin
en 1672. Une de ses sœurs mariée à Philippe de Goudechart eut un fils,
Nicolas, qui fut reçu le 8 mars 1661. (La Chesnaye des Bois).

procureur et receveur du commun trésor de l'ordre, refusa leur demande et un arrêt du Parlement de Rouen lui donna gain de cause (5 juin 1609). — Alors ils exigèrent le remboursement des 2.000 écus versés par eux pour le rachat de leur frère. Un second arrêt du Parlement, basé sur l'article du règlement qui défend de racheter les chevaliers pris à la guerre, donna raison aux Hospitaliers de Saint-Jean (11 mars 1611).

C'est vers 1602 que ce commandeur arriva à Renneville et, ainsi que ses prédécesseurs, il fit faire un procès-verbal de l'état de la commanderie. Comme tous les autres il eut aussi à traiter la question irritante des dîmes. Le fond de Saint-Étienne, aux Archives de l'Eure, contient 22 pièces de procédure au Parlement de Rouen (30 août 1603 au 9 avril 1604), entre fᵉ Antoine de Mornay et Mᵉ Jean Barge, prêtre, curé de Sacquenville, et adjudicataire du déport de la dite cure. Jean Barge avait obtenu ce bénéfice en 1603 par résignation de dom Claude de Mailloc. « Il est remarquable, dit l'auteur du Pouillé G 20, que dans le visat ou collation de cette cure donné à l'évêché, il y est dit, qu'elle a coutume d'être desservie par des prêtres séculiers que le commandeur ne peut forcer de prendre la croix. Jean de Barges n'a jamais eu de présentation pour cette cure de la part du commandeur et en est mort paisible possesseur en 1622. D'après cela il paraît très vrai que cette cure peut être résignée comme les autres, qu'elle est en patronage ecclésiastique et non point unie à l'ordre de Malte pour être remplie des prêtres de l'ordre. » Le nouveau curé voulait s'emparer des grosses dîmes dont jusqu'ici les commandeurs avaient toujours joui et naturellement Antoine de Mornay ne manqua pas de s'opposer à cette prétention. Probablement que le *prétendu curé* de Sacquenville, ainsi que le nomment les pièces du procès, n'ayant pu réussir dans sa tentative voulut essayer si ses trésoriers seraient plus heureux. Ils mirent donc la main sur les dîmes, mais une sentence du 8 mai 1606 déclara que le sieur de Mornay aurait délivrance des dîmes séquestrées et serait maintenu en leur jouissance à l'avenir, au préjudice des dicts trésoriers Jacques Rose et consors qui sont condamnés aux dépens de l'instance.

Antoine de Mornay termina également un procès commencé par son prédécesseur avec les chanoines de la Saussaye, le 18 juin 1582. Les fermiers de la collégiale en effet refusaient de payer 42 boisseaux de blé et 54 d'avoine, dus aux fermiers de la commanderie à la Chapelle-Martel sur la dîme de Bosc-Roger. On mit fin à ce procès par une transaction, le 14 février 1605, en vertu de laquelle le chapitre de Saint-Louis pourrait percevoir la dîme des fruits sur les héritages de la commanderie à Bosc-Roger, à la réserve de la masure et manoir où est assise la dite chapelle, et le chapitre paiera 18 boisseaux de blé et autant d'avoine à fᵉ Louis Liard, curé de Tourville, chapelain de N.-D. Martel.

Enfin, le 21 mars 1606, sur la résignation de Guillaume Lair, M. Deschamps, chanoine official d'Evreux et vicaire général, conféra la chapelle de Beaulieu à Jean Caboche, prêtre du diocèse de Soissons et curé de Saint-Etienne de Chauvigny, diocèse de Meaux. A peine nommé il prétendit avoir des droits sur l'oratoire, aussi bien que sur les revenus de la ferme de Beaulieu. Antoine de Mornay dut porter l'affaire au Parlement de Rouen pour lui prouver que cet oratoire n'était nullement érigé en titre de chapelle, ou de bénéfice. Le 21 juillet 1608, une sentence rendue au palais des requêtes, débouta le dit Caboche de sa demande et le condamna aux dépens.

Outre la commanderie de Renneville, fᵉ Antoine de Mornay Villarceaux possédait, en 1604, celle de Villedieu-la-Montagne.

A sa mort, arrivée, comme nous l'avons dit, le 1ᵉʳ mai 1609, Jacques de Gaillarbois-Marcouville fit un bail à ferme du vacant par décès, 1ᵉʳ mai 1609 au 30 avril 1610, à fᵉ Charles de Clinchamp-Caudecôte, moyennant la somme de 6000 livres, avec charge de payer les gages des officiers, portions congrues des curés ou chapelains de la commanderie, etc. Ce chevalier était de Bazoques (Eure) et blasonnait : *d'argent à 3 fanons de gueules, pendants d'un bâton raccourci de même, mis en fasce.* Au nombre des membres de cette illustre famille entrés dans l'Ordre de Malte, nous avons trouvé : 1º Rauly de Clinchamp, gouverneur du Mont Saint-Michel, vers 1229 ; 2º Marin de Clinchamp de la Buisardière, entré à seize ans, reçu en 1581, commandeur dans le Prieuré d'Aquitaine, puis ayant abandonné l'Ordre, il se maria ?; 3º Simon de Clinchamp, reçu en 1560 et tué au siège de Malte en 1565, à la défense du fort Saint-Elme ; 4º Charles, dont il est ici question, reçu en 1598, commandeur de Sainte-Vaubourg en 1631 et de Troyes en 1642 ; 5º Claude de Clinchamp Caudecôte, reçu le 3 juin 1645, petit-neveu d'Antoine de Mornay ; 6º René de

Clinchamp-Bellegarde, reçu le 20 avril 1668. Le dictionnaire de l'Eure (Charpillon, etc.) ainsi que J. Noulens dans son histoire de la maison de Clinchamp, parlent d'un Jean de Clinchamp qui aurait été commandeur de Sainte-Vaubourg vers 1641 : nous n'avons vu son nom ni dans Vertot, ni dans Mannier. On a dû confondre avec Charles-Jacques qui le fut en 1631. Il en est de même d'un autre Charles que J. Noulens nomme encore commandeur de Sainte-Vaubourg, vers 1578 et qui se serait marié, ce qui était contraire aux vœux faits en entrant dans l'Ordre.

Pendant la vacance, fᶜ Jacques de Gaillarbois présenta fᵉ Pierre le Valois, religieux de l'Ordre de Jérusalem, à la cure du Tilleul Lambert, vacante par la longue absence et fuite du pays de Jean Fourey qui lui avait résigné son bénéfice. La même année, ce religieux céda sa cure à J.-B. Jourdain qui la résigna lui-même à Jacques Devausy en 1614.

La famille de Gaillarbois était originaire de Marcouville-en-Vexin, actuellement réuni à la commune d'Houville, canton de Fleury-sur-Andelle. Elle fournit à l'Ordre de Saint-Jean de Jérusalem de nombreux chevaliers, parmi lesquels nous citerons : Jean de Gaillarbois-Marcouville, reçu en 1530 et qui blasonnait *d'argent à 6 annelets de sable 3. 2 et 1*, commandeur de Sainte-Vaubourg en 1558 et de Sommereux, arrondissement de Beauvais (Oise), en 1578 ; Charles, reçu en 1570 et commandeur de Sainte-Vaubourg en 1593, de Villedieu-les-Bailleul et de Beauvais en Gâtinais (Seine-et-Marne) en 1594, de Villers-le-Temple à deux lieues et demi de Huy (Belgique) et cinq lieues et demi, S-O, de Liège, en 1610, d'Ivry-le-Temple en 1614 ; Jacques, commandeur de Sommereux en 1609 ; Jean, reçu en 1604 ; François-Charles, reçu le 10 mai 1674 ; Charles-François, le 5 janvier 1711 ; Marcou-Louis, le 27 avril 1714 ; enfin Jean-Baptiste, le 9 juillet 1719.

Quoique nous n'ayons pas trouvé dans Vertot la date de réception de Jacques de Gaillarbois-Marcouville, nous n'avons pas hésité à le mentionner, puisque les pièces sont explicites et que Mannier l'indique en 1606 à la commanderie de Sommereux.

GÉDÉON BLONDEL DE JOIGNY-BELLEBRUNE
XVIIIᵉ COMMANDEUR DE SAINT-ÉTIENNE DE RENNEVILLE (1610-1619)
GRAND-CROIX.

Ecartelé au 1 et 4ᵉ de gueules à l'aigle d'argent et au 2ᵉ et 3ᵉ d'argent à 3 aigles de gueules, armés et bequés d'azur qui est de Marle.

Gédéon Blondel de Joigny Bellebrune (1), natif du diocèse de Thérouanne, entra dans l'Ordre de Malte l'an 1569 et fut nommé commandeur d'Ivry-le-Temple en 1594, de Sours au pays Chartrain en 1608, enfin de Saint-Étienne de Renneville en 1610.

Cette famille a fourni deux chevaliers : René de Joigny, du bailliage de Chaumont, reçu le 23 août 1611, et François, son frère, le 14 août 1618. MM. L. Régnier et J. le Bret ont publié une inscription de la chapelle du hameau de Bouleaume, hameau de Lierville (Oise), rappelant une fondation faite par « messire frerre François de Joigny, chevallier de l'Ordre de Saint-Jean de Jérusalem, » suivant contrat passé devant Lefebvre, notaire à Chaumont-en-Vexin, le 1ᵉʳ décembre 1656. François de Joigny était le frère d'Antoine de Joigny, seigneur de Bellebrune, gouverneur de Hesdin, mort en 1658. A cette même date (1658), François gouvernait la commanderie de Saint-Marc d'Orléans (Loiret). Enfin un des parents de Gédéon, du nom de René Blondel de Joigny, dit M. de Bellebrune, devint, en 1612, doyen du chapitre d'Évreux.

En lisant les baux de cette époque on ne peut s'empêcher de

(1) Louise Blondel de Joigny Bellebrune, sa sœur, ayant épousé Jacques d'Estampes, en eut un fils du nom de Henri, en 1603. Il fut reçu de minorité, fit des caravanes dès 15 ans, eut le commandement d'une galère, se signala à la prise de Saint-Maure dans l'Archipel, et de Mahomet en Afrique. Il fut envoyé par le grand maître de Lascaris en qualité d'ambassadeur de l'Ordre à Rome et à Venise. Louis XIII le fit commandant général de l'armée navale, sous Richelieu ; il alla ensuite à l'ambassade extraordinare de Rome, où il demeura 3 ans avec un éclat digne de la grandeur du grand maître. Le roi lui donna les abbayes de Bourgueil et de Champagne, puis pourvu du Grand Prieuré de Champagne en 1670, il eut peu après celui de France. Le reste de sa vie il résida à Malte, parce qu'il espérait succéder au grand maître Cotoner, mais il mourut avant lui le 6 avril 1678. (Gén. de la Chesnaye des Bois).

remarquer la diminution du prix de la livre tournois, puisque les fermages augmentent considérablement. Ainsi Brettemare est loué 800 livres en 1611 et 1.000 livres en 1619, la dîme de Sacquenville 1.000 livres, le moulin d'Epréville 156 livres, etc.

Sacquenville ne cessait de créer des ennuis aux commandeurs. Après les dîmes vinrent les droits honorifiques dans l'église. Louis le Doyen, seigneur d'Ablon et de Sacquenville, Gabriel de Limoges, seigneur de Renneville, à cause de sa femme, également seigneur de Sacquenville, prétendirent avoir l'eau bénite et l'encens avant le commandeur de Saint-Étienne. Un arrêt du Parlement de Rouen, en date du 4 décembre 1615, maintint Gédéon de Joigny dans tous ses droits, en sa qualité de patron de l'église.

Constance de Litolphi, écuyer, gouverneur pour le roi des ville et château de Conches, ayant acheté d'Alexandre de Vieuxpont, baron du Neubourg, le 20 janvier 1610, la seigneurie de Feuguerolles moyennant 36.000 livres, le commandeur lui fournit le dénombrement du fief de Malassis mouvant de cette terre avec charge de 10 sols, deux éperons dorés ou 20 sols. Le 29 août 1617, fᵉ Gédéon lui fit un bail à ferme de ce fief pour 200 livres de rente, avec décharge des deux éperons, tant qu'il serait commandeur de Saint-Étienne de Renneville. Ce seigneur avait de singulières prétentions, paraît-il! On assure qu'il faisait remonter sa généalogie jusqu'à Virgile, parce qu'il se nommait Constance-Litolphi-Maronis!!! Un de ses fils devint évêque de Bazas.

Gédéon de Joigny ne fit que deux présentations : celle de Pierre le Valloys à la cure de la Gouberge, vacante par le décès d'Antoine du Bois qui, ayant résigné son bénéfice avant de mourir à Pierre le Hestre, empêcha l'effet de cette présentation (11 septembre 1617), comme cela s'était produit le 23 septembre 1610, lorsqu'il avait été présenté pour la cure du Tilleul Lambert.

Ce commandeur mourut à Renneville et fut inhumé dans la chapelle (1). Sa pierre tombale avait 2ᵐ 42 de haut sur 1ᵐ 21 de large et portait l'inscription suivante :

(1) Dans l'inventaire fait le 28 juin 1664 on signale « une chasuble de damas blanc, aux armes de fᵉ Joigny de Bellebrune. »

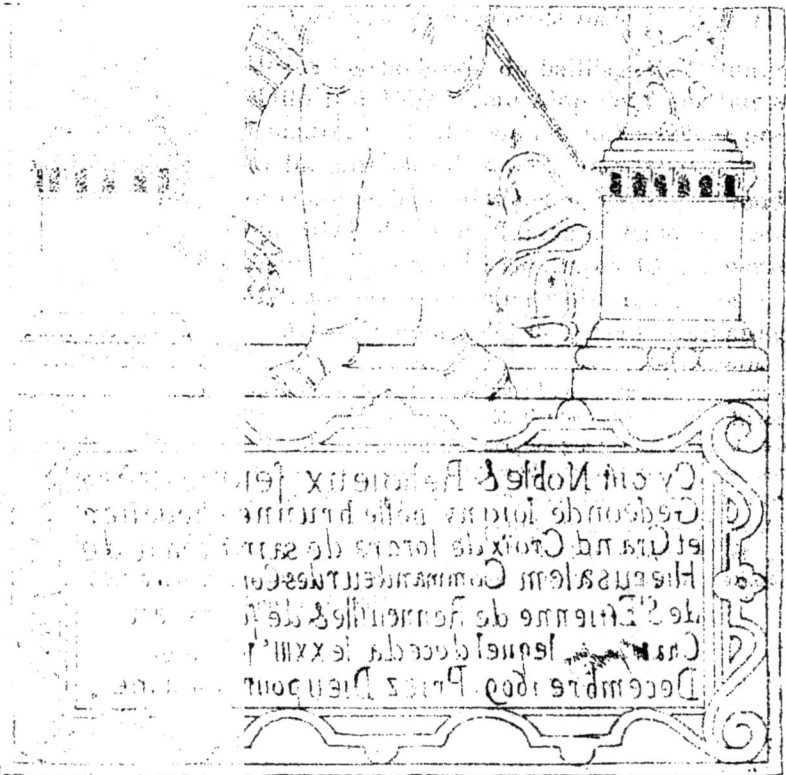

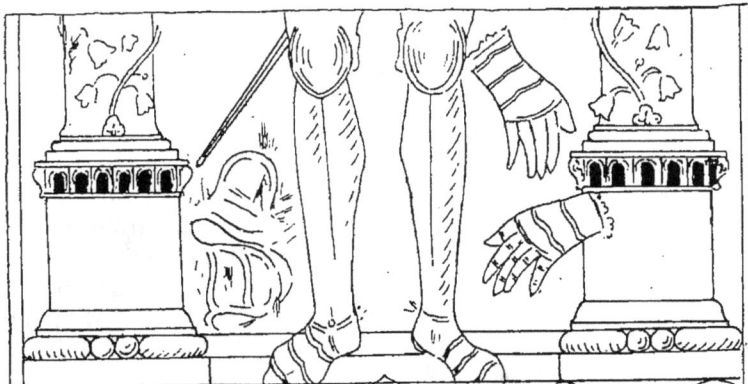

Cy gist Noble & Religieux seigneur frere
Gedeonde Joigny belle brunne chevalier
et Grand Croix de lordre de sainct Jehan de
Hierusalem Commandeurdes Commanderies
de S.t Estienne de Renneuille & de fours en
Chau............... lequel deceda le XXIII.e Jo.r de.
Decembre 1609. Priez Dieu pour son ame.

Ci gist Noble et Religieux seigneur frère
Gédéon de Joigny Bellebrune, chevalier
Et grand croix de l'Ordre de Saint-Jean de
Hiérusalem, commandeur de la commanderie
De Saint-Estienne de Renneville et de Sours en
Chartrein, lequel décida le xxɪɪɪ jour de
Décembre 1619. Priez Dieu pour son âme.

« Le chevalier était représenté les mains jointes, l'épée au côté. La dalle était de pierre avec incrustations de marbre blanc pour la tête et les mains. Elle sert maintenant de couronnement aux piliers de l'entrée du pensionnat de Mᵉ Billiard-Lugnier au Neubourg. L'inscription en minuscules ordinaires était renfermée dans un cartouche au bas de la dalle (1). »

GUILLAUME ᴅᴇ MEAUX BOISBOUDRAN
XIXᵉ Commandeur de Saint-Étienne de Renneville (1619-1630)
Grand-Croix — Trésorier général en 1623
Grand Prieur de France (1630).

D'argent à cinq couronnes d'épine de sable 2, 2 et 1.

Guillaume de Meaux Boisboudran, du bailliage de Melun, entra dans l'Ordre de Malte l'an 1579. Frère Alop de Vignacour ayant été nommé grand maître, le choisit comme ambassadeur près du roi de France pour lui faire part de son élection (1601).

En 1603, il était commandeur de Boncourt (Aisne), arrondissement de Laon, en 1619 de Saint-Etienne, trésorier général en 1623, grand Prieur de France en 1630 (2), en 1644 général des Galères, etc. C'est à cette occasion qu'il se distingua, ainsi que le raconte Vertot : « Action mémorable du général Guillaume de

(1) Les pierres tombales du département de l'Eure recueillies et dessinées par M. L.-T. Corde 1868. — La tête est chez M. l'abbé Lenormand à Evreux.

(2) Les Archives Nationales possèdent un magnifique volume, grand in-folio, qui est l'inventaire de titres concernant le Grand Prieuré de France, fait sur l'ordre de fᵒ Guillaume de Meaux Boisboudran, sous la conduite et direction de fᵉ Jean Hac, commandeur de Bourgoult (Eure), commencé le 1ᵉʳ août 1632. — Les armes du Grand Prieur sont sur les plats dont les coins ont été garnis de cuivre de deux centimètres de relief, ainsi que la rosace du milieu. Les feuilles sont en parchemin (S. 5544).

9.

Meaux Boisboudran qui s'expose à être enveloppé par huit galères
de corsaires, plutôt que d'en abandonner une de la religion, qui
ayant une chiourme faible, n'avait pu le suivre. La saison étant
encore favorable pour tenir la mer, le grand maître renvoya les
galères en course. Le 28 de septembre 1644, les chevaliers décou-
vrirent à 70 milles de Rhodes un vaisseau sous le vent qui n'était
éloigné que de 4000. La *Capitane* s'en étant trouvée la plus proche, commença par lui donner la chasse : le *Saint-Jean* et le
Saint-Joseph le joignirent bientôt : et voyant qu'il se préparait à
une vigoureuse défense et qu'il faisait un grand feu avec son
canon et sa mousqueterie, les chevaliers l'abordent, l'arrêtent
avec leurs grapins et le sabre à la main, forcent les infidèles à
mettre les armes bas et à se rendre. — Trois autres galères, à
savoir le *Saint-Laurent*, commandé par Raphaël Cotoner, la
Sainte-Marie, par le chevalier de Piencourt (1) et la *Victoire*, par
le chevalier Noël de Villegagnon Champforest, rencontrent un
grand galion, qui pour attirer les chevaliers dissimule ses forces
et ne laisse point paraître son artillerie. — La *Sainte-Marie* qui
avait sa chiourme en meilleur état, eut bientôt précédé les deux
autres; et sans considérer la disproportion d'une seule galère
contre un si grand vaisseau, le chevalier de Piancour qui la com-
mandait, fut droit à l'abordage. Les autres galères s'avancent à
son secours. Après un combat de sept heures, les infidèles qui
avaient vu tuer leur capitaine et leurs principaux officiers, se
rendirent. La religion y perdit neuf chevaliers : Boisboudran, le
général; Piancour, capitaine de la *Sainte-Marie*, etc. Il y en eut
un bien plus grand nombre de blessés. Les Turcs perdirent six
cents hommes et on fit sur eux un grand nombre de prisonniers;
entr'autres une dame du Serrail, qui par dévotion s'en allait à la
Mecque avec un jeune enfant, qu'on disait fils du grand seigneur
Ibrahim et qui entra depuis dans l'Ordre de Saint-Dominique, où
il porta le nom de Père Ottoman. Le butin fut d'un grand prix et
servit à dédommager le commun trésor des dépenses que la religion faisait pour ces armements. » (Tome V, p. 164).

Après la mort de Gédéon de Bellebrune, Claude de Ravenel

(1) Ce chevalier était de Piencourt, dans l'Eure. Il fut reçu le 30 mai 1612 et
portait : *de sable à 3 mains droites apaumées d'or*. Il se nommait Louis de
Baudry Piencourt.

Sablonières, commandeur de Piéton et de Laon avait fait un bail
à ferme du *vacant* à fᵉ Jean le Comte de Nonant au prix de
7800 livres avec les charges stipulées au contrat. Ce chevalier
était du diocèse de Lisieux (1). Reçu en 1598, il blasonnait *d'azur
au chevron d'or, accompagné en pointe de 3 besans mal rangés d'or.*
— Une famille de ce nom, portant les mêmes armes, habitait au
xviᵉ siècle Amfreville-sur-Iton, et au xviiᵉ le château de Bouffey
près Bernay.

Nous ne citerons des actes de Guillaume Boisboudran qu'une
réclamation faite par lui, le 21 avril 1625, à l'archidiacre d'Evreux
qui venait de mettre en adjudication le *déport* de la cure d'Epréville. Le motif était que les curés de cette paroisse portant sur
leur habit la Croix de l'Ordre, n'étaient soumis à aucun déport.
Ceci se passait après le décès de fᵉ Richard Dolle, auquel succéda
fᵉ Mathieu Chevalier, prêtre religieux, présenté par le commandeur.

Pendant la vacance de la commanderie le procureur du trésorier du Grand Prieuré de France avait présenté Pierre Valois à la
cure de Sacquenville, vacante par le décès de Jean de Barge (1622).

Avant de terminer ce qui regarde le valeureux Boisboudran,
citons un passage d'un inventaire de 1664, qui montre sa générosité pour le culte divin : « Dans l'église du Temple on mentionne plusieurs armoires remplies de jeux d'orgues mises par
M. le commandeur de Boisboudran, lesquelles servent toutes les
bonnes festes de l'année et les jeudis à la messe du Saint-Sacrement et sont servies par un organiste qu'il nous a dit estre entre-
tenu aux dépens dudit seigneur Révérend Grand Prieur. — Il y
avait aussi un bénitier d'argent aux armes dudit feu seigneur
Grand Prieur de Boisboudran. » (S. 5561 Arch. Nat.)

JEAN-FRANÇOIS DE VION TESSENCOURT
XXᵉ COMMANDEUR DE SAINT-ÉTIENNE DE RENNEVILLE (1630-1649)
GRAND CROIX — GRAND PRIEUR DE CHAMPAGNE (1631)
GRAND HOSPITALIER (1637).

De gueules à 3 aigles d'argent.

Jean-François de Vion Tessencourt, reçu chevalier de Malte

(1) Bernay était alors du diocèse de Lisieux.

en 1594, était du diocèse de Rouen, selon Vertot. Sa famille, originaire de l'Artois, vint s'établir à la fin du xve siècle dans l'ancien comté de Meulan où elle possédait les seigneuries de Gaillon, des Mureaux, de Tessencourt, de Vaux, de Puiseux, de Bêcheville, d'Hérouval, d'Oinville, de Gaillonnet, de la Barre en la châtellenie de Poissy, de Grosrouvres, de Maisoncelles, de Resle, etc. « Il semble, dit Emile Réaux (1), que c'était un vœu dans cette famille de consacrer à chaque génération l'un de ses membres au service de la chrétienté. — A la défense de Rhodes, en 1522, le chevalier Nicolas de Vion, surnommé depuis *bras-de-fer*, eut un bras coupé par les Turcs en disputant un étendard aux infidèles. Au siège de Malte, en 1565, pendant que quatre de ses frères servaient sous les drapeaux de la France, et que, successivement, tous quatre y trouvaient la mort, un autre, Nicolas de Vion, chevalier de Saint-Jean de Jérusalem, était tué en défendant le fort Saint-Elme (2). Jeté par la tempête, le 7 avril 1606, sur le rivage des Zimbres, Jérôme de Vion, chevalier de l'Ordre de Malte, ne voulut pas se rembarquer avant d'avoir prodigué ses soins à plusieurs chevaliers blessés par les Turcs; il fut capturé et vraisemblablement massacré. Au mois de juin 1638, Denis de Vion (3), cité comme l'un des plus braves chevaliers de l'Ordre, était tué à la prise d'un convoi et de trois gros vaisseaux commandés par Ibrahim-Rais, rénégat de Marseille; huit jours après, son frère, Charles-François de Vion se faisait recevoir chevalier de l'Ordre de Malte et, à son tour, trouvait la mort dans une descente que les troupes de la Religion firent en 1657 aux abords des Dardanelles. — Ayant été à la peine, il était juste que les chevaliers de Vion fussent aussi à l'honneur. Plusieurs ont été commandeurs; d'autres sont parvenus aux premières dignités de l'Ordre et, parmi ceux-ci, deux furent promus grand'croix; l'un, celui dont nous nous occupons ici, Jean-François, et l'autre, Paul de Vion de Gaillon, qui devint Grand Prieur d'Aquitaine, 13e dignité de l'Ordre. — Louis de Vion fut commandeur de

(1) Histoire du comté de Meulan, p. 52.
(2) Un auteur prétend que c'est le même Nicolas de Rhodes. (La Chesnaye des Bois).
(3) Il était fils de Denis de Vion et d'Hélène de Villiers et fut reçu le 2 septembre 1630. — Dans le combat où il périt la religion avait pris 20 vaisseaux **chargés d'un riche butin et fait 312 esclaves.**

Saint-Denis en France, et mourut le 7 avril 1641. Paul de Vion de Gaillon (1), né le 11 juin 1687 et reçu page du Grand-Maître de Malte, par bulle du 30 mai 1699, fut successivement nommé chevalier de l'Ordre, puis major de la ville de Malte et pourvu des commanderies de Villedieu, de Coulours et de Fieffes. Il devint Grand Prieur d'Aquitaine en 1767 et mourut le 24 mai 1770. — A la même époque, Charles de Vion (2), reçu chevalier le 22 mars 1753, devenait capitaine des galères de Malte et commandeur de Loison en 1774. — Le dernier des chevaliers de Saint-Jean appartenant à la maison de Vion, fut messire Isidore-Louis de Gaillon. Né le 19 février 1778 et reçu chevalier de minorité le 9 mai suivant, il fut tué au siège de Dantzig le 7 mai 1807. »

Quant à Jean-François il était né le 15 mai 1580 de François de Vion de Tessancourt, l'un des 100 gentilshommes de la maison du roi et de Pernille de Joigny dit Blondel de Bellebrune. Afin d'être reçu chevalier il fit ses preuves de noblesse au château de Tessancourt devant Georges de Sailly et Guillaume de la Rivière, le 5 septembre 1594. Dans la suite il commanda les galères et devint successivement commandeur de Puisieux en France, de Sours, de Saint-Étienne-de-Renneville, de Piéton-en-Hainaut, grand-croix, Grand Prieur de Champagne, enfin grand Hospitalier, cinquième dignité de l'ordre de Malte. Il mourut à Malte le 10 octobre 1649, âgé de 70 ans et fut inhumé dans l'église de Saint-Jean où l'on voit son épitaphe en latin. Il avait fondé, pour les chevaliers de sa famille et de son nom, un hôtel dont ont joui les membres de la maison de Gaillon, devenus les aînés, jusqu'à la dispersion de l'ordre par suite de l'occupation de l'île de Malte par les Anglais.

En ce qui concerne son administration à Renneville nous avons trouvé un bail général de tous les biens de la Commanderie à Siméon Picot de Bray, pour la somme de 12.900 livres par an, outre les charges stipulées au contrat. Cette augmentation du

(1) Fils de Jean, seigneur de Gaillon et de Marie-Françoise du Mesnil-Jourdain, né le 11 juin 1687, reçu le 28 septembre 1700. — Citons encore Charles, né le 25 février 1639, fils d'Henri de Vion et d'Anne de Barville, reçu au Temple, à Paris, le 12 juin 1655; Pierre, fils de Jacques, seigneur de Gaillon et de Marie de Forest, reçu à Paris, le 5 septembre 1594, mort le 17 janvier 1614.

(2) Né le 30 mai 1732 de Jean-Philippe-François, marquis de Gaillon et de Tessancourt et de Marie-Catherine de Gers.

revenu s'explique par la diminution de la livre tournois qui, d'une valeur de 50 francs de notre monnaie en 1370, descend à 1 fr. au moment de la Révolution. Les baux particuliers suivent la même progression : Brettemare, le 4 mai 1630, est loué 2.100 livres; le 22 mai 1639, 2.350 livres; le 28 janvier 1646, 2.650 livres : les Mesnil-Fouquoin, 12 avril 1630, (premier acte du commandeur Vion) 540 livres : Beaulieu, 7 octobre 1641, 941 livres, etc. Quelques uns de ces baux sont faits par Mᵉ Antoine Lemor de la Marche, receveur général et procureur de fᶜ de Vion-Tessancourt.

Au nombre des procès entrepris par lui nous citerons, en 1631, celui qu'il eut avec l'évêque d'Évreux, François de Péricard, qui voulait faire visiter les églises du Tilleul-Lambert et de Tourneville par son archidiacre et percevoir le *déport*. A l'instar de ses prédécesseurs fᵉ Vion opposa les privilèges de l'ordre. Cependant après de nombreux débats les deux partis transigèrent. On reconnut à l'évêque le droit de visite et le commandeur fut exempt du droit de déport. — Une autre difficulté vint du seigneur de Feuguerolles auquel Gédéon de Joigny avait loué le fief de Malassis. Le fermier de cette seigneurie, Pierre le Bigre, profitant de la mort de Constance de Litolphi refusait de payer, ce à quoi il fut condamné par sentence du 3 juin 1631, sauf son recours sur la dame des Vallées, veuve du seigneur de Feuguerolles, et décharge des 200 livres de rente qui seront soldés à l'avenir par la dite dame et par son fils Roger de Litolphi, suivant bail passé le 21 septembre de la même année à la Vicomté d'Évreux. — Citons encore, le 19 août 1648, un arrêt du Parlement de Rouen entre fᵉ Vion et M. Arnould de Mallagny, abbé de la Noe et Mᵉ Nicolas Brevet, prêtre, curé de Tournedos, en vertu duquel le commandeur est maintenu en l'exemption de la dîme du domaine non fieffé de son fief de Beaulieu, nonobstant la possession prétendue par les partis de *plus de cent ans*.

Le 23 juin 1643, fᵉ Vion acheta de Richard Legouez, demeurant à Évreux, une pièce de terre sise à Sainte-Colombe. Si nous notons ce fait c'est parce que dans l'acte de vente on lui donne le titre de Grand Prieur de Champagne. Cette dignité lui fut conférée par bulle de frère Alof de Vignacourt, 9 novembre 1621, grand Maître de Malte, portant privilège par lui donné en faveur de frère de Vion Tessancourt, chevalier dudit ordre, commandeur de Sours et depuis de Saint-Étienne, pour parvenir aux grades de l'ordre, en considération de ce qu'il avait bien et vaillamment commandé la galère capitane de Saint-Étienne pendant deux ans.

Voici en terminant les présentations faites par ce commandeur : le 24 octobre 1630, celle de Pierre Adam, prêtre du diocèse de Rouen, à la cure du Tilleul-Lambert, vacante par le décès de Jean de Livet : le 31 août 1641, celle de François Fouenard à la cure de Sacquenville, vacante par le décès de Pierre Valois : le 16 juin 1642, celle de Louis Bourgeois à la cure de Tourville, vacante par le décès de Louis Liard et le 13 août 1646, celle de fᵒ Henri de Rosuel à la cure d'Epréville, vacante par le décès de fᵒ Mathieu Chevalier qui la résigna le 15 novembre à Théodore Postelet, prêtre du diocèse.

JEAN DE CALLONNE-COURTEBONNE

XXIᵉ COMMANDEUR DE SAINT-ETIENNE-DE-RENNEVILLE (1650-1660)

GRAND PRIEUR DE FRANCE.

D'argent à l'aigle de sable, membré et béqué de gueules.

La famille Callonne-Courtebonne était originaire du diocèse de Boulogne et a fourni à l'ordre de Malte plusieurs chevaliers, parmi lesquels nous citerons : 1º François, commandeur de Slype (Belgique) en 1638 ; — 2º Gabriel, reçu le 19 janvier 1675, commandeur de Villedieu-les-Bailleul (Orne) en 1717, capitaine d'une des galères du roi et capitaine des gardes de l'Etendard, mort en 1730 ; — 3º Guillaume, fils de Messire de Callonne, chevalier, marquis de Courtebonne, lieutenant pour le roi en la ville de Calais, et de dame Anne de Charluds et fut baptisé dans la ville de Calais, le 10 septembre 1662. Parmi les commissaires pour la preuve de noblesse, 16 janvier 1679, on trouve Albert de Roncherolles, commandeur de Chanu (Eure) (Arch. Nat. M 619). Il fut reçu le 2 janvier 1680. — 4º Jean Gabriel, reçu le 13 mars 1697 ; — 5º Gabriel reçu en 1699, commandeur de Fontaine-sous-Montdidier en 1726 ; — 6º Jean François, reçu le 14 juillet 1700 ; — 7º Charles Jean, né le 13 juillet 1756 et reçu le 14 février 1757, commandeur du Mont-de-Soissons et de Maupas en 1787, etc.

Jean de Callonne-Courtebonne, dont nous avons à nous occuper ici, devint chevalier de Malte en 1604 : il est par conséquent le premier de la famille dont Vertot nous ait conservé le nom dans ses preuves de noblesse.

Avant son arrivée à Renneville et après le décès de f^e de Vion de Tessencourt il s'éleva une difficulté au sujet de la succession de ce commandeur. François Alexandre d'Elbène, alors commandeur de Villedieu-les-Bailleul, procureur et receveur général du Grand Prieuré de France et en cette qualité héritier *au péculé du défunt* eut gain de cause contre Philippe d'Amonville, sieur de Fumesson, qui réclamait 8,000 livres de la dite succession, pour ses travaux et ses peines.

Dès le 23 mai 1651 f^e Jean de Callonne-Courtebonne procède contre Christophe Moteau, fermier de Brettemare, pour le forcer à payer le montant de son fermage.

Une autre difficulté s'éleva du fait de Nicolas le Cordier (1), VIe du nom, seigneur du Tronc. Après une saisie féodale du presbytère de Tourville, il avait fait peindre, pendant la nuit, autour de l'église de cette paroisse, une litre funèbre (2) à ses armes. Le commandeur en sa qualité non contestable de patron, protesta. La sentence du Parlement de Rouen maintient Nicolas le Cordier dans ses droits honoraires mais ordonne de placer dans l'église pour f^e Jean de Callonne Courtebonne un banc du côté de l'évangile, un autre du côté de l'épître pour le marquis de la Londe ; ordonne que le commandeur et ses successeurs auront les premiers honneurs pour l'offrande, le pain bénit, l'eau bénite, l'encens, etc ; déclare le curé exempt de fournir aveu et à l'égard de la petite masure joignant le cimetière ordonne qu'elle sera rendue par le Seigneur du Tronc, pour être le logement du prêtre qui y tiendra école, suivant l'usage.

Quant à la question des dîmes, malgré les privilèges certains de

---

(1) Il blasonnait : d'azur à la bande d'or chargée de 5 losanges de gueules accompagnée de 2 étoiles d'or, l'une en chef l'autre en pointe. — Dans l'église de la Pyle on voit au milieu du chœur une dalle en pierre qui est celle de Gilles le Cordier fils de Nicolas et de damoiselle Marie de Rousset.

(2) La litre était une ceinture noire faisant le tour de l'église à l'intérieur et à l'extérieur, semblable à nos tentures pour les inhumations mais moins large. A la place du chiffre, mis de distance en distance, le seigneur faisait peindre ses armes. Quelques églises ont conservé ces litres funèbres.

l'Ordre, elle était toujours une source inépuisable de procès. Deux nouvelles décisions du Parlement de Rouen vinrent affirmer de nouveau les droits indiscutables de f^e Callonne : l'une du 20 novembre 1652 contre le fermier de l'abbaye de Ste-Vaudrille, l'autre du 20 août 1653 contre Guillaume de Longueuil, abbé commandataire de l'abbaye de Conches, pour les terres de la Puthenaye. — Quelques années après (17 janvier 1658 et 27 janvier 1659) la Cour des Aides de Normandie déclarait la Commanderie exempte de la taille, contre les collecteurs qui avaient imposé le commandeur à 100 livres, pour ses possessions de Claville et Beaulieu. En 1652 la ferme de Beaulieu était louée à Jacques Dufour Longuerue, chevalier de l'ordre de Malte, natif de Saint-Etienne-Lallier (Eure). Sa famille possédait en effet les seigneuries du Cable, de la Fosse-Eury, du Vièvre, etc. Reçu le 21 janvier 1627 il blasonnait : *d'azur à 3 croissants d'or et une étoile de même en cœur*.

Frère Jean de Callonne Courtebonne ne fit qu'une seule présentation, celle de David Buffet à la cure du Tilleul Lambert, vacante par le décès d'Etienne Bonnel, prêtre religieux du même ordre.

GILBERT D'ELBÈNE

XXIIe COMMANDEUR DE ST-ETIENNE-DE-RENNEVILLE (1660-1674)

GRAND CROIX, BAILLY DE LA MORÉE, GÉNÉRAL DES GALÈRES

AMBASSADEUR DE L'ORDRE DE MALTE A ROME.

D'azur à deux bâtons fleurdelysés, enracinés et passés en sautoir d'argent.

Cette famille, dont le nom s'écrit Elbenne, Delbenne ou del Benne, était originaire de Florence ou l'on retrouve encore aujourd'hui des nobles de ce nom. Le R. P. de Goussencourt dans son martyrologe des chevaliers de Malte nous dit que f^e Nicolas d'Elbène, florentin, fut le premier tué au siège de Malte l'an 1565. Vertot en racontant ce fait dit : « Le maréchal Copier tua plus de 1500 hommes aux Turcs, sans y en avoir perdu plus de 80, parmi lesquels on regretta surtout le chevalier d'Elbène, d'une illustre maison de Florence, qui après s'être signalé dans ces combats particuliers, fut tué d'un coup de mousquet (1). »

Quant à Gilbert, dont nous nous occupons ici, il était fils de Pierre et d'Anne d'Elbène sa parente. Il avait un frère du nom d'Alexandre François qui en 1634 était commandeur de Villedieu-les-Bailleul, commandeur de Coulommiers, receveur général au Grand Prieuré de France et qui mourut en 1654. — Un Jacques d'Elbène, fils de Pierre et de Bartholomea Corsini devint également chevalier de Malte et pannetier du roi, après son frère.

Gilbert d'Elbène entra dans l'ordre de Malte le 1er mai 1613. En 1660 il est choisi pour faire partie des vocaux qui devaient élire un nouveau Grand Maître : « en 1666 le commandeur d'Elbenne, général des Galères, se rend à Barcelone pour escorter l'impératrice qui allait se rendre auprès de l'empereur, qui ne l'avait encore épousée que par procuration. Cette princesse après avoir débarqué à Final, écrivit une lettre très obligeante au grand-maître, pour le remercier des offices qu'elle avait reçus du général des galères (2). » Par sa valeur il parvint aux premières dignités de l'Ordre et posséda les commanderies de Saint-Etienne-de-Renneville, de Sours (Eure-et-Loir), de Boux et Merlan (Ardennes), d'Ouarville et de Villedieu-sous-Grandvilliers.

Lorsque ce commandeur prit possession de Saint-Etienne-de-Renneville il était pourvu de toutes les dignités, comme le prouve un bail à ferme, fait le 10 mars 1660, par fe Louis le Bourgeois, prêtre de l'Ordre, curé prieur de Tourneville, au nom et comme procureur de fe Gilbert d'Elbène, bailly, grand croix et ambassadeur de l'Ordre à Rome, *baron* et commandeur de Saint-Etienne, etc., à Jean le Clerc de la paroisse de Claville pour la ferme de Beaulieu, moyennant 1400 livres tournois, charges, etc. — En 1666 il renouvela les baux de plusieurs membres. Le 18 octobre celui de la Gouberge pour 460 livres : le 25 octobre celui de Brettemare, Rublemont et Tourneville à Jean d'Iosne, marchand drapier d'Evreux, pour 2500 livres tournois : celui d'Epréville le 24 juillet 1670 moyennant 1700 livres, 240 boisseaux d'avoine et 96 de blé ; celui du fief du Pommerest le 13 juin 1673 pour 250 l. ; enfin le 19 mai 1677 quatre vingts acres de terre pour 658 livres.

(1) Vertot, tome iv, p. 375.
(2) Vertot, tome iv, p. 206.

Les procès sont relativement peu nombreux. Nous avons cependant trouvé le 22 juin 1672 un arrêt de la chambre des comptes de Normandie sur requête à elle présentée par f⁰ Gilbert d'Elbène, portant main levée de la saisie féodale faite sur la terre et seigneurie de Renneville, assise en la paroisse de N.-D. de la Couture, relevant du dit seigneur roi à cause de la vicomté d'Orbec et de Bernay, faute de foi et hommage, attendu que ledit seigneur et commandeur a justifié que le roi en avait dispensé pour toujours les hospitaliers. — Le 22 novembre 1672 c'est un exploit de saisie à la requête de Noël Mahiet, syndic et collecteur de la somme de 5,000 livres que le Parlement de Rouen avait ordonné de lever, le 4 juin 1672, sur les habitants de la paroisse d'Ormes pour être employés à la réédification de l'église, incendiée par le feu du ciel. Cette saisie était pour avoir la somme de 43 livres tournois 6 sols, à laquelle le commandeur avait été taxé.

Au point de vue des droits honorifiques nous trouvons, le 14 octobre 1666, une pièce très intéressante. C'est une reconnaissance de Jacques de Nollent, écuyer, seigneur de Couillarville, confessant que le banc placé dans le chœur de la Gouberge, sur lequel sont les armes de sa maison, n'y est que par tolérance de M. le Commandeur, seigneur spirituel et temporel de la dite paroisse et que ce banc ne pourra jamais rien prouver en faveur dudit de Nollent ou de ses descendants. L'acte est passé devant Me Noël Dumouchel, tabellion royal au Neubourg et Claude Poullain, cy-devant tabellion, pris pour adjoint, en présence de f⁰ Louis le Bourgeois, curé de Tourville et Me Michel Queville de la Gouberge.

Gilbert d'Elbène présenta à cette cure, le 18 janvier 1662, Michel Queville, à cause du décès de Georges le Naistre : il présenta également à la cure de Sacquenville Pierre Aufray qui le 27 mars 1668 obtint absolution sur le défaut de l'œil du canon dont il était privé. (Arch. de l'Eure, G 31). Le 21 mars 1676 Me Nicolas Duvaucel conféra la chapelle Sainte-Suzanne à Christophe le Doulx, prêtre, à cause du décès de Jean Caboche.

GABRIEL DAUVET des MARETS

XXIIIᵉ Commandeur de Saint-Etienne-de-Renneville (1674-1691),

Grand Prieur d'Aquitaine.

Bandé de gueules et d'argent, chargé d'un lion de sable.

La famille Dauvet, ou d'Avet selon Vertot, était du diocèse de
Sens. Parmi ceux de ses membres qui entrèrent dans l'ordre de
Malte, la Chesnaye des Bois cite : Claude des Marets, reçu en 1595,
commandeur d'Ivry et capitaine des galères, il était fils de Pierre
Dauvet et de Marthe de Rouvray-Saint-Simon : Gabriel, dont nous
parlerons et Louis son frère, devenu également commandeur :
François, reçu le 17 janvier 1664, commandeur de Saint-Jean de
Latran, bailly, grand croix et grand trésorier de l'Ordre, comman-
deur d'Oisemont en Picardie, mort en l'hôtel des Marets à Paris
le 28 juin 1742, âgé de 85 ans; il était fils de Pierre Dauvet et de
Louise Marie de Mion.

Gabriel Dauvet des Marets naquit de Gaspard des Marets et d'Eli-
sabeth Brulart; il fut reçu dans l'ordre le 14 mai 1619. Devenu
grand prieur d'Aquitaine, il fit bâtir le portail du grand prieuré
à Poitiers.

C'est en son nom que le 28 novembre 1678 Jacques Jouye fit un
bail de 6 ans pour la ferme de Brettemare à Jean la Biche, maître
de l'hôtellerie du Lion d'Or à Evreux et à Jean de Saint-Amand,
maître de l'hôtellerie de l'Ecu d'Or. Le 11 décembre de la même
année il y eut une descente de justice de Messieurs les Officiers
des Eaux et Forêts de Normandie à la Table de Marbre du palais
de Rouen, dans les bois de la terre de Brettemare pour y constater
les dégradations que Jean Diosne y avait fait au préjudice de son
bail, portant qu'il ne couperait que 6 acres de bois taillis par an
et pour constater qu'il en avait coupé plus de trente! Cette affaire
se termina par un accord, le 8 mars 1681, en vertu duquel le
commandeur abandonna sa plainte et tint quitte son fermier de
550 livres à cause des dégâts produits par la grêle.

Parmi les autres baux de ce commandeur, citons encore : le
18 avril 1681 celui de la ferme de Beaulieu pour 1,300 livres : le
9 novembre, celui de la Gouberge renouvelé à Philippe Tessencourt, moyennant 550 livres et deux chapons: le 22 novembre
1688, celui d'une pièce de terre nommée les *fosses Grougnet* à

Thibouville. pour 10 livres : enfin, le 4 avril 1690, Jean la Biche, maître de l'hôtellerie du Lion d'Or à Evreux renouvelle son bail de Brettemare pour la somme de 2400 livres.

Jean la Biche en qualité de fermier de la Commanderie dut se défendre, le 27 octobre 1682, contre Pierre Aufray, curé de Sacquenville, qui revendiquait trois années de dîmes domestiques, laine, agneaux, veaux, etc. La sentence maintint le commandeur et son fermier en possession de leur privilège d'être exempts de toute dîme, mais au pétitoire on les renvoya devant le juge auquel la connaissance en appartenait, avec dépens adjugés au sieur Labiche et au commandeur. Ce Pierre Aufray opta pour la portion congrue, le 12 octobre 1686, et elle fut fixée à 300 livres.

La déclaration du Roi, en date du 29 janvier 1686, était cause de cette demande. Les habitants d'Epréville en profitèrent également pour exiger de fe Gabriel Dauvet des Marets un vicaire pour leur paroisse. Car, disaient-ils, en sa qualité de patron et de gros décimateur il y était tenu selon les règlements de Sa Majesté et aux termes des arrêts des Parlements. (6 novembre 1686).

Mais la plus grande difficulté pour le commandeur vint de M. Jean Emangeard, curé de Villez-sur-le-Neubourg. Il y a cent pièces de procédures à ce sujet! Le curé exigeait la dîme des novalles sur quelques héritages au préjudice de la commanderie. Condamné le 29 juillet 1690, il fit appel à Rouen ; puis condamné de nouveau il en appella au grand conseil du roi qui le condamna à 12 livres d'amende et aux dépens, le 27 septembre 1692, sous fe Bernard d'Avernes.

Nous trouvons, à la date du 27 mars 1681, un contrat d'échange entre M. le Chevalier de Mascranny, commandeur de Laon, et Bernart Davernes, commandeur de Sainte-Vaubourg, procureur général et receveur du commun trésor au Grand Prieuré de France, d'une part : — Et entre M. Philippe Bigot de Graveron, chevalier et seigneur de la Turgère et de Tournedos, conseiller du roi et général en la cour des Aides de Normandie, d'autre part. En vertu duquel contrat les dits seigneurs, du consentement d'illustrissime seigneur fe Gabriel Dauvet des Marets, chevalier, grand prieur d'Aquitaine, commandeur de Saint-Etienne, cèdent et délaissent au dit sieur Bigot et ses ayant cause le fief ou extension de fief, relevant de la dite commanderie, sis à Tournedos, dont relèvent 24 acres de terre d'un rapport de 15 livres 10 sols 2 deniers de rentes seigneuriales, plus la propriété de 4 acres et demi une vergée à Tournedos, plus le dit fief ou extension de fief appelé *Folleville*, paroisse d'Ormes, produisant 3 livres, 2 sols, 2 deniers à cause de 8 acres, 3 vergées, etc : — et en contre échange le dit Bigot cède la quantité de 48 boisseaux d'avoine, mesure du Neubourg, de rente seigneuriale ou foncière qu'il avait droit de prendre à la St Michel sur la ferme de Dieu Laccroisse, estimés à raison de 20 sols, plus 7 acres à Renneville, Ste-Colombe, St-Léger, etc.

Une seule présentation à signaler sous ce commandeur, celle de Guillaume Guilbout. prêtre, à la cure d'Epréville, vacante par le décès de fe Théodore Postelet, prêtre, religieux d'obédience dudit ordre et dernier curé. (4 juin 1685).

Gabriel Dauvet des Marets avait protesté, le 12 juin 1679, contre une taxe de 500 livres mise sur les bois de Rublemont, et demanda restitution de cette somme versée par lui pour éviter la saisie de ses biens et de ses chevaux au temps du labourage : le 17 septembre 1680 il eut quelques difficultés avec M. Abraham le Barbault, curé de la Salle Coquerel et avec M. Robert son sucesseur, pour le paiement de 40 boisseaux de blé : en 1684 il fit une déclaration des biens et revenus de sa commanderie et mourut au commencement de septembre 1691.

FRANÇOIS de NOUE de VILLIERS

XXIVe Commandeur de Saint-Etienne-de-Renneville (1692-1698)

Echiqueté d'argent et d'azur, au chef de gueules.

Immédiatement après le décès de fe Gabriel Dauvet des Marets, fe Eustache de Bernart d'Avernes, commandeur de Sainte-Vaubourg, receveur du commun trésor et en cette qualité successeur au pécule et dépouille dudit défunt et administrateur de la commanderie de Saint-Etienne pendant le mortuaire et le vacant, prit l'instance au lieu et place dudit défunt contre Eustache de Cherville, seigneur du Buisson Duret pour faire dire et ordonner que le dit commandeur aurait le préséance et serait maintenu en possession des premiers honneurs de la Chapelle Notre-Dame de Liesse, située dans l'étendue de la paroisse du Tilleul-Lambert,

dépendante de la Commanderie et que défense serait faite au susdit seigneur de prendre le titre de patron de la dite chapelle.

Au sujet de cette chapelle qui apparaît ici pour la première fois,
voici les renseignements que nous avons trouvé dans le grand
Pouillé : elle fut construite par Jacques le Pelletier, fils d'Edouard
du Tilleul-Lambert, qui adressa une requête à ce sujet à Mgr Guillaume Péricard, évêque d'Evreux. Jean Deschamps, prêtre, chanoine official et vicaire général, rendit une ordonnance approuvant
le projet soumis préalablement au curé du Tilleul-Lambert, J.-B.
Jourdain, sous-diacre. M. Yvelin, prêtre, curé du Neubourg fit
ensuite une information *de commodo et incommodo*, puis le contrat
fut signé devant Guillaume Bonnel, tabellion, et Charrier, son
adjoint, à Harcourt le 12 février 1610. — Les nominations à cette
chapelle sont faites par l'Evêque d'Evreux. Ainsi le *Pouillé* cite le
8 mars 1627 celle d'Henry le Blanc, prêtre curé de Dame-Marie :
le 9 mai celle d'André Lemonnier, prêtre curé de Brosville et
vicaire perpétuel de la cathédrale d'Evreux, à cause de la démission du précédent, alors curé de Condé; le 26 octobre 1655 celle
de Guillaume Tubye, prêtre curé de Brosville par permutation
avec Mathurin Costey qui en était titulaire : enfin le 21 décembre
1657 Gilles Boutault confère de *plein droit* à Henry de la Bourne
la chapelle N.-D. de Liesse vacante par le décès du précédent, de
laquelle chapelle la *pleine et entière disposition appartient au dit
sieur évêque à cause de sa dignité épiscopale.* Cette phrase indique
que déjà les commandeurs cherchaient à s'attribuer la présentation, comme dans le cas présent ils revendiquaient le titre de
patron et de seigneur. Jacques Potier de Novion emploie la même
formule en conférant, le 23 décembre 1684, cette chapelle à
Jacques de Cherville, prêtre, chanoine de l'église cathédrale
d'Evreux, ainsi que le 6 février 1685 lorsqu'il la conféra par Pierre
Delangle, son vicaire général, à Jean le Doulx, clerc de ce diocèse.
Ce bénéfice était alors vaquant par le décès de Jacques Béranger.

Eustache Bernart d'Avernes appartenait à une illustre famille
qui a fourni 13 chevaliers à l'Ordre de Malte et qui possédait au
xive et au xve siècle les seigneuries de Giverville et Bougy près
Caen. Voici l'inscription d'une pierre tombale replacée dans le
chœur de l'église par M. Fizeaux de la Martel, maire de la commune du Val-de-la-Haye, de concert avec M. le curé et qui fait en
quelque sorte l'historique de cette famille :

Pour mémoire à la postérité :

F. Gilles de Bernart de Courmesnil, reçu
chevalier de l'ordre de S. Jean de Jérusalem en MDCVII, commanda la galère S.
Paul en MDCXXXIII, fut receveur et procureur général de son ordre, et mourut
en MDCL, commandeur de Sours et Arville
et de Ste Vaubourg.

F. Eustache de Bernart d'Avernes son
neveu, reçu en MDCXXXX, commanda une galère et un vaisseau, fit beaucoup de prises
sur les Turcs, fut aussi receveur et procureur général de son ordre, et mourut
en MDCLXXXXII, commandeur de Moisy, de
Fontain-sous-Mondidier et de Ste-Vaubourg.
F. Eustache de Bernart d'Avernes, neveu
du précédent, reçu en MDCLIX, eut la
commanderie de Ste-Vaubourg en MDCLXXXIX
celle de Maupas en MDCCXV, et le grand
prieuré de Champagne en MDCCXXXIIII, posséda cette dignité pendant XIIII ans, et la
rétablit avec beaucoup de travail et de dépense; il mourut le XXXI déc. MDCCXXXXVII et est
enterré sous ce marbre.

Priez Dieu pour leurs âmes.

Posé par les soins de François de Bernart
d'Avernes, neveu du grand prieur, reçu
en MDCCV, cy devant capitaine de cavalerie,
ensuite capitaine de galère, et maintenant
commandeur de Fontaine-sous-Mondidier
et de Chanu. MDCCXXXXVIII.

*(Quelques notes sur la chapelle et la commanderie
de Ste-Vaubourg, par l'abbé Tougard, p. 3-4).*

Après avoir fait l'inventaire des meubles d'état, vases sacrés,
ornements trouvés après le décès de f^e Dauvet des Marets, 10 septembre 1691, il mourut l'année suivante comme l'indique la belle
inscription qu'on vient de lire.

C'est à ce moment que nous voyons paraître fᵉ François de Noue de Villers d'une ancienne famille de Picardie. Ses ancêtres étaient seigneurs de Noue, de Villers-en-Prières, etc., élection de Laon. Pour ses preuves de noblesses on produisit des titres qui justifient dix générations de noblesse depuis l'année 1305. Il fut reçu le 11 décembre 1642. Nous le trouvons commandeur de Villedieu-la-Montagne en 1682, de Louviers et Vaumion (Seine-et-Oise) en 1684 et de Renneville en 1692.

Son premier soin fut de faire, le 28 février 1693, un bail à ferme de 7 ans avec Jacques Girard, marchand, demeurant à Brosville, du revenu général de Renneville, à la réserve du château et maison seigneuriale, plus du droit de chasse dans toute l'étendue de la Commanderie, de la présentation et nomination aux cures, bénéfices et chapelles, de la dépouille des frères religieux, curés et des provisions des officiers de judicature, moyennant une somme de 12,350 livres.

Les baux sont nombreux sous son administration et tous en l'an 1698. Au commencement de l'année c'est un bail de 6 ans à Claude Poulain de Sainte-Colombe, au sujet de 18 acres de terre, triège de la Gastine, moyennant 310 livres avec un couple de poulets : le 14 octobre bail à Jean Dumontier de la ferme de Beaulieu pour 1,150 livres avec charge d'une messe la semaine, 60 sols au curé de Claville pour son droit d'indemnité, 20 boisseaux de blé au seigneur de Glisolles, etc. ; le 15, bail à Antoine le Pelletier du Tilleul-Lambert pour la ferme de Dieu-Lacroisse avec droit de champart moyennant 1,035 livres 11 sols 6 deniers par an, plus 70 livres pour 60 boisseaux d'avoine, etc. le tout revenant à 1,105 livres 11 sols 6 deniers ; le 16, bail à Noël Lenoir demeurant à la Puthenaye pour le fief du Pommerest au prix de 200 livres et un couple de chapons ; le 17, bail à Madeleine Cresté vᵉ d'André de Fresne, demeurant à la Vacherie, hameau du Haut-Buisson, commune de Barquet, au sujet de 22 acres de terre pour 102 livres 10 sols ; le même jour bail à Jean Motte, laboureur au Tremblay, pour deux pièces au prix de 32 livres ; le 25, bail au sieur Messier, curé d'Epréville, de 3 pièces de terre moyennant 11 livres et le lendemain bail à Jacques d'Epréville de 7 acres pour 120 livres ; enfin le 29 octobre bail à Guillaume et Philippe Tessencourt de la ferme de la Gouberge pour 670 livres, deux chapons et un porc.

10.

Nous n'avons qu'une seule présentation à signaler sous son administration : celle de Tourville, vacante le 11 avril 1693 par résignation de fe Louis le Bourgeois, en faveur de M. Antoine Gratien et Thibaut, clerc acolyte du diocèse de Sens, sous la réserve de 300 livres de pension et d'une portion du presbytère, attendu que son grand âge (86 ans) et ses infirmités ne lui permettaient plus de continuer le ministère, avec charge au preneur de revêtir l'habit de l'Ordre et de faire profession au premier Chapitre. — Le Grand Pouillé — G. 1367 — indique comme curé de Tourville en 1697 Jacques d'Erbaud, prêtre prieur de l'Ordre de Saint-Jean.

GABRIEL du CHASTELET de FRESNIÈRES

XXVe COMMANDEUR DE SAINT-ETIENNE-DE-RENNEVILLE (1699-1711)

GRAND PRIEUR D'AQUITAINE. — GRAND HOSPITALIER.

De gueules à la fasce d'argent, accompagnée de 3 tours d'or.

Gabriel du Chastelet de Fresnières était de Picardie et avait pour nièce Catherine du Chatelet de Fresnières mariée, le 13 octobre 1682, à François Gérard de Sarcus. Reçu dans l'Ordre le 12 avril 1641, nous le trouvons en 1683 commandeur de la Braque, village d'Alpen à 4 lieues sud-est de Bréda dans le Brabant hollandais, en 1688 commandeur de Choisy-le-Temple, en 1699 (1) de Saint-Etienne-de-Renneville, Grand Prieur d'Aquitaine et Grand Hospitalier, troisième dignité de l'ordre qui lui donnait le cinquième rang au Grand Conseil.

L'inventaire des Archives de l'Eure (2) signale l'année de sa nomination 23 baux à ferme faits en son nom par Jacques le Favre pour être remis à son procureur le commandeur Descluseaux. En 1700 il en renouvela beaucoup d'autres : celui de Dieul'Accroisse à Antoine le Pelletier pour 1,105 liv. 11 sols 6 den. ; celui d'Epréville pour 120 livres; de la Gouberge moyennant 670 livres; de la Vacherie pour 102 livres; de Beaulieu pour

(1) La Bulle du Grand Maître est du 4 août 1699; il était alors commandeur de Coulonnois et prit possession de Renneville le 15 février 1700.
(2) H 1693-1694.

1,150 livres, du fief du Pommerest pour 200 livres, etc. Brettemare
était loué, le 9 décembre 1708, à Pierre et Vincent Taurin, laboureurs, demeurant à Crosville-la-Vieille, pour 2,300 livres, 96 boisseaux de blé et autant d'avoine à l'abbaye de Saint-Taurin,
100 sols au chapitre d'Evreux pour la dîme de Sacquenville,
300 livres au curé pour sa portion congrue, etc.

Gabriel du Chastelet présenta, le 20 avril 1701, Me Jean Bes-
chard, prêtre d'Evreux, à la cure du Tilleul-Lambert en remplacement de fe David Buffet, à la condition d'entrer au noviciat de
l'Ordre afin d'y faire profession s'il en était jugé capable. Le
1er mai il lui demanda l'inventaire des vases sacrés et des ornements; le même jour le curé de Tourville, fe Jacques Derbaut,
présenta le sien qui fut reconnu véritable ainsi que celui de la
Gouberge. — Le 10 mai 1783, fe Alexandre François de Haudessus
Descluseaux, commandeur de Chevreu en Brie, agent général de
l'Ordre, procureur de fe Gabriel du Chastelet de Fresnières, Grand
Hospitalier, alors à Malte, présenta Me Simon Pelletier, prêtre du
diocèse d'Evreux, à la cure de la Gouberge.

LOUIS FEYDEAU du VAUGIEN

XXVIe Commandeur de Saint-Etienne-de-Renneville (1711-1721)
Grand Bailly de la Morée.

D'azur au chevron d'or, accompagné de 3 coquilles du même.

Louis Feydeau du Vaugien était de Paris et entra dans l'Ordre
de Malte le 17 décembre 1647. Sa famille habitait Fontaine-l'Abbé
vers 1738. Un François du Vaugien, 37e abbé de Bernay, prieur
de Maupas et de Villenaux, conseiller au Parlement de Paris, fils
de Denis du Vaugien et de Gabrielle Hennequin inhumée à Saint-
Merry, obligea sa famille à payer 25,000 livres à cause des réparations qu'il n'avait pas faites à son abbaye. — Paul Feydeau, fils
de Thomas et d'Aimée Bardon du Méage, reçu chevalier de Rhodes
lorsque cette ville fut investie par les Turcs, trouva la mort dans
une sortie au mois d'août 1522.

Louis, dont il est ici question, naquit, le 17 décembre 1647, de
Pierre Feydeau seigneur de Vaugien et de Catherine Vivien. Reçu

de minorité, il devint en 1685 commandeur de Villedieu-la-Montagne, en 1699 de Saint-Maulvis, en 1691 de Louviers et Vaumion, en 1711 de Saint-Etienne-de-Renneville, mourut Grand Bailli de la Morée le 7 janvier 1723 et fut inhumé à Saint-Jean-de-Latran. Ses armes sont au musée d'Evreux peintes sur une plaque de tôle.

Nous ne citerons de lui que certaines difficultés éprouvées dans son administration. C'est d'abord, le 4 juillet 1714, un dossier de 22 pièces de procédure en la Vicomté de Beaumont-le-Roger, aux requêtes du palais à Rouen et par évocation au Grand Conseil du Roi à Paris, contre Jean Corel, marchand demeurant au Neubourg, afin de le faire condamner à payer au commandeur la dîme de 3,000 bottes de sainfoin, dîme qu'il refusait de payer aux fermiers de la commanderie, sous prétexte que cette terre étant entourée de murs par ses soins et plantée d'arbres ne relevait pas des gros décimateurs, mais uniquement du curé.

Le 17 août 1714, autre difficulté avec Guillaume Damois, curé de Sacquenville, qui revendiquait contre Pierre Taurin, fermier de la grosse dîme, la dîme de *la filasse* induement perçue par lui dans l'enclos de Gabriel Lavenais, parce que c'était une terre nouvellement défrichée. La cour donna gain de cause au curé.

Enfin, le 30 décembre 1717, grosse affaire au Grand Conseil du Roi! Demoiselle Marguerite Le Doulx de Melleville, veuve de M. Adrien de Limoges se trouvant blessée dans sa dignité parce que M. Pierre Morel, curé de Sacquenville, ne l'avait recommandée au prône que la deuxième aux prières nominales, demandait : que le dit sieur curé fut condamné à son privé nom à 1,000 livres de dommages et intérêts, qu'il lui serait enjoint de la recommander la première avec défense de recommander nommément le commandeur avant ni après elle, comme n'étant que présentateur et dans le cas contraire en poursuivrait sa plainte par devant qui il en appartiendrait, comme d'un trouble fait à ses droits. Le pauvre curé avec sa portion congrue de 300 et quelques livres se trouvait dans une fâcheuse position! Heureusement que la Cour maintint le commandeur en possession et jouissance d'être recommandé avant la dite dame de Limoges, à qui on fit défense de le troubler dans ses droits de patron et qui fut condamnée aux dommages et intérêts.

Louis Feydeau du Vaugien avait fait en 1716 un bail du revenu général de la Commanderie aux sieurs Boissel et Ausou, moyennant la somme de 14,600 livres.

Nous avons encore trouvé son nom, le 7 août 1700, comme témoin dans les preuves de noblesse de Jacques François de Chambray, né à Evreux le 15 mars 1687, mort à Malte 8 avril 1756.

« Il était le troisième des quinze enfants, issus du mariage de Anne Le Doulx de Melleville, avec Nicolas, baron de Chambray. Il fit ses preuves en 1700 : quand il eut terminé ses trois années de page, il revint à Evreux et fit, comme sous-lieutenant de son frère aîné, capitaine au régiment de Picardie, la campagne de 1704. — Cédant au désir de sa mère, il partit pour Malte en septembre 1705 et embrassa définitivement la carrière à laquelle on l'avait d'abord destiné.

Nommé enseigne des vaisseaux de la religion, il faisait partie du détachement qu'en 1707 le grand maître envoya au secours de la place d'Oran, assiégée par les infidèles : il y fut dangereusement blessé au cou, dans la tranchée du fort Philippe : il fut nommé enseigne à cause de sa bonne conduite.

Sa mère mourut l'année suivante : il revint à Evreux et liquida sa légitime comme le prouve la pièce suivante, qui m'a été obligeamment communiquée par M. Charles Molle, ancien vice-président du Tribunal Civil, dans le chartrier duquel elle se trouve : *Le vendredi 26 avril 1709 Jacques François de Chambray, chevalier de Malte abandonne à son frère Messire François Nicolas de Chambray tous ses droits d'héritage à condition qu'il lui sera fait 500 livres de rente jusqu'à ce qu'il soit pourvu d'une commanderie, de grâce ou de droit. de plus que s'il était pris esclave par les infidèles, le dit seigneur baron fournira 4,000 livres pour son rachat mais alors la somme de 500 livres serait réduite à 300 livres jusqu'à ce qu'il soit pourvu d'une commanderie. Pension payable en deux termes à partir du 1er janvier 1710, le premier terme payable au 1er juillet et le second au 1er janvier 1711 en ses mains s'il est présent ou en cas d'absence entre les mains du commis au bureau de M. le commandeur de Boischevilier, trésorier de l'ordre à Paris. — De plus le baron lui payera de suite 1,100 livres huit jours avant son départ pour Malte et 100 livres à Noël prochain. — Faute de paiement le dit sieur chevalier pourra rentrer aussitôt dans tous ses droits sans aucune formalité de justice.* » — Il prononça ses vœux à Malte en 1710 ; fut nommé lieutenant de vaisseau en 1711 ; capitaine en second en 1719, major d'escadre en 1721 et capitaine de frégate en 1723. — C'est en cette qualité qu'il prit le commandement de la frégate le *St-Vincent*, avec laquelle il poursuivit, le 13 mai de cette année, et prit, après un combat acharné, la *Patrone de Tripoli* (1). — Quoique le *St-Vincent* eut beaucoup souffert, le chevalier de Chambray parvint à conduire sa prise dans le port de Malte : le grand maître se rendit à bord de la frégate avec toute sa cour et félicita publiquement le vainqueur sur la valeur qu'il avait déployée dans cette circonstance. Des quatre pavillons pris sur le vice-amiral turc l'un, à la demande de Jean le Normand, évêque d'Evreux fut placé dans la cathédrale, contre le premier pilier de la nef, à gauche, près du chœur, ainsi que le constate un acte capitulaire du 28 août 1724, le second dans l'abbaye St-Sauveur, dont était abbesse Françoise de Rochechouart, marraine du brave chevalier ; les deux autres dans les églises de Gauville et de Morsan, dont étaient seigneurs les deux frères aînés du chevalier de Chambray. Ces pavillons étaient d'un espèce de crespon de laine *rouge et jaune*. — A peine les avaries du *St-Vincent* furent-elles réparées qu'il se mit à la poursuite de *la Bellina*, tartane qui avait pris la fuite lors de la prise de l'amiral Tripolitain et le 14 juin il l'amena dans le port de Malte (2). — Au mois d'août suivant il attaqua un corsaire algérien de 36 canons qu'il força de s'échouer à la côte. La commanderie de Véricourt, en Lorraine, fut la récompense de ce nouveau service. — Au mois de janvier 1726 le commandeur de Chambray fut promu au grade de capitaine de vaisseau et prit le commandement du *St-Antoine*, de 60 canons.

Chargé de croiser dans la Méditerranée et dans les mers du Levant pour les purger des forbans dont elles étaient infestées, le commandeur s'acquitta de cette mission avec tant de zèle et de persévérance qu'en moins de quelques mois il prit, brûla, ou coula bas un grand nombre de bâtiments appartenant aux régences d'Alger, de Tunis et de Tripoli.

En 1731 il fut nommé commandant général des vaisseaux de la religion.

L'année suivante, le Grand Maître informé qu'un grand convoi devait appareiller de la rade de Damiette pour Smyrne et Cons-

(1) Cf. Journal de Verdun, août 1723, p. 110, 111 et 112.
(2) Journal de Verdun, 6 octobre 1723, p. 288 et 289, novembre 1731 et février 1732.

tantinople, ordonna au commandeur de Chambray d'aller le détruire.

Il partit de Malte, le 23 juillet, avec les vaisseaux, le *St-Antoine* et le *St-Georges*, et fut bientôt rejoint par deux tartanes qui lui apprirent que les navires turcs et grecs, mouillés dans la rade de Damiette, au nombre d'environ 40, étaient escortés par deux sultanes, l'une de 70 canons, portant pavillon amiral, la seconde de 60, et qu'en outre une autre sultane de 70 canons, commandée par un rénégat maltais, croisait sur la côte de Caramanie.

Le commandeur chargea le chevalier Thomassi, capitaine du *St-Georges*, de combattre la sultane de 60 canons, se réserva la *sultane amirale*, et recommanda aux capitaines des tartanes de brûler, couler ou faire échouer le plus grand nombre possible des bâtiments du convoi, ce qui fut exécuté.

L'escadre s'approchait de Damiette (1), et à midi elle n'en était plus qu'à trois lieues. A sa vue les deux sultanes turques appareillèrent en coupant leur cable, et elles firent route au nord. C'était ce que désirait le commandeur qui, redoutant les bas fonds de la côte égyptienne, ne voulait point attaquer ces bâtiments à leur mouillage. L'escadre maltaise les suivit pendant plusieurs heures, jusqu'à ce qu'enfin, parvenu à la portée du canon, le commandeur de Chambray commença à tirer en chasse sur la sultane amirale. Celle-ci lui risposta avec ses canons de retraite. Cependant, vers une heure et demie, étant enfin parvenu par son travers, le *St-Antoine* lui envoya une bordée qui la démâta de son grand mât. La sultane y répondit par une volée de toute son artillerie, qui causa des avaries tellement majeures au vaisseau qu'il fut contraint de laisser arriver pour les réparer. Le *St-Georges*, en passant du côté de la sultane amirale pour aller combattre l'autre, qui faisait force de voiles pour fuir, lui envoya également sa volée. Le *St-Antoine*, ayant eu bientôt réparé ses avaries, revint continuer le combat commencé si avantageusement. L'amiral turc le soutint avec la plus grande valeur, et il continua ainsi jusqu'au soir, la nuit y vint mettre fin, et les deux combattants, criblés de boulets, se séparèrent pour réparer les dommages qu'il s'étaient causés réciproquement.

(1) Le journal de Verdun, décembre 1732 contient la relation de ce combat, envoyée par le commandeur de Chambray à son frère.

Dans l'état où se trouvait réduite la sultane amirale, le commandeur ne craignait pas qu'elle lui échappât; cependant il manœuvra
toute la nuit pour la conserver en vue : le lendemain, 17 août, le
St-Georges, qui n'avait pu atteindre l'autre sultane, vint rejoindre
le St-Antoine, et tous deux se dirigèrent sur l'amiral turc. Le
combat recommença alors avec une nouvelle vigueur; toutefois il
ne pouvait être de longue durée. Bientôt ce qui restait de mâts à
la sultane amirale fut abattu, et elle était rase comme un ponton.
Plusieurs fois le commandeur cria à l'amiral turc de se rendre
mais ce fut en vain; il continua de se battre avec acharnement.
Cependant les deux vaisseaux de la religion souffraient aussi
beaucoup dans leur mâture et leurs agrès du feu vif et nourri de la
sultane : le commandeur, voyant qu'il ne lui restait d'autre parti
que de la couler bas, se mit en devoir de le faire. Passant alors en
arrière de l'amiral turc, il lui envoya sa volée en enfilade, à portée
de pistolet, et alla ensuite s'établir sur sa hanche de tribord, où
il continua de le canoner en pointant a couler bas. Le St-Georges,
arrivant à son tour, lui envoya aussi une volée en enfilade, qui
enleva son arcasse tout entière et démonta son gouvernail : ce fut
le dernier épisode du combat. A ce moment on vit flotter un
pavillon blanc à bord de la sultane, et les couleurs du croissant
furent amenées. Immédiatement on amarina la prise et l'on ramena
à bord l'amiral turc et ses principaux officiers.

« De 500 hommes qu'il avait, dit le bailli de Chambray dans
ses mémoires, il ne resta en vie que 100 turcs, 16 grecs et 18 qui
se sauvèrent... le vaisseau était percé pour 70 canons, il y en avait
42 en bronze, il y avait cinq ans qu'il était fait et s'appelait la
Realle-Neuve. »

Cette sultane se trouva tellement criblée de boulets et dans un
tel état de délabrement qu'il fut jugé impossible de la conduire à
Malte. Le commandeur, après en avoir fait retirer les canons et
munitions de guerre y fit mettre le feu (1).

_____

(1) En 1734, le bailli de Chambray envoya les pavillons du contre-amiral à
son frère, la reine en fit placer un dans l'église de Saint-Cyr. Il avait 55 pieds
de hauteur sur 25 de largeur, et était d'une étoffe de soie blanche et verte à
grande rayures, percé de beaucoup de boulets de canon.
Voici l'inscription qui était au-dessous, en lettres d'or sur marbre noir :
« Ce pavillon du contre-amiral des Turcs, pris dans le fond du Levant,
proche Damiette, le 16 août 1732, par illustrissime seigneur, frère Jacques

Ainsi se termina l'un des plus beaux combats que les vaisseaux de la religion eussent soutenus depuis longtemps contre la marine du Grand Seigneur.

A son retour de Malte, le commandeur de Chambray reçut les félicitations du Grand Maître, qui le nomma grand'croix et bailli de l'Ordre, et au mois d'août 1733 il le pourvut de la commanderie magistrale de Metz.

La marine de la religion fut réduite, à la fin de l'année 1735, à deux vaisseaux et une frégate, forces jugées suffisantes pour contenir les barbaresques. Ainsi réduite, cette marine ne pouvait plus être commandée par un lieutenant-général et fut mise sous les ordres d'un capitaine de vaisseau. — Lorsque la nouvelle de cette opération parvint dans les régences de Tunis, Alger et Tripoli, on y fit des réjouissances : « nous ne rencontrerons donc plus à la mer ce *rouge de Malte* », disaient les Beys : car c'est ainsi qu'ils désignaient le bailli de Chambray à cause de son teint très coloré. — Il fut alors chargé du commandement de toutes les troupes de terre que l'on réorganisa de peur de surprise des infidèles : et comme il faisait observer que n'ayant jamais servi que sur mer, il était impropre à ses nouvelles fonctions, le Grand Maître lui répondit : « M. le Bailli, qui sait bien commander sur mer comme vous avez toujours fait, saura bien aussi commander sur terre. »

Depuis l'époque où le bailli de Chambray a pris le commandement des bâtiments de la religion, jusqu'à celle où il a cessé de naviguer, il a fait 24 campagnes, pris 11 bâtiments aux infidèles (1) et fait rentrer dans le trésor de l'Ordre 1 million 400 mille livres, valeur de ce temps-là.

Il était d'une grand taille, très corpulent et avait l'air martial,

François de Chambray, chevalier, grand croix de l'Ordre de Saint Jean de Jérusalem, lieutenant-général commandant les vaisseaux de Malte, commandeur de la commanderie magistrale de Metz et de celle de Véricourt : après avoir combattu un jour entier, ayant pour capitaine en second, frère Jean-François de Picot de Combreux, a été présenté par Messire Nicolas, marquis de Chambray, son frère, à la reine; et Sa Majesté l'a fait offrir, dans cette église, en action de grâces à Dieu, de ses faveurs pour la conservation et le triomphe de la religion chrétienne, et pour renouveler la mémoire des grands exploits du roi saint Louis contre les infidèles. Et Ad. M. D. G. et P. Rei M. »

(1) Journal de Verdun, février 1732 et novembre 1731.

son visage était très coloré; il était d'une force extraordinaire et d'un tempérament robuste : sa vue excellente lui permettait de distinguer les objets à une très grande distance, ce qui lui fut souvent d'une grande utilité à la mer : inutile d'ajouter qu'il joignait à toutes ces qualités une bravoure à toute épreuve et un sang froid imperturbable.

Le repos auquel il se trouvait, pour ainsi dire, condamné à l'âge de 48 ans ne pouvait convenir à son activité. C'est alors qu'il obtint du Grand Maître la permission de fortifier à ses frais l'île de *Gozzo* située au nord-ouest de Malte. Il y parut comme un nouveau Romulus; les Gozilains le reçurent avec les transports d'une joie inexprimable et lui prodiguèrent l'encens de leurs poésies : ils travaillèrent sous ses ordres avec tant de zèle que cette ville, commencée en 1749, était presqu'entièrement terminée en 1755; elle reçut le nom de *Cité Neuve de Chambray,* qu'elle a conservé depuis.

Impatient de jouir du fruit de ses travaux et d'aller s'établir au milieu d'une population qui bénissait son nom, le bailli commit l'imprudence d'habiter trop tôt la maison qu'il s'était fait bâtir dans la Cité Neuve et il y contracta une maladie grave. Transporté à Malte il y languit pendant plusieurs mois et succomba, le 8 avril 1756, à l'âge de 69 ans. — Il fut inhumé dans l'église Saint-Jean, où on lui érigea un tombeau orné de ses armes et de trophées, avec cette inscription :

D.O.M.

HIC JACET

FR. JAC. FRANC. DE CHAMBRAY. ORD. HIEROSO. BAJULIVUS DE
SANCTA VAUBOURG, DE VIRECOURT, MAGISTRALISQ. COMM.
METENSIS COMMENDATORIUS

MARI

ÆTATIS SUÆ NULLI SECUNDUS

FUDIT TURCOS

TERRA

ARCE PROPRIIS IMPENSIS EXSTRUCTA

TUTAVIT CIVES

OBIIT MELITO, 8 APRIL. AN. 1756. ÆTAT. 70.

XXVIIᵉ Commandeur de Saint-Etienne-de-Renneville (1721-1731)

De gueules à trois fleurs de lys d'argent.

Cette famille était de Rochefort. Elle a fourni à l'Ordre de Malte, outre celui dont il est ici question, deux chevaliers : Guy fils de Guy d'Aloigny et de Renée de la Pouge, mort Grand Bailli de Morée ; N*** fils de Louis d'Aloigny et de Charlotte Chasteignier mariés le 9 aout 1657.

Alexis d'Allogny de la Groye fut reçu en 1684 ; il était de Poitiers au Prieuré d'Aquitaine. Dès 1721 il se signala en qualité de commandant de vaisseau ainsi que le raconte Vertot (tome v p. 250) : « Le vaisseau *Saint-Jean* monté par le commandant, rencontre quelques jours après un bâtiment algérien de 40 pièces de canon, le joint, et s'en rend maitre après une heure de combat. Vingt esclaves chrétiens furent délivrés, et 260 infidèles faits esclaves. Peu de jours après, ils rencontrèrent l'escadre de Tunis composée de la capitane, de la patrone et du *Porc-épy*. Les deux premiers vaisseaux s'échappèrent à la faveur de la nuit, après un long et rude combat ; mais le *Porc-épy*, après avoir essuyé un feu continuel jusqu'à dix heures du soir, fut contraint de se rendre. On délivra 31 chrétiens, qui étaient esclaves dans ce vaisseau. Ce succès dû à la valeur du commandant Alognis de la Grois, jetta la terreur sur les côtes de Barbarie, d'ou les armateurs refusèrent de se mettre en course. » La commanderie de St-Etienne-de-Renneville fut pour ce chevalier la récompense de sa bravoure en cette circonstance.

Dès le 26 octobre 1722 il faisait, à Jean Picard, un bail général des revenus pour la somme de 15,500 livres par an. Mais probablement l'organisation de ses affaires personnelles n'était pas à la hauteur de son courage, car nous voyons ses créanciers, de concert avec M. le commandeur de Tamboneaux, faire saisir les revenus de sa commanderie en 1726 et obtenir, par arrêt du conseil, 16 avril 1731, l'autorisation de les toucher en sa qualité de procureur du Commun Trésor.

François Nicolas de Chambray, chevalier, marquis dudit lieu, procureur de fᵉ Alexis d'Allogny de la Groye, présenta le 16 février 1731, à la cure du Tilleul-Lambert, M. François Martin, prêtre, à condition qu'il se ferait recevoir dans l'Ordre au premier chapitre.

C'est sous son administration que l'on lit un plan terrier de la Commanderie de Renneville, qui se trouve aux Archives de l'Eure. Il comprend deux volumes et date de 1731.

Alexis d'Allogny de la Groye mourut en 1731 car c'est le Bailly de Laval-Montmorency qui présenta François-le-Bigre à la cure de Sacquenville, à cause de la vacance de la Commanderie, par suite de son décès.

GUILLAUME de la SALLE

XXVIIIᵉ Commandeur de Saint-Etienne-de-Renneville (1731-1740)

Grand Croix.

D'azur à deux éperons d'or, celui de la pointe contourné ayant leurs dessous de gueules liés en cœur l'un avec l'autre, d'un ruban de même.

Guillaume de la Salle, reçu le 1ᵉʳ août 1674, était, en 1718, commandeur de Beauvais en Gatinais et déjà Grand Croix de l'Ordre.

Nous n'analyserons pas les nombreux aveux rendus à ce commandeur à partir de 1731 et qui se trouvent aux archives de l'Eure, parce que cette analyse, si succincte qu'elle soit, nous entraînerait trop loin.

Citons seulement, comme curiosité, une sentence rendue, le 5 juin 1741, entre M. le curé de Sainte-Colombe et Vauclin, meunier de la Commanderie de Saint-Etienne-de-Renneville.

« Entre la cause appelée entre Louis Desmares de Grainville, curé de la paroisse de Sainte-Colombe, demandeur en requête expolitive qu'étant luy et la paroisse à la mercy de ses meuniers qui pillent dans ce malheureux pays avec tant d'audace et d'effronterie qu'on peut les regarder comme un fléau public, il demande pour luy et ses paroissiens la permission de faire peser dans un brancard juste et bien en règle les grains qu'ils envoieront au moulin en présence d'un huissier et de deux témoins qui les regarderont charger sur le mulet du meunier et que lorsque ce même mulet rapportera le son et la farine, les pèseront derechef et pour voir s'il y a de la fraude auquel cas l'huissier fera son procès verbal et ira porter au greffe de Pont-de-l'Arche le son et la farine affin qu'il en soit fait un exemple au but de laquelle est notre ordonnance conformément au règlement de la Cour, que dans la paroisse de Sainte-Colombe en ce qui est de notre juridic- tion, les meuniers auront brancard, poids et vallet juré et en cas de contravention en sera dressé procès verbal par le jaugeur royal ou par celui de la baronnie de Saint-Etienne-de-Renneville, etc.

« M. de Biville avocat du meunier regarde cet exploit comme nul parce qu'il est délivré à Jean Vauquelin et que celui qu'on prétend poursuivre s'appelle Noël Vauquelin. »

L'avocat du sieur curé réplique qu'il n'y a qu'erreur de nom et que le deffendeur est assez désigné par l'exploit.

Le 12 juin 1741 eut lieu l'enquête et parmi les dépositions contre le meunier il faut remarquer celle de Catherine Paulmier du Tilleul-Lambert qui ayant attiré l'attention du meunier sur la grandeur de sa mesure et ayant ajouté que le blé était trop cher pour le donner ainsi, *mesura avec son sabot* la dite mesure, pendant que le meunier était à moudre son blé et de retour chez elle constata que sa mesure à elle contenait une quarte de moins ! — Archives de l'Eure. Bailliage de Pont-de-l'Arche, 5ᵉ Travée).

A cause de l'état critique de l'Ordre un arrest du Conseil d'Etat permit, le 5 juin 1745, à l'ordre de Saint-Jean de Jérusalem de faire couper pour 1,048,501 livres de bois dans les six prieurés de France : Renneville prit donc cinq arpents ou environ dans ses bois de la Puthenaye tant en mauvaise futaye qu'en pâtures et bruyères, estimés 600 livres ; 15 arpents ou environ tant en recrus ballivaux étant dessus qu'en places vagues des deux portions de réserves du bois de Rublemont, estimés 1,200 livres ; les anciens ballivaux étant sur les deux dernières et les deux premières coupes dudit bois de Rublemont et de celui de Feuguerolles, esti- més environ 1,200 livres. (Maîtrise de Pont-de-l'Arche n° 18, Arch. de l'Eure).

Le fait du meunier et l'arrêt du Conseil d'Etat, dont il vient d'être question, ont eu lieu sous le successeur de Guillaume de la Salle, fᵉ Claude de Saint-Simon nommé en 1740 à cette comman- derie par grâce magistrale, au grand détriment de Saint-Etienne- de-Renneville, comme nous aurons malheureusement bientôt à le constater.

CLAUDE DE SAINT-SIMON

XXIXᵉ COMMANDEUR DE SAINT-ETIENNE-DE-RENNEVILLE (1740-1766)
GRAND CROIX, BAILLY, GÉNÉRAL DES GALÈRES.

De sinople à trois lions d'argent armés et lampassés de gueules, 2 en chef et un en pointe.

Claude de Saint-Simon fils d'Eustache-Titus de Saint-Simon (1) et de Claire Eugénie d'Auterive, naquit le 8 septembre 1694, fut tonsuré le 16 mars 1710 et chanoine régulier de l'Ordre de Saint-Augustin en l'Abbaye de Saint-Victor à Paris, où il fit profession le 17 avril 1712. Il réclama depuis contre ses vœux, et après en avoir obtenu la cassation, il entra dans l'ordre de Malte.

Pourvu de grâce magistrale, en l'an 1740, de la Commanderie de Saint-Etienne-de-Renneville, il l'administra pendant 26 ans.

Un état signale les recettes de la façon suivante :

Du 1ᵉʳ mai 1750 au 4 juin 1752 = de	34,244ˡ 11ˢ	3ᵈ
Du 4 juin 1752 au 8 août 1754 = de	43,191ˡ	3ᵈ
Du 8 août 1754 au 15 mai 1755 = de	12,544ˡ	7ᵈ
Total	89,979ˡ 19ˢ	3ᵈ
Dépenses =	88,913ˡ 7ˢ	3ᵈ
Boni =	1,066ˡ 12ˢ	

Voici maintenant un extrait de l'inventaire fait au moment de la visite prieurale, en 1755 : (Arch. nat. S. 5565, t. ɪɪ).

Meubles d'Etat : dans la cuisine une grande crémaillère à deux

---

(1) Un Louis de Saint-Simon ayant été privé de sa commanderie le 13 février 1668 fit paraître sa défense. Il avait échangé sa commanderie de Pesenas pour celle de Piéton avec M. le bailly de Demandols. C'était une commanderie magistrale du Grand Prieuré de France. Il devait payer 28,570 l. 5 s. 6 d. au Grand Maître pour plusieurs années de responsions et pensions magistrales d'une part et 2,533 l. pour une année qui est échue le dernier avril dernier. Il produisit une lettre du commandeur de la Salle qui refute ses raisons en lui disant que le Grand Maître a fait savoir à MM. le Grand Prieur Valencay et Bailly d'Elbène qu'il devrait s'adresser au Conseil ou il pourrait prouver qu'il a payé pour le compte de son Eminence.

(Bibl. nat. Factum).

pendants, deux chenets de fer, une pelle à feu, une pincette, un tourne-broche, une tenaille, une armoire, une grande table, un billot. — *Batterie de cuisine* : deux couperets, un mortier de marbre avec son pilon, un de bronze avec son pilon rompu, 4 triangles de fer sur le potager, 3 broches de fer, une cuillère de fer, une poële à frire, une lèchefrite, un poëlon de cuivre, une passoire à queue rompue et une neuve, six flambeaux de cuivre jaune à queue, deux marmittes de cuivre rouge, une vieille bassinoire et une neuve, une poissonnière de cuivre rouge, 3 casserolles de cuivre rouge et un couvercle de fer blanc, 6 casserolles de cuivre rouge, 13 plats de différentes grandeurs, deux assiettes plates pour le rot, 3 douzaines d'assiettes, un vieux grand plat, 3 autres plats moyens, 3 autres petits façon d'assiettes creuses, un vieux pot, une vieille aiguière sans anse et une neuve, une sallière, un vieux chandelier et une pinte, le tout d'étain, un réchaux de cuivre rouge et un petit, un grand gril de fer très ancien. — Un service complet de fayence de Rouen, 6 cuillières et 6 fourchettes d'argent marqués d'un chiffre P et G sans couronne avec deux palmes pour support. — *Linge* : 20 paires de draps, 7 douzaines et demi de serviettes tant damassées qu'unis, 15 nappes damassées et unies, 3 autres douzaines de serviettes damassées, 4 nappes de toile unie, 4 tabliers de cuisine, 4 paires de draps neufs, 2 douzaines de serviettes unies et deux nappes. — Mais, dit le procès-verbal tout ce linge a été emporté par le commandeur actuel, il ne reste plus que quatre paires de draps et trois douzaines de serviettes, plus deux nappes. Nous reviendrons sur cette dilapidation en parlant de son successeur.

Venons à la visite prieurale du mercredi 13 avril 1757 faite par fᵉ Jean Charles de Rupierre Boisroger, chevalier profès de l'Ordre de Saint-Jean, commandeur de Louviers et Vaumion, accompagné de fᵉ Pierre Denier, religieux conventuel et commandeur de Laigneville, prieur curé de Saint-Jean de Latran. (Arch. de Caen, séries H et E).

« Reçus par le sieur Leblond, fondé de pouvoirs, nous avons visité une grande et magnifique chapelle, située dans le jardin de la maison seigneuriale, où étant entrés avons remarqué qu'elle est dédiée à saint Etienne peint sur la contretable du côté de l'épître, la Ste Vierge au milieu et du côté de l'évangile saint J.-B., au-dessus sont encore posées les statues de saint Etienne, de N.-D.

et de saint Blaise, en pierres sculptées, peintes et dorées, avec les armes de France et de la religion, surmontées d'un dais aux armes du sieur commandeur Des Marets; sur les gradins de bois peint sont posés une croix avec son Christ et 4 chandeliers de cuivre, sur l'autel 3 nappes; un marchepied en pierre et 4 colonnes de cuivre au devant de l'autel servant de chandeliers. — La dite chapelle pourvue d'un beau calice et patène dorés en dedans, aux armes d'un ancien commandeur, deux burettes d'argent et un bassin d'argent haché, une chasuble complète, etc. — Le chœur séparé de la nef par une belle grille de fer avec une porte de même au milieu surmontée d'un grand Christ. De chaque côté du chœur est un grand banc de bois avec stalles, celui du côté de l'épître surmonté des armes du feu commandeur de Vaugien et l'autre du côté de l'évangile de celles du feu commandeur Desmarests, sur lequel sont deux livres de chant reliés en veau et garnis de cuivre. — Dans la nef plusieurs anciens bancs et un bénitier de cuivre à la porte. — La dite chapelle bien carrelée, voutée en arcs doubleaux, éclairée de 17 grands vitraux.

Il nous a été dit que le vénérable bailly avait obtenu la permission de détruire la dite chapelle, sous la condition d'en faire une moins considérable, plus agréable à l'ornement du château et plus à portée de la commodité du titulaire, à laquelle on entendrait la messe au moyen d'une tribune de plein pied aux appartements. Comme le projet n'a point eu son exécution et qu'il est important de ne point laisser dépérir et consommer par les pluies une voute et une chapelle aussi belles que solides, les commissaires ordonnent de la restaurer.

Les visiteurs constatent la présence des armes de la religion et celles du commandeur de Mailly sur la cheminée de la grande chambre du manoir; ordonnent, à Epréville, de réparer le lambris de la voute du chœur ainsi que la couverture en tuile, ce qui est d'autant plus urgent, disent-ils, que le chœur vient d'être nouvellement décoré d'un autel et d'une contretable très propre, que le défaut de couverture a déjà endommagé et que le curé et les paroissiens demandent cette réparation avec tout l'empressement possible.

Ils trouvèrent comme curés : au Tilleul-Lambert M. Bourdon, depuis 1749; à la Gouberge, Etienne du Boscq, depuis 1752; à Epréville, Alexandre Roussel depuis 1754; à Sacquenville François

grace

ii.

JAC. FR. DE · CHAMBRAY

Chevalier , Grand · *Croix de l'Ordre de*
S. Jean de Jérusalem , · *Lieutenant Général ;*
Vice-amiral de Malthe ; · *mort en 1756. âgé de 70 ans*

Suitte d'Odieuvre Cul de Sac des Vignes.

le Bigre, présenté en 1731 par feu le Bailly de Laval-Montmorency pendant la vacance et le mortuaire du feu commandeur d'Aloigny de la Croix; à la chapelle Martel, Jacques Larmey, *depuis longtemps*, sur le contretable les armes de la religion, celles de M. de Mailly et de Vion de Tessancourt; à Tourville, Guillaume Toustain présenté par M. le marquis de Chambray, procureur de f⁵ Aloigny de la Croix.

Le procès-verbal de cette visite se termine ainsi :

Responsions au Trésor.......	2,410ˡ 3ᵈ 7ˢ
Imposition du 20ᵉ denier.....	472ˡ 15ᵈ 3ˢ
Pensions..................	3,779ˡ
Charges locales	582ˡ
Total.....	7,243ˡ 18ᵈ 10ˢ

La commanderie était louée, par un bail général, 18,000 livres.

JEAN-CHARLES DE BOISROGER DE RUPIERRE

XXXᵉ COMMANDEUR DE SAINT-ETIENNE-DE-RENNEVILLE (1766-1777)

PROCUREUR ET RECEVEUR DU COMMUN TRÉSOR.

D'azur à trois pals d'or.

Le FACTUM suivant nous donnera tout ce qu'il y a d'intéressant sur ce commandeur, tout en fournissant des renseignements sur l'état de la commanderie à cette époque.

« A Son Altesse Eminentissime et Sacré Conseil.

Monseigneur,

« Le chevalier de Rupierre, instruit par les statuts qu'il est défendu aux membres de l'Ordre de citer aucuns de leurs frères à d'autre tribunal qu'à celui des supérieurs, prend la liberté d'implorer la justice de votre Altesse Eminentissime et de son Sacré Conseil, dans l'affaire qu'il est forcé de discuter contre le **vénérable bailli de Saint-Simon**, relativement à la commanderie de Saint-Etienne, dont le chevalier de Rupierre a été pourvu de **grâce prieurale** et dont il jouit depuis le 1ᵉʳ mai 1766, par le délaissement dudit vénérable bailli de Saint-Simon qui la tenait de **grâce magistrale.**

11.

« Cette affaire intéresse essentiellement le bien de l'Ordre : et pour en donner une connaissance parfaite, le chevalier de Rupierre aura l'honneur d'en exposer le détail aux yeux de Votre Altesse Eminentissime et de son Sacré Conseil, dans le présent mémoire qu'il divisera en trois points.

« La première aura pour objet de faire connaître comment le chevalier de Rupierre est parvenu à la Commanderie de Saint-Etienne; la deuxième, le dépérissement dans lequel il a trouvé les bâtiments de cette commanderie; et la troisième, les aliénations faites par le vénérable bailli de Saint-Simon de différentes parties des biens de la dite commanderie.

Première partie

Avènement du chevalier de Rupierre à la commanderie de St-Etienne.

« Le chevalier de Rupierre a fait à ses frais la visite prieurale pour M. le Grand Prieur de France, qui lui promit pour récompense la première commanderie à sa nomination.

« M. le prince de Conti avait conféré pour son premier quinquinium au vénérable bailli de Saint-Simon la commanderie d'Oisemont, avec promesse de la permute s'il en tombait une meilleure dans son casuel. — Dès lors le chevalier de Rupierre avait naturellement lieu de compter sur cette commanderie d'Oisemont, si l'évènement en faisait vaquer une plus avantageuse pour le vénérable bailli de Saint-Simon. — Dans l'intervalle celle de Troye vint à vaquer à la nomination du prince; le chevalier de Rupierre en fit part sur le champ au vénérable bailli de Saint-Simon, à l'effet de la lui requérir; il n'en fit rien, et lui manda le 21 janvier 1763, que c'était pour des raisons trop longues à énumérer mais qu'il pouvait compter qu'il aurait la première bonne commanderie vacante.

« Le chevalier de Rupierre toujours dans la bonne foi que le vénérable bailli de Saint-Simon veillait à ses intérêts, ainsi qu'il l'en assurait, ne chercha point à approfondir les raisons qui avaient empêché le vénérable bailli de requérir la commanderie de Troye; sa confiance était toujours rassurée en lisant ces mots répétés dans plusieurs lettres de ce vénérable bailli : « *Vous pouvez compter que vous aurez la première bonne commanderie qui vaquera.* »

« L'évènement a fait voir au chevalier de Rupierre que ce
vénérable bailli n'a laissé passer cette commanderie de Troye que
parce qu'elle n'était pas suffisante pour remplir ses vues de permute et que toutes les promesses prodiguées dans ses lettres,
n'avaient pour objet que de l'abuser, c'est ici qu'il est aisé de s'en
convaincre.

« La mort du bailli d'Estourmel ayant fait vaquer la commanderie de Boncourt, le chevalier de Rupierre en prévint M. le bailli
de Saint-Simon en lui faisant connaître le revenu de cette commanderie, déduction faite d'une somme de mille livres, dont le
vénérable bailli d'Estournel avait fait remise sur le prix du bail
général au fermier, par raison de diminution de la masure dans
laquelle on avait accoutumé de percevoir les rentes en grains, afin
que si ce vénérable bailli de Saint-Simon pensait à permuter la
commanderie d'Oisemont, il le fît avec connaissance.

« Le chevalier de Rupierre reçut réponse le 8 avril 1765, en ces
termes : « Selon la procuration que Son Altesse avait envoyée à
frère Grégoire Casha pour me donner la commanderie *en remettant
Saint Etienne-de-Renneville*, la commanderie de Boncourt m'a été
conférée : j'ai remis celle de Saint-Etienne qui a été requise en
votre faveur. »

Le chevalier de Rupierre devait d'autant moins s'attendre que
le vénérable bailli de Saint-Simon lui réservait Saint-Etienne au
lieu de Boncourt ou d'Oisemont, que ce vénérable bailli ne lui
avait jamais participé le projet qu'il méditait depuis longtemps
d'abandonner la commanderie de Saint-Etienne.

« Le chevalier de Rupierre, grâces aux bons offices de ce vénérable bailli, a donc été récompensé des peines et des dépenses
que lui a occasionnées la visite prieurale à laquelle il a été occupé
près de trois années, par une commanderie que ce vénérable bailli
a chargée de ses libéralités, en renouvellant toutes les pensions
dont elle avait été grevée de grâce magistrale, et dont il a laissé
les bâtiments dans un dépérissement si affreux, que si ce vénérable
bailli n'était pas tenu de les remettre en bon état, le chevalier de
Rupierre préférerait de l'abandonner plutôt que de l'administrer,
attendu que le peu qui lui reste de net de cette commanderie,
ainsi qu'il le fera voir par un petit état particulier joint au présent
mémoire sous la cote A, ne suffirait de longtemps pour subvenir
aux réparations pressantes qui sont absolument indispensables.

« Il n'a pris la liberté d'exposer à Votre Altesse Eminentissime et à Son Sacré Conseil l'historique de son avènement à la dite commanderie, que pour faire connaître les procédés du vénérable bailli de Saint-Simon dans cette circonstance, et le tort considérable qu'il lui a fait, en laissant passer la commanderie de Troye, dont il serait en jouissance depuis plus de 3 ans, laquelle ne serait pas chargée de pensions que votre auguste prédécesseur avait imposées sur la commanderie de Saint-Etienne en la conférant au dit vénérable bailli de Saint-Simon qui a eu grand soin de les renouveller toutes.

Deuxième partie
Délabrement dans lequel le chevalier de Rupierre a trouvé la commanderie de Saint-Etienne.

« Le chevalier de Rupierre, après la réception de ses Bulles, s'est rendu à Saint-Etienne pour prendre par lui-même connaissance de l'état des biens et des bâtiments de cette commanderie.

« Il a premièrement vérifié qu'il manquait la plus grande partie des meubles d'état constatés par les améliorissements de 1750, et nommément la meilleure partie du linge et de la batterie de cuisine, et en outre six cuillers et six fourchettes d'argent ; et sur la demande que le chevalier de Rupierre a faite de tous ces effets, il a été déclaré par la nommée Delhomme, concierge de la commanderie depuis plus de vingt ans et en présence du sieur Leblond, chargé des affaires de M. le bailli de Saint-Simon, que ce vénérable bailli avait remporté après le départ de Messieurs les commissaires qui ont visité les améliorissements de 1750, le linge, les casseroles, et six couverts d'argent, qui provenaient de la dépouille d'un des curés de la dite commanderie, ce dont le vénérable bailli de Saint-Simon avait hérité et constitués meubles d'état au dit procès-verbal d'améliorissement de 1750.

« La même interpellation a été faite par le commandeur de Rupierre sept ans après, lors de sa visite prieurale, où il s'aperçut que les dits meubles d'état n'existaient plus : et la même réponse est insérée en son procès-verbal de visite, à l'article de la commanderie de Saint-Etienne, déposé en chancellerie de Malte, ce qu'on peut vérifier en cas de négation. Cette même réponse est donc tout à fait conforme à celle qui a été faite à cette occasion **en 1766**, lors de la prise de possession de la dite commanderie,

qui a été dix ans après; et cette uniformité de réponse de la part
des agens du vénérable bailli, faite en différens temps aussi recu-
lés, ne laisse aucun lieu de douter de la réalité de ce fait : et la
preuve la plus convaincante qu'ils en ont été enlevés, est qu'ils
n'y existent plus aujourd'hui.

« Le chevalier de Rupierre a fait ensuite la visite des bâtiments
qu'il a trouvés dans ùn délabrement effrayant; et conformément
au décret du Grand Maître et Sacré Conseil du 16 octobre 1731, il
a fait faire avec toutes les formalités juridiques un procès-verbal
par un architecte expert des réparations dont il sont indispen-
sablement susceptibles.

« Il a l'honneur de joindre ici sous la cote B ce procès-verbal
dont le montant passe 40,000 l.; et sur la foi de l'expert les réparations qui y sont décrites, sont d'autant plus urgentes, qu'on a
été obligé d'étayer la plus grande partie des poutres du château
et aux fermes pour en éviter la chute, et le prix des matériaux
et de la main d'œuvre fixé avec tout le ménagement possible, et
en présence et accompagné du sieur Leblond, chargé des affaires
dudit vénérable bailli, qui n'a voullu signer le dit procès verbal,
attendu, a-t-il dit, qu'il n'avait ni mission, ni pouvoir du dit vénérable bailli de Saint-Simon à cet effet.

« Ce procès-verbal fait aisément juger du désordre affreux dans
lequel sont les bâtiments de cette commanderie, malgré une
jouissance de 25 ans, pendant laquelle le vénérable bailli de Saint-
Simon a obtenu trois commissions au Chapitre pour marquer des
bois; mais j'ignore combien de fois il a coupé.

« Il a fait construire à la vérité un logement pour un régisseur
assez inutile, mais pour substituer à la place d'autres bâtiments
qu'il a fait abattre et dont les matériaux lui ont servi; encore ce
logement a été très mal construit, c'est-à-dire à l'épargne : de
sorte qu'il y faut aujourd'hui des réparations (1).

TROISIÈME PARTIE
*Aliénations de plusieurs parties des biens de la Commanderie
de Saint-Etienne.*

« Le chevalier de Rupierre a découvert cinq aliénations. La
première a été consentie par feu vénérable bailli du Vaugien, sui-

_____

(1) Il existe encore aujourd'hui et sert d'habitation au fermier.

vant le bail à fief perpétuel et irrévocable, passé devant Eustache
Poullain, notaire au Neubourg, le 11 avril 1711, d'une maison sise
au Neubourg, moyennant 50 livres de rente et qui vaudrait
300 livres si elle était dans un état habitable; pour la récupération
de laquelle maison, le vénérable bailli de Saint-Simon n'a jamais
fait aucune démarche, pour éviter sans doute d'en faire les réparations.

« Le bail à fief en sera produit sous la cote C.

« La deuxième a été consentie du propre fait du vénérable bailli
de Saint-Simon, pour 28 acres de terre, moyennant la somme
modique de 173 livres de rente, suivant le bail à fief perpétuel et
irrévocable qu'il en a passé devant Jacques Poullain, notaire au
Neubourg, le 10 avril 1748, joint au présent mémoire sous la
cote D.

« La troisième a pareillement été aliénée par le dit vénérable
bailli pour une acre et demi de terre, moyennant la somme de
12 livres de rente suivant le bail à fief perpétuel et irrévocable,
passé devant Poullain, notaire, le 10 avril 1748, joint sous la
cote E.

« La quatrième a été également aliénée par le dit vénérable
bailli, pour une masure avec 30 perches de terre au bout d'icelle,
pour 4 livres de rente, suivant le bail à fief pour 29 années rapporté
sous la cote E.

« Et la cinquième a été également aliénée par le dit vénérable
bailli pour une vergée et demie de terre pour 29 ans, moyennant
6 livres de rente, suivant l'acte sous seing privé, avec promesse
d'en passer contrat à la première réquisition; relaté dans la lettre
rapportée sous la cote G.

« Ce ne sont pas les seuls objets qui se ressentent de l'administration de ce vénérable bailli : le terrier qu'il a renouvellé en 1751
en est encore un monument bien authentique, puisque par celui
fait en 1697 par M. le chevalier de la Noue de Villiers, alors commandeur de Saint-Etienne-de-Renneville, il y avait pour le fief
d'Epréville seulement 157 articles de déclaration pleins et mouvans
dudit fief, et que par celui fait en 1751 par les soins dudit vénérable bailli de Saint-Simon il ne se trouve pour le dit fief d'Epréville que 23 articles, et encore ce petit nombre n'en forme pas
16 entiers comparés avec les mêmes articles portés au terrier de
1697. Ce qui fait une différence en moins pour le dit fief de

141 articles, et une perte assez considérable pour la commanderie, puisque par le terrier de 1697 les cens et rentes dudit fief, qui se payaient en grains, vaudraient aujourd'hui plus de 400 livres par année.

« Le chevalier de Rupierre en exécution des statuts, a commencé les diligences nécessaires pour faire rentrer parties des objets aliénés sans autorité des supérieurs, au mépris de nos loix, et au grand préjudice de la commanderie.

« En vain le vénérable bailli de Saint-Simon voudrait-il objecter que les terres qu'il a aliénées, n'étaient d'aucune valeur et qu'il a fait le bien de la commanderie. Si ces frivoles allégations méritaient quelqu'indulgence contre la rigueur des statuts, les prévaricateurs ne manqueraient jamais de prétextes pour éluder les peines prononcées par ces statuts; mais sans attendre cette réponse, on produit ici sous la cote H la preuve du contraire, résultante du bail par lequel on verra que des 28 acres aliénés par le vénérable bailli de Saint-Simon pour 173 livres récupérés par le chevalier de Rupierre, qu'il en a déjà affermé 24 acres pour la somme de 240 livres malgré le mauvais état dans lequel les a laissés celui qui en jouissait, lequel n'y a jamais mis pendant sa jouissance aucun engrais, et même est encore débiteur de la plus grande partie des arrérages de la dite rente, qui ne seront jamais payés, et il y a lieu d'espérer en outre un avantage des quatres autres acres non encore affermés.

« Le chevalier de Rupierre à la vérité n'a fait aucune mention dans le procès verbal de sa visite prieurale de 1757 des aliénations qu'il dévoile aujourd'hui, quoique faites dans des années antérieures à la dite visite. Le vénérable bailli ne manquera pas de s'en prévaloir, et d'inculper le visiteur d'avoir gardé un silence à cet égard très répréhensible par nos statuts.

« Le chevalier de Rupierre par sa qualité de visiteur n'a point acquis l'art de devinateur, il n'a pu que s'enquérir suivant la loi prescrite par nos statuts; c'est ce que le chevalier de Rupierre a fait très exactement; il est aisé de le vérifier sur son procès-verbal de visite prieurale, à l'article de la commanderie de Saint-Etienne, dont voici l'extrait : « Nous sommes encore enquis dudit sieur Leblond et de personnes dignes de foi, s'ils ne connaissaient aucuns biens d'aliénés, usurpés ou emphitéosés, nous ont répondu qu'ils ne connaissaient aucune aliénation, usurpation ou emphitéose. »

« Ainsi d'après ces précautions, le chevalier de Rupierre a rempli exactement sa commission.

« Le chevalier de Rupierre a fait part de toutes ces observations au vénérable bailli de Saint-Simon qui lui a répondu le 30 janvier dernier, « *qu'il voyait bien qu'il ne savait pas les statuts, qu'il avait fait ses améliorissements, et subi la visite prieurale; que dès lors on n'avait rien à lui demander* : il ajoute, *la Providence est heureusement venue à mon secours parce que c'est vous qui avez été nommé pour visiter mes améliorissements et faire la visite prieurale.* »

« En effet, il y a 16 ans que le chevalier de Rupierre a visité les améliorissements de la commanderie de Saint-Etienne, et au moins dix qu'il a fait la visite prieurale; mais outre qu'il n'a pu garantir la durée des réparations faites depuis les améliorissements, et celles ordonnées dans la visite prieurale, il est impossible que depuis un aussi long espace de tems, il ne soit survenu des réparations et même des accidents au grand nombre des batiments, de murs et de clôture de cette commanderie qu'on a négligée dans l'intention de la permute et mal entretenue par une suite sans doute du préjugé où est le vénérable bailli, qu'après avoir fait les améliorissements, rempli les ordonnances de la visite prieurale, l'on n'était plus tenu à rien.

« La preuve que la plus grande partie des bâtimens de cette commanderie étaient en très mauvais état, en résulte aussi dans le procès-verbal de la visite prieurale de 1757, à l'article de cette commanderie, il y est constaté en ces termes précis : « *Les terribles ouragans survenus le 2 avril de la présente année, n'ont pas épargné les bâtimens de cette commanderie, et y ont causé de grands dommages. C'est après en avoir vu les désordres que nous ne pouvons nous dispenser d'ordonner le prompt rétablissement de quelques uns totalement culbutés, et les autres prêts à crouler, et dont la chute entraînerait un dépérissement considérable aux charpentes, etc.* »

« Les désordres ont été annoncés par la visite prieurale, le rétablissement des bâtimens les plus pressans ordonné; mais l'exécution des ordonnances n'a été constatée que par les officiers de la justice de cette commanderie, toujours dévoués par complaisance ou par soumission à celui qui les a commis, peu connaisseurs en bonne construction, et qui n'ont pas pris la peine de monter aux clochers, de visiter les charpentes pour vérifier la bonne ou mauvaise réparation; ce qui n'est d'ailleurs nullement de leur compétence, lorsqu'ils ne sont pas assistés par des gens de l'art.

« Mais la preuve que ces ordonnances n'ont pas été remplies régulièrement, ou du moins mal exécutées, c'est qu'il avait été ordonné des réparations solides et qu'il n'a été fait à la chapelle du château, ainsi qu'aux autres bâtimens, que des rhabillages de peu de durée, à l'épargne, et pour tromper seulement les yeux. De sorte qu'il faut aujourd'hui faire une dépense de plus de 2,000 livres pour mettre cette chapelle en état de subsister : ce qui est démontré par le procès-verbal joint à ce mémoire.

« Enfin le chevalier de Rupierre a répondu à ce vénérable bailli qu'il était absurde de prétendre qu'après l'obligation remplie des améliorissements et de la visite prieurale, l'ont fut affranchi de celle où sont tous les bénéficiers et commandeurs d'entretenir les bâtiments, de bien administrer les biens et revenus, d'en empêcher la perte, et de procurer le recouvrement de ceux qui peuvent être usurpés et aliénés, enfin de le gouverner en bon père de famille. (Obligation indispensable d'un titulaire).

« Le devoir le plus austère imposait au chevalier de Rupierre l'étroite obligation de dévoiler l'administration de cette commanderie : le silence en pareil cas est très repréhensible par les statuts : le chevalier de Rupierre n'a ni dû ni pu enfreindre la loi. Forcé de réclamer votre justice, *Monseigneur*, et celle du Sacré Conseil, pour contraindre le vénérable bailli de Saint-Simon aux frais des réparations de tout ce qu'il a laissé dépérir, il voudrait écarter des yeux de ce même conseil les statuts, au moment où cet auguste tribunal prononcera sur une affaire si délicate, afin d'épargner à ce vénérable bailli la sévérité de la punition qu'à décidée la loi.

« Le vénérable bailli de Saint-Simon n'ayant fait donner satisfaction au chevalier de Rupierre, il ose espérer, *Monseigneur*, de la justice de Votre Altesse Eminentissime et de son Sacré Conseil, que le vénérable bailli de Saint-Simon sera condamné :

1º A remplacer tous les meubles d'état manquans, et ceux constatés par les améliorissements de 1750.

2º De faire faire à ses frais et dépens les réparations mentionnées au susdit procès-verbal, ainsi qu'à la reconstruction de la maison du Neubourg, induement aliénée à la vérité par feu M. le bailli du Vaugien, mais que le dit vénérable bailli de Saint-Simon aurait du récupérer à ses frais, et réparer pendant l'espace de

25 ans qu'il a joui de la dite commanderie. Comme aussi de l'indemniser des dommages que les fermiers pourraient prétendre par le défaut de réparations et mauvais état des bâtimens, dans lequel le vénérable bailli de Saint-Simon les a laissés, et qui s'accroît chaque jour.

3° De rembourser au chevalier de Rupierre les dépenses occasionnées tant par les diligences faites et à faire pour la récupération des parties aliénées ci-devant désignées, que pour les frais de la visite des bâtimens faite par le juré expert et la rédaction de son procès-verbal.

4° De rembourser tous les frais qui seront occasionnés par la poursuite des reconnaissances omises dans le terrier imparfait produit par le vénérable bailli de Saint-Simon, du tout sous les quittances qui en seront représentées et que vu l'authenticité dudit procès-verbal, il sera permis au chevalier de Rupierre de saisir provisoirement les fermages des commanderies dudit vénérable bailli de Saint-Simon, pour sûreté des réparations y contenues, et que les deniers en provenans seront déposés aux mains d'un sequestre qu'il plaira à Votre Altesse Eminentissime et Sacré Conseil de commettre, pour être employés aux réparations jusqu'à perfection d'icelles.

« Le chevalier de Rupierre ose encore espérer de la bonté et de la justice de Votre Altesse Eminentissime et de son Sacré Conseil un prompt jugement, attendu la nécessité pressante de travailler aux dites réparations qui exigent la plus grande célérité, que le moindre délai rendrait encore plus considérable et en prenant aussi en considération les risques que court le suppliant s'il arrivait quelque fâcheux évènement, dont Dieu garde aux jours de ce vénérable bailli de Saint-Simon.

Signé :

Le chevalier de Rupierre.

Ce *Factum* se termine par les pièces justificatives annoncées, à l'exception malheureusement des cotes A et B qui n'ont pas été imprimées. La cote C est ainsi intitulée : Bail à fief pour la maison du Neubourg fait par très haut, illustre et excellent seigneur Messire f° Louis Feydeau du Vaugien, chevalier de l'Ordre de Jérusalem, grand hospitalier dudit ordre, commandeur de Saint-Etienne-de-Renneville, étant présent en son château de la dite commanderie à Maître Pierre Dulong, contrôleur des titres. — La cote D est : un bail de 28 acres pour 173 livres par très haut et très illustre seigneur Claude de Saint-Simon, chevalier, grand croix de l'Ordre de Saint-Jean de Jérusalem, ci-devant général des galères de Malte, ambassadeur extraordinaire auprès du roi des Deux-Siciles, commandeur de Saint-Etienne, à Messire Jacques-Joseph de Nollent, chevalier, seigneur d'Emanville, des Landes, etc. — La cote E, bail à fief par le même à Simon Carré, journalier. — La cote F, bail par le même présent en son château, pour une masure et 29 perches à Messire Georges J.-B. de Lieurey, seigneur d'Omonville, demeurant en sa terre d'Omonville, paroisse du Tremblay, la masure située à Omonville qui borne d'un côté Thomas Danois, d'un autre côté la rue, d'un bout la grande rue du village et d'autre bout les Forières. — La cote G, aliénation à Jacques Vautier. — Enfin la cote H, bail à ferme par le chevalier de Rupierre, chevalier de l'Ordre de Saint-Jean de Jérusalem, commandeur des commanderies de Louviers-Vaumion et de Saint-Etienne-de-Renneville, procureur général et receveur du Commun Trésor dudit Ordre au Grand Prieuré de France, demeurant à Paris à l'Hôtel d'Auvergne, rue Saint-Honoré, paroisse Saint-Roch, à Eustache et Eustache Deportes, père et fils, laboureurs, du Tilleul-Lambert (1).

Nous ignorons quel fut le jugement du Grand Maître et du Sacré Conseil. Ce qui est certain c'est que le chevalier de Rupierre restaura la commanderie et fit tous ses efforts pour lui rendre son antique splendeur. En effet la commanderie de Saint-Etienne qui sous le bailli de Saint-Simon rapportait à peine 19,577 livres, était affermée sous le successeur du chevalier de Rupierre 45,000 livres! Sa valeur avait donc plus que doublé! Il ne restait, comme charges, que 200 livres pour les *responsions* et une seule pension de 347 livres (2) servie au commandeur Baromesnil.

Voilà ce que peut un administrateur fidèle et intelligent!

(1) Factums de la Bibl. Nat. F $\frac{4}{3}$ | 1285 / 28691 | 28709 Rulhe. / Rupierre.

(2) Par un édit du mois de mai 1768 le roi avait essayé de soumettre tous les curés au droit commun et de leur assurer un revenu suffisant pour leur subsistance, c'était la fixation de la portion congrue. Mais cet édit, accepté des évêques dans la sphère si limitée de leur juridiction, fut annulé, en ce qui

JEAN-CHARLES-LOUIS DE MESGRIGNY DE VILLEBERTIN

XXXIᵉ ET DERNIER COMMANDEUR DE SAINT-ETIENNE-DE-RENNEVILLE
(1777-1789).

D'argent au lion d'or rampant, de sable.

Jean-Charles-Louis naquit le 29 août 1745 de Pierre-François de Mesgrigny, vicomte de Troyes, seigneur de Villebertin et fut reçu dans l'Ordre de Malte de minorité par bref du 6 janvier 1746. Sa devise était : *Deus fortitudo mea*. Nous le trouvons déjà commandeur du Sauce et d'Auxerre (Yonne) en 1767 et il obtint, en 1787, de grâce magistrale, la commanderie de Ponthaubert.

Parmi les chevaliers de ce nom entrés dans l'Ordre, citons : Pierre-Antoine-Charles de Mesgrigny de Villebertin, né le 22 avril 1747, reçu de minorité le 31 janvier 1749, devenu commandeur de Sainte-Vaubourg en 1783; Adrien-Charles-Marie, admis de

concerne l'Ordre de Malte, par des lettres patentes de la même année qui nous font connaître les droits de cet Ordre sur les curés réservés à sa nomination : « Nos chers et bien aimés les prieurs, baillis, commandeurs, chevaliers, frères et religieux de l'Ordre de Malte, nous ont fait représenter que par leur statut 1, 26 et 27 du titre de l'Eglise, il est donné pouvoir aux chapitres provinciaux et prieurs, de constituer et assigner aux curés, vicaires et bénéficiers croisés, administrant les sacrements dans les églises paroissiales dépendantes des dits prieurés et commanderies ce qu'ils jugeraient nécessaire pour s'entretenir honnêtement; qu'en conséquence les lois qui jusqu'à présent ont été faites par les rois nos prédécesseurs, pour régler les portions congrues n'ont point eu d'exécution dans les paroisses dépendantes de leurs prieurés et commanderies d'autant plus que les dits curés, vicaires et bénéficiers desservant les dites paroisses sont sujets à aucuns décimes, l'Ordre les payant pour eux et n'ont aucuns frais de visite à supporter. Que la différence des temps ayant exigé qu'ils donnassent à leurs curés des sommes proportionnées aux prix des denrées, ils leur ont assigné les secours particuliers que les circonstances exigeaient toutes les fois que les dits curés se sont adressés aux chapitres provinciaux, ce qui est prouvé par une suite de délibérations desdits chapitres. — La protection constante que nous accordons au dit Ordre de Malte et la confiance que nous avons en son administration nous portent d'autant plus volontiers à le confirmer dans ses privilèges et à nous reposer sur lui du soin de pourvoir à la subsistance de ses curés. — A ces causes, etc. »

Le clergé sous l'ancien régime, par Elie Méric, p. 15 et 16.

minorité et non reçu, le 1er août 1778; Marie-Pierre-François, admis en minorité et non reçu en la langue de France, le 29 novembre 1783, autorisé le 9 avril 1824; le comte Adrien-Charles-Marie, admis de minorité, le 1er août 1778, chevalier de Saint-Louis; Joseph, fils de François de Mesgrigny et de Renée de Bueil, reçu le 12 avril 1656; Jean-Antoine et Jean-Louis fils de Jacques-Louis de Mesgrigny et de Charlotte le Prestre de Vauban, reçus le 15 novembre 1679; enfin Louis, fils de Jean de Mesgrigny, VIIe du nom, et de Marie Bouguier, capitaine au régiment de Navarre, tué à l'armée.

Ainsi que son prédécesseur, fe de Mesgrigny, quoique résidant habituellement à Troyes, prit cependant à cœur les intérêts de sa commanderie et la maintint jusqu'à la suppression de l'Ordre dans la plus grande prospérité. C'est lui qui eut la douleur de voir vendre ce manoir où ses frères avaient vécu plus de 400 ans répandant autour d'eux les aumônes les plus abondantes et donnant aux populations l'exemple des plus héroïques vertus. Souvent on devait, aux veillées d'hiver, s'entretenir de leurs prouesses contre les infidèles, de leurs vaillants faits d'armes et ces récits maintenaient autour de leur front cette auréole de gloire que nous avons cherché à retracer dans ces pages.

Puissent ces populations en lisant cette notice, basée sur des titres authentiques, oublier toutes ces légendes qui ont noirci ces braves chevaliers et retenir toujours que le courage et la valeur qui s'appuient sur une foi vive, est invincible!

Si on me demande quel fut le sort de Malte pendant la période révolutionnaire, je répondrai par ce passage de Poujoulat (1) : « Quand Bonaparte se présenta le 9 juin 1798 devant les îles de Goze, Comino et Malte, la place avait douze cents pièces de canon, 40,000 fusils et des vivres pour trois ans. Rien n'y manquait, rien que des hommes : le temps des l'Isle-Adam et des la Valette était passé. La propagande révolutionnaire n'avait point négligé les Maltais; les chevaliers, dont l'influence baissait depuis de longues années, n'eussent pas trouvé chez le peuple un auxiliaire fidèle. Les plus glorieuses institutions finissent; mais au moins doivent-elles se faire de belles funérailles : l'Ordre de Malte, en tombant, ne se souvint point des magnifiques exemples qui remplissent son

(1) *Histoire de la Révolution Française*, tome II, p. 316.

histoire. Le 11 juin, à la pointe du jour, un plénipotentiaire du grand maître Hompesch vint a bord du vaisseau *l'Orient* pour traiter de la reddition de la place. Le 12 juin, à deux heures du matin on signa la capitulation. Quelques heures après, les ports et les forts de Malte étaient remis aux Français. Les îles de Malte, Goze, Comino passaient en notre pouvoir. A la vue des fossés, escarpes et contrescarpes qui défendaient la place, Caffarelli disait plaisamment : « Il est heureux qu'il y ait eu du monde dedans pour nous ouvrir les portes. »

Le baron d'Hompesch partit le 17 juin pour Trieste; on lui promettait 100,000 écus de pension et, sa vie durant, une principauté qui valût ce qu'il perdait ; ce dernier article serait traité au congrès de Radstadt. Le 18, il ne restait plus à Malte un seul chevalier. Chaque chevalier français pouvait rentrer dans sa patrie avec une pension viagère de 700 livres. Cent écus de plus était accordés aux chevaliers âgés de plus de 60 ans.

En 1789, l'Ordre de Saint-Jean possédait encore vingt millions de revenu dans les divers pays d'Europe. La Révolution française en prit sa part. Bonaparte frappa les chevaliers au cœur même de leur empire; mais, répétons-le, cette vieille puissance n'avait plus que des pierres pour se défendre; « ce ne sont pas les bastions qui sauvent, mais les bras des vaillants. »

Quant à la commanderie de Renneville qui fut la plus belle du pays normand nous avons dit que, respectée par la Révolution, du moins en partie, elle vit détruire son château en 1848 et disperser de tous côtés ce qu'elle avait de plus intéressant. C'est ainsi qu'au mois d'août dernier nous avons eu le bonheur de retrouver chez M. le docteur Auzouz, de Saint-Aubin d'Ecrosville, l'effigie en pierre de Richard d'Harcourt, le fondateur de la Commanderie. Il est représenté revêtu de sa cotte de maille, les mains jointes, l'écu très allongé comme on le portait à la fin du xiiᵉ siècle, et deux fasces ne laissent aucun doute sur le nom du chevalier. Malheureusement la figure est frustre, mais la pose, la cotte de maille, le masque rabattu, etc., donnent de curieux détails pour la statuaire de cet époque. Nous espérons reproduire cette effigie dans le tirage à part, de face et de profil.

Après la Révolution Française l'Ordre des Chevaliers de Malte s'est reconstitué à Rome, non plus d'une manière militante, mais comme escorte d'honneur des Souverains Pontifes, disposé cependant, le cas échéant, à reprendre sa place glorieuse sur les champs de bataille comme au chevet des malades. Un jour peut-être nous verrons ces illustres chevaliers retourner dans cette terre d'Afrique arrosée du sang de leurs frères pour y planter l'étendard de la croix et faire reculer la barbarie en faisant connaître la douce religion du Christ.

FIN

APPENDICE I

Prébendés de Sainte-Colombe-la-Campagne.

Le Chapitre d'Evreux avec les revenus qu'il possédait dans cette paroisse forma la prébende dont était titulaire en 1458 Simon Chevestre. Elle était très ancienne, comme nous l'avons dit, et valait en 1739 cinq cents livres (1). Voici quelques noms extraits du Grand Pouillé des Archives (G 22 à G 35) :

1494 (19 mars)..... — Jacques de Tilques.
    »   »   François Allard.
1533 (15 mars)..... — Jean Olivier.
    »   ›   Jean Bauldry.
1533 (15 mars)..... — Jean Callemesnil.
    »   »   Jean Mainnemare.
1544 (1 juin) ...... — Nicolas de Fouille.
1549 (13 juillet).... — Olivier Le Brun.
    ›   »   Nicolas Maillard.
1587 (13 janvier)... — Etienne Le Velu.
    ›   »   Pierre Hoyau, puis René Guénée.
1601   —   — Jean de Salettes.
1607 (23 septembre) — Adrien de Quénel, archid. du Neubourg.
1643 (19 mars)..... — Guillaume de Péricard.
1649 (6 juin) ...... — Jacques Picot.
1654 (7 avril)...... — J.-B. Forest et Jean Costard.
1666 (18 mai)...... — Jean de Montauban.
    › (22 juin) ..... — Jean Loyer.
1749   —   — Savary des Bruslons.
1783 (5 mai)....... — Ignace-Augustin-Gabriel Boniface.

Curés de Sainte-Colombe-la-Campagne

1211   —   — Richard d'Esmaleville.
1469   —   — Guillaume le Roy.
1476   —   — Frère Mathieu Guart.

(1) Cf. *Sem. Relig.* 1895, n° 31, p. 614.

1486 — — Etienne Auguste, présenté par le prieur du Parc d'Harcourt à qui Marie d'Harcourt, veuve d'Antoine de Lorraine avait donné le patronage en 1473. — Ce curé mourut à Sainte-Colombe le 20 septembre 1493.

1493 (7 octobre) ... — Jacques Le Marchand, mort le 13 juin 1508.

1508 — — Frère Robert Tallon, présenté par Richard Amiot, prieur du Parc. Il se démit le 13 mai 1512.

1512 (13 mai)...... — Frère Robert Valée, mort à Ste-Colombe en 1524.

1524 — — Frère Jacques Lambert, mort à Sainte-Colombe le 25 mars 1537.

1537 (25 mars)..... — Frère Louis Godet, mort le 17 juillet 1540.

1540 — — Frère Jean Lemaire.

1544 (veille de Pâques)... — Frère Gillet du Guernier, présenté par Bénigne le Clerc, mort en octobre 1548.

1548 (31 octobre)... — Frère Richard Coquerel, jusqu'au 30 nov. 1558.

1558 (30 novembre). — Frère Léger Pesset, mort en octobre 1586.

1586 (27 octobre)... — Frère Jacques le Mereyer, déposé à cause de ses crimes en décembre 1608, par Raoul Boullent, chanoine d'Evreux, prieur commandataire du Parc.

1608 (28 janvier)... — Frère Jacques le Febvre, mort le 2 déc. 1636.

1636 (2 décembre) . — Frère Charles la Biche, nommé le 8 janvier 1639 à la cure de Saint-Ouen-d'Harcourt.

1639 (8 janvier).... — Frère Jean Doucet.

1642 (4 octobre).... — Frère Pierre Lescalopier, qui se démit en 1643.

1643 (6 février) .... — Antoine du Becquet qui eut pour vicaires en 1660 Jean Brocour, en 1666 Desmarettes et Delarue, en 1668 Rouzée, puis M. Donzéi; « Le 24 novembre 1683, dom Antoine du Becquet, prieur curé de Sainte-Colombe, âgé de 70 ans, ren-

12.

dit hier son âme à Dieu après avoir reçu les sacrements de l'Eglise. Son corps fut inhumé dans l'église de la paroisse de Sainte-Colombe, en présence de Simon Picot et Nicolas Coullevée de la dite paroisse. »

1683 (1er décembre). — Frère Jean Boislève.

1688 (1er avril)..... — L. Costil dont les vicaires furent : en 1688 Donzéi, 1690 Damoy et Chéruel, 1692 Laurent Gents, 1694 Savourey, 1696 Vesque, 1697 Chevalier Gabriel, 1698 Motte, 1700 Gastine, mort en 1713. — Le prieur partit de Sainte-Colombe vers 1712.

1712 — — Frère Georges Gérard qui eut jusqu'à sa mort M. Omont (Osmont) pour vicaire. « Le 28 mai 1734 a été inhumé dans l'église de ce lieu Me Georges Gérard, prieur curé de cette paroisse, âgé d'environ 56 ans, par le prieur de l'abbaye du Parc et autres Messieurs de la congrégation sous-signés. » Signatures : Fouret; Delahaye, prieur d'Harcourt; Osmont, vicaire, etc. Ce dernier devint curé de la Gouberge.

1734 (14 novembre) — Frère Desmares de Grainville qui eut pour vicaires : en 1746 Bove et Dubos, 1748 Pipon, 1750 frère Cousine, 1752 Lesage, 1753 Josset jusqu'en 1756. « Le 18 mars 1759 a été inhumé dans le chœur de cette église le corps de Louis Desmares de Grainville, prieur curé de cette paroisse, âgé de 62 ans. Inhumé par moi soussigné chanoine régulier du prieuré du Parc d'Harcourt, en présence du prieur d'Ecardenville et du chapelain de la commanderie. » Souvent le chapelain aidait le prieur. Dans les registres nous avons trouvé en effet Dubosc,

Beaumesnil, André le Villain (1753) chapelains de la commanderie.

1759 (30 mai)...... — Frère Socquard de Villers. Vicaires, en 1760 Heurtematte, 1762 Lasnier. Ce dernier prit par la suite le titre de vicaire desservant à cause de l'absence du prieur obligé de faire beaucoup de démarches pour la restauration de son presbytère devenu inhabitable. Nous ignorons l'époque de son départ car tous les actes sont signés par M. Lasnier jusqu'en 1771. Cependant dans les comptes des trésoriers nous lisons en 1766 : cent livres pour les honoraires de Mᵉ Toissonnier, prieur curé. Sans cette note nous aurions ignoré l'existence de ce curé qui n'a signé aucun acte.

1766 (septembre)... — M. Toissonnier, prieur curé (Arch. de l'Eure, G. 1159). En 1768 la cloche fut refondue et le presbytère restauré.

1771 — — M. Bernays, qui fut 34 ans curé et vit la période révolutionnaire. D'après les comptes des trésoriers l'église elle-même avait été reconstruite. Les recettes montaient en moyenne à 484 livres 2 sols 9 deniers. Vicaires : Lasnier, 1775 Hue, etc. En 1804 il y eut un jubilé et à cette occasion plusieurs personnes mariées civilement en profitèrent pour se marier à l'église. On supprima la publication des bans. — Par son testament M. Bernays légua à la fabrique un calice en vermeil, un ostensoir en argent et un saint ciboire. Il mourut le 20 juin 1813 âgé de 82 ans.

1813 (juillet) ...... — M. Ducy, curé jusqu'en 1838 époque de sa longue maladie. A partir de ce moment, M. Hérout, vicaire du Neubourg, s'occupa de la paroisse et M. Ducy ayant donné sa démission, il devint curé vers le mois de juillet 1841. M. Ducy mourut le 15 février 1842 et fut inhumé par M. Préaux, curé-doyen de St-Taurin, en présence de M. Dutheil, curé-doyen du Neubourg; Dulong, curé d'Iville; Fermanel, curé d'Emanville; Lebas, curé de Crosville; Rémont, curé de Carsix; Delamarre, curé de Marbeuf; Montguillon, curé du Tilleul-Lambert et Hérout, curé de Sainte-Colombe.

1841 (juillet) ...... — M. Hérout, mort le 14 mars 1865 à l'âge de 67 ans, il était né le 3 octobre 1798. — L'inhumation eut lieu en présence de MM. les doyens de Saint-Taurin et du Neubourg, des curés de Combon et de Graveron. Ce dernier, M. Coutellier, desservit la paroisse jusqu'à la fin d'août.

1865 (août)........ — M. Bonnet, mort le 11 octobre 1867, inhumé en présence de M. Leroux, doyen du Neubourg; de Messieurs : Ledanois, curé d'Harcourt; Delamare, curé de Marbeuf; Pelletier, curé de Saint-Aubin, curé de Barquet; Delahaye, curé d'Ormes; Maillard, curé de Quittebeuf; Onfroy, curé de Crosville, curé de N.-D. de l'Isle; l'abbé Fouquet; Masqueray, curé du Tremblay; Lenormand, chanoine. M. Bonnet avait 48 ans. La paroisse fut desservie par le curé du Tremblay jusqu'au 1er juillet.

1868 (1er juillet) ... — M. Pierre Désiré Grard, jusqu'au 23 avril 1883. — A la suite de difficultés avec le conseil municipal au sujet d'une porte de sacristie, dont l'utilité ne faisait doute pour personne, et que ses ennemis, jadis ses amis, s'obstinèrent à faire reboucher, il dut bien malgré lui céder

à l'orage sur l'ordre de son évêque et
accepter la paroisse de Giverville. En
s'en allant il emporta les regrets de la
majorité de ses paroissiens et de tous les
habitants du Tremblay sans exception,
qui l'eurent toujours en très haute
estime.

Depuis cette époque la paroisse, malgré son importance, a toujours été desservie par les curés du Tremblay : M. Guéry du
24 juillet 1883 au mois de juillet 1889, époque de sa nomination
au Lycée d'Evreux; M. Lasnon 1889 à 1893, date de son départ
pour Francheville et M. l'abbé Gérard, curé actuel du Tremblay.

APPENDICE II

Possessions de l'Abbaye de Saint-Sauveur
a Sainte-Colombe-la-Campagne.

1220.

Charte de Nicolas Baligan par laquelle il vend 20 deniers de rente,
plus 12, 2 chapons et 10 œufs.

Notum sit omnibus presentibus et futuris quod ego Nicholaus
Baligan assensu helouis uxoris mec vencdidi A... (1) Dei gratia
Sancti Salvatoris abbatisse ebroicensis et ejusdem loci conventui
ad ragnevill XX denarios quos michi debebat Galterus faber de
redditu et XII denarios et duos capones et decem ova quos michi
reddebat Galterius faber de redditu ad sanctum Remigium et pro
venditione ista dedit nobis predicta abbatissa XX solidos turonen-
sium. Ego vero et uxor mea forjuravimus predicta vendita et ut
hoc esset firmum et stabile ego predictus Nicholaus hanc cartam
sigilli mei munimine roboravi. — Anno Domini MCCXXII. Testes :
Ricardus Colet presbiter, Willelmus frater abbatisse, Willelmus

(1) C'était Agnès, 9e abbesse de Saint-Sauveur.

Clericus, Philippus de Asneriis, Christophorus, Galterus faber de Ragnevill, Johannes filius ejus, Galterus faber et plures alii.

1239.

Charte de Sellon Avice, vente d'une rente de 6 sols, etc.

Sciant omnes presentes et futuri quod ego Sello Avice vendidi, concessi hac presenti carta confirmavi abbatisse (1) et conventui Sancti Salvatoris ebroicensis pro sexaginta solidis turonensibus de quibus me teneo plenarie pro pagato sex solidos monete currentis annui redditus ad festum Sancti Remigii sitos super tres pecias terre sitos in parrochia Sancte Columbe quarum una pecia sita est inter terram Radulphi de Saquenvill et una parte et terram Radulphi Avice ex altera ad Feugerei. Alia pecia sita est ad campum Galteri inter terram Aalepdis Lamorele ex una parte et terram Agnetis Latone ex altera. Ita videlicet quod dicta abbatissa et conventus tenebunt in perpetuum et jure hereditario possidebunt, percipient et habebunt predictum redditum apud Ebroicas de me et heredibus meis singulis annis ad dictum festum integre, libere, pacifice et quiete sine contradictione aliqua mei et heredum meorum. Et ego prenominatus Sello et heredes mei tenemur prefate abbatisse, conventui et earum succedentibus predictum redditum defendere bona fide contra omnes, addito quod poterant facere plenariam justiciam super tres pecias terre supra dictas si necesse fuerit pro redditu supradicto et emenda. Juravi siquidem tactis sacrosanctis evangeliis hec omnia pro ut superius sunt expressa tenere firmiter et inviolabiliter observare, quod ut firmum et stabile permaneat presentem cartam sigilli mei munimine roboravi. — Actum publice anno gratie MCC trigesimo nono, mense maii.

1247.

Charte de Jean le Febvre de Renneville portant vente de 10 sols de rente, etc.

Sciant omnes presentes et futuri quod ego Johannes faber de Rannevilla vendidi, concessi et hac presenti carta confirmavi

_____

(1) C'était Emeline, 14ᵉ abbesse de Saint-Sauveur.

abbatisse (1) et conventui Sancti Salvatoris ebroicensis decem
solidos currentis monete annui redditus assignatos ad festum
Sancti Remigii super totum tenementum meum situm in parrochia Sancte Columbe in eleemosina dictarum abbatisse et conventus percipiendas imperpetuum et habendos prefatis monialibus et
earum successoribus libere, quiete et pacifice ad terminum predictum de toto tenemento predicto per manum meam et heredum
meorum et per manus illorum qui dictum tenementum pro
tempore tenebunt. Ego vero prenominatus Johannes et heredes
mei predictos decem solidos currentis monete annui redditus prefatis monialibus et earumdem successores in perceptione redditus
supradicti indempnes conservare. Pro hac autem venditione et
concessione redditus supradicti prenominate moniales dederunt
michi octo libras turonenses in pecunia numerata. Et ut hoc
ratum et stabile imperpetuum permaneat ego prenominatus
Johannes faber presens scriptum sigilli mei munimine roboravi.

Actum anno Domini M.CC. quadragesimo septimo, mense maii.

1261.

Charte de Jean dit de Pasker : rente de 6 sols de rente, etc.

Noverint universi presentes pariter et futuri quod ego Johannes
dictus de Pasker vendidi, concessi religiosis et nobilibus duabus
abbatisse (2) et conventui Sancti Salvatoris Ebroicensis sex solidos
monete currentis annui redditus sitos super quandam peciam terre
sitam apud le faudeiz in parrochia Sancte Columbe inter terram
Ricardi de Pasker ex una parte et terram Roberti Pelerin ex alia
parte pro quinquaginta et quinque solidis turonensibus de quibus
predicte religiose michi plenarie satisfecerunt in pecunia numerata habendos et percipiendos religiosis et earum successoribus
integre, pacifice, libere et quiete apud Ebroicas in abbatia Sancti
Salvatoris singulis annis ad festum Sancti Remigii per manus meas
et heredum meorum seu per manus illorum qui pro tempore dic-
tam peciam terre tenebunt et possidebunt. Ita videlicet quod ego
antedictus Johannes vel heredes mei predictam peciam terre non
poterimus vendere, dare, elemosinare, distrahere, honerare nec

(1) C'était Jeanne. IIᵉ du nom, 15ᵉ abbesse de Saint-Sauveur.
(2) C'était Isabelle, 16ᵉ abbesse de Saint-Sauveur.

alio modo alienare nisi de assensu, licentia et voluntate dictarum religiosarum et earum successorum. Poterunt etiam dicte religiose et earum successores facere justiciam suam plenarie in predicta pecia terre absque contradictione mei et heredum meorum si prefatus redditus non fuerit eis persolutus ad terminum prenotatum. Ego vero prenominatus Johannes et mei heredes predictis religiosis et earum successoribus prefatum redditum contra omnes tenemur garantizare et alibi si necesse fuerit in propria hereditate nostra valore ad valorem excambiare. Et ut hoc ratum et stabile permaneat in futurum ego antedictus Johannes predictam cartam sigilli mei munimine roboravi.

Actum anno gratie M.CC. sexagesimo primo, mense octobris.

1266.

Charte de Roger dit Ami du Mesnil-Froid : vente d'une pièce de terre.

Sciant omnes presentes et futuri quod ego Rogerius dictus Amicus de Mesnillo-Frode vendidi, concessi et omnino dereliqui abbatisse (1) et conventui S^{ti} Salvatoris ebroicensis quicquid juris habebam et habere poteram ex quacumque causa in quadam pecia terre sita in parrochia Sancte Columbe apud Rananvillam inter terram Johannis Avicie ex una parte et terram Radulphi de Sackanvilla ex altera pro quinquaginta solidis turonensibus de quibus predicte moniales michi plenarie satisfecerunt in pecunia numerata. Ita videlicet quod prenominata abbatissa et conventus et earum successores predictam peciam terre imperpetuum tenebunt, possidebunt et habebunt libere, quiete et pacifice absque ulla reclamatione mei et heredum meorum. Ego vero prenominatus Rogerus et heredes mei (prenominati) predictis monialibus et earum successoribus predictam peciam terre contra omnes tenemur garantizare et alibi in propria hereditate nostra ubicumque reperta sit valore ad valorem excambiare si necesse fuerit. Juravi etiam ego prenominatus Rogerus sponte tactis sacrosanctis evangeliis quod in predicta pecia terre per me vel per alium aliquid de cetero non reclamabo. In cujus rei testimonium ego predictus Rogerus presentem cartam sigilli mei munimine roboravi.

Actum anno Domini M.CC. sexagesimo sexto, mense novembri.

(1) C'était Nicolle, 17e abbesse de Saint-Sauveur.

1266.

Charte de Jean dit Pointel : vente d'une rente de 3 sols
pour 25 sols tournois.

Sciant omnes presentes et futuri quod ego Johannes dictus
Pointel de Ranavilla vendidi, concessi et hac presenti carta confirmavi abbatisse et conventui Sancti Salvatoris ebroicensis tres
solidos turonenses annui redditus ad festum Sancti Remigii sitos
super unam peciam terre mee sitam in parrochia Sancte Columbe
apud Rananvillam in elemosina predictarum abbatisse et conventus.
ad Dumum Aufraune inter terram heredum Guillelmi dicti Aalou
senioris defuncti ex una parte et terram Odelini cognate mee ex
altera pro viginti et quinque solidis turonensibus de quibus predicte moniales michi plenarie satisfecerunt in pecunia numerata.
Ita videlicet quod predicte moniales predictos tres solidos annuos
ad predictum festum imperpetuum percipient et habebunt libere,
quiete et pacifice de predicta pecia terre per manus meas et
per manus heredum meorum vel per manus illorum qui predictam
peciam terre pro tempore tenebunt. Ego vero prenominatus
Johannes et heredes mei prefatis abbatisse et conventui predictos
tres solidos annuos contra omnes tenemur garantizare et alibi in
propria hereditate nostra ubicumque reperta sit valore ad valorem
excambiare si necesse fuerit. Et ut hoc ratum et stabile imperpetuum permaneat ego prenominatus Johannes presentem cartam
sigilli mei munimine roboravi.

Actum anno Domini M.CC. sexagesimo sexto, mense Decembri.

Dans un aveu rendu au roi par l'abbesse de Saint-Sauveur, on
lit ceci :

« Le fief et seigneurie de Renneville la Champagne relevant aussi
immédiatement de Sa Majesté consistant seulement en 4 livres
10 sols de rentes seigneuriales, reliefs et treizièmes en conséquence
des héritages relevant dudit fief à cause duquel la dite dame
abbesse a droit de basse justice sur les hommes et vassaux tenant
roturièrement. »

13.

APPENDICE III

Charte de Robert d'Harcourt confirmant toutes les donations de ses ancêtres aux Templiers et leur accordant l'église du Tilleul-Lambert avec 10 acres de terre.

1200.

Omnibus Sancte Matris Ecclesie filiis ad quos presens scriptum pervenerit Robertus de Harecort salutem. Sciatis me pro amore Dei et salutis anime mee et omnium antecessorum et successorum meorum concessisse et hac presenti carta mea confirmasse deo et beate Marie Virgini et fratribus militie templi Salomonis quod habeant et teneant bene et in pace, omnes donationes et concessiones et libertates quas Guillelmus filius Roberti pater meus et antecessores mei eis fecerunt; concedo etiam eis et confirmo omnes donationes et venditiones et escambiationes quas milites et vavassores et homines de feodo meo eis fecerunt sicut carta patris mei testatur. Sed illud retinentum quod pater meus retinuit scilicet jus redditus servicii sui in terris illis de feodo suo que predictis fratribus templi essent date vel vendite vel escambiate : omnia jura et redditus et servicia in omnibus que pater meus in predictis terris retinuit et que in eisdem terris habebam et habenda clamabam, dono et concedo prefatis fratribus templi in liberam et perpetuam elemosinam. Preterea concedo eis et confirmo Ecclesiam Tillioli Lamberti cum omnibus pertinenciis suis et decem acras terre de feodo Hemardi quas longo tempore tenuerant de meo dono priusquam hæc carta fieret et quodcumque tenebant apud Postine die et anno quo rex Anglie Henricus filius Matillidis imperatricis obiit. Illud tenementum de Postinne concedo et confirmo eis liberum et quietum de moutis et talliis et omnibus serviciis et consuetudinibus. Concedo etiam eis et confirmo omnia tenementa que habebant et tenebant de feodo meo per totam Normanniam die et anno quo rex Anglie Henricus filius Matillidis imperatricis obiit et de quibus cessiti fuerunt tunc cum facta fuit hec carta scilicet in decimis, in vavassoribus, in hominibus, in ortis, in ortalogiis, in terris arabilibus et guasnis fros in fra villam et extra in serviciis, in precariis carucarum, in redditibus, in

bosco, in plano, in pratis, in pasturis. Omnes autem predictas
donationes et concessiones et confirmationes et omnia predicta et
omnes exitus qui inde poterunt provenire, volo et concedo quod
prenominati fratres Templi habeant et teneant in perpetuam
elemosinam libere et quiete de moultis, tailliis et auxiliis, de
omnibus querelis et interrogationibus de omnibus serviciis et
consuetudinibus que sunt et accidere possunt sicut aliquis aliquam
elemosinam alicui domui religionis liberiorem conferre potest.
Testibus hiis : Ebroicensi G... (1) episcopo, Egidio archidiacono
Ebroicensi, magistro Radulpho de Conchis, magistro Ebroino,
Richardo de Harecort, Radulpho de S^to Leodegario, Johanne de
Bigards, Simone de Ruffets et multis aliis.

Actum et hoc anno Verbi Incarnati millesimo ducentesimo.

(Ecrit sur parchemin et scellé sur lacs de soye violette, de cire
verte, armoyé en figure d'un homme armé à cheval, tenant en
main un coutelas).

(Arch^s Nat^s S. 4996^A n 143 et 3e de la 1re liasse).

(1) Guérin de Cierrey, 35e évêque.

ERRATA

---

39. — Au lieu de Raffieri   lisez : *de Rupiere*
49. —   »   chevailers   »   *chevaliers*
102. —   »   bataillle   »   *bataille*
103. —   »   Magnemare   »   *Maynemare*
104. —   »   poursuivit, la procédure   »   *poursuivit la procédure*
107. — A la note ajouter ceci : en relisant l'inventaire des archives j'ai trouvé des actes de Claude de la Sangle en 1554 et en 1556. (Tome II, p. 267 et 268.) — Donc il a conservé cette commanderie jusqu'à sa mort.
112. — Dans la note au lieu de Sagny   lisez : *Lagny*
113. — Au lieu d'Anebret   »   *d'Aubrai*
115. —   »   (1602-1609)   »   *(1600-1609) et p. 116 également.*
115. — Dans la note au lieu de Goudechart   »   *Gaudechart*
121. — Au lieu de décida   »   *décéda*
126. —   »   les Mesnil   »   *le Mesnil*
129. —   »   Ste Vaudrille   »   *Ste Vandrille*
173. —   »   uxoris mec   »   *uxoris mee*

TABLE DES MATIÈRES

Évreux. — Imprimerie de l'Eure, L. ODIEUVRE, 4 bis, rue du Meillet.

DU MÊME AUTEUR :

    En publication dans la *Semaine Religieuse :*
Le Grand Pouillé du diocèse d'Evreux.

Evreux. — Imp. de l'Eure, L. Odieuvre, 4 bis, rue du Meilet.

www.ingramcontent.com/pod-product-compliance
Lightning Source LLC
Chambersburg PA
CBHW072221270326
41930CB00010B/1946